基督教文化研究丛书

主编 何光沪 高师宁

十编 第4册

以信行事：后现代语境的宗教信仰含义（中）

毕聪聪 著

花木兰文化事业有限公司

国家图书馆出版品预行编目资料

以信行事：后现代语境的宗教信仰含义（中）／毕聪聪 著 ——
初版 —— 新北市：花木兰文化事业有限公司，2024〔民113〕
目 6+162 面；19×26 公分
（基督教文化研究丛书 十编 第 4 册）
ISBN 978-626-344-617-5（精装）
1.CST：信仰 2.CST：宗教学
240.8   112022495

ISBN-978-626-344-617-5

9 786263 446175

基督教文化研究丛书
十编　第四册   ISBN：978-626-344-617-5

以信行事：后现代语境的宗教信仰含义（中）

作　　者 毕聪聪
主　　编 何光沪、高师宁
执行主编 张　欣
企　　划 北京师范大学基督教文艺研究中心
总 编 辑 杜洁祥
副总编辑 杨嘉乐
编辑主任 许郁翎
编　　辑 潘玟静、蔡正宣　美术编辑 陈逸婷
出　　版 花木兰文化事业有限公司
发 行 人 高小娟
联络地址 台湾 235 新北市中和区中安街七二号十三楼
　　　　 电话：02-2923-1455／传真：02-2923-1452
网　　址 http://www.huamulan.tw 信箱 service@huamulans.com
印　　刷 普罗文化出版广告事业
初　　版 2024 年 3 月
定　　价 十编 15 册（精装）新台币 40,000 元

以信行事：后现代语境的宗教信仰含义（中）

毕聪聪 著

目次

第四章 后现代信仰的一般呈现

信仰于世界中主动呈现，它对自身的道说即是最普遍的信仰之行动。不同于被人言说的信仰，信仰的主动言说逾越人的认知边界，它成就了两种广泛的道：神圣之道和宗教之道。其中，神圣之道侧重现象，宗教之道侧重现实，信仰不断生成"神圣性—符号—身体"的流溢神圣结构以及"神明—律法（仪轨）—信行"的延异宗教结构，两种结构凭其功能将信仰之实在渡转到存在的全部范畴。因而，信仰首先要与宗教区别开来，后者是属人的精神性聚集，它并不揭示、只能接受神圣，宗教是在世者生活的统序。这种生活传统并不与信仰违背，信仰凭一切存在形式传达自身，它是理性的、与科学融贯的、人文的、道德的，却不只于此。信仰与以上事物的冲突源自中介形式或中介物的固化，当信仰成为某些群体的工具时，它就不再与神圣相关。因此，并不存在所谓的"真信仰"，信仰的多元解构了自身的权威，诸宗教冲突、统一的历史毫无疑问说明了这一点，信仰的真理只关乎神圣的存留。对圣典的解释如此，宗教的产生、发展、消亡如此，有关神圣的征战亦如此，它们受到属神的和属人的双重规定。唯独在人与诸神圣的约中，良善的存在得以定立，此约即言成实在的信仰之道本身。

第一节 整体样态

一、信仰之道

在《书写与差异》中，德里达为人们描述了神经元的拓路与生命本质的关系："生命通过重复、印迹、延异来自我保护。但必须当心下面这个公式：首先在场然后将以延异的方式来自卫、自行延迟并自我储存的生命是不存在的。延异构成了生命的本质。更确切地说：如果存在被规定为本质（ousia），在场，本质／实存，实体或主体的话，那么，既不是一种本质也不是什么别的东西的延异，就不是生命。必须在将存在规定为在场之前就将生命当做印迹来思考。这是那惟一的条件，它使我们能够去说生命就是死亡，去说重复及超越快乐原则对它们所违反的东西来说既是原初的又是相互连带的。"[1]

根据德里达的这一说法，我们很难不将拓路—印迹的模式与信仰行动联系起来，因为信仰的在场同样是延异的，它不仅与生死之盼望相关，而且将自身置于一种隐秘的情感的裂隙之中。"绝望的反面是信仰，因而一种对自身辩证的持续相关在（意识的）模式中被反映出来。"[2]这种绝望，在自身的悖谬中承认自身之存在，而信仰在他者的印迹中达成对他者的绝对承认。印迹本身就是无定形的拓路。更进一步，按照弗洛伊德的观点，"拓路多半就是某种强量独一无二（einmaliger）的通道之结果"[3]，而这强量的确是生命个体中能被称为本质的东西——一种绝对差别的主体性。因此，与神经系统的拓路类似，信仰行动也具有基础性和媒介性。神经系统被生命的紧急状态所迫而不得不为自己保有一种量的储蓄。为了这个目的，它就得在数量上繁殖它的神经元，而且必须是不可渗透那种神经元。那么它在构成那些拓路的同时就至少部分地避免了被量填满并被占据（的情形）。所以我们看到的是拓路服务于初级性功能[4]；与此同时，我们可以将那些通过对终极实在的确信以解决生活关键难题的、对过去和如今生活的回应速记为信仰，因此信仰应该与那些能或不能表达信仰的宗教教义区别开来。神学因之可被描述为"在不同且变化的情境中理解信仰之意义的尝试，而总体神学（global theology）在新的总体境况中寻求信仰的意义"[5]。拓路对神经元、信仰对其表意符号的容纳与排斥形成的张力关

1 雅克·德里达：《书写与差异》，张宁译，生活·读书·新知三联书店 2001 年版，第 368 页。

2 Søren Kierkegaard, *The Sickness Unto Death: A Christian Psychological Exposition for Upbuilding and Awakening*, Howard V. Hong & Edna H. Hong (trans.) & (eds.), Princeton: Princeton University Press, p. 151.

3 雅克·德里达：《书写与差异》，张宁译，生活·读书·新知三联书店 2001 年版，第 367 页。

4 雅克·德里达：《书写与差异》，张宁译，生活·读书·新知三联书店 2001 年版，第 367-368 页。

5 R. Ambler, *Global Theology: The Meaning of Faith in the Present World Crisis*, London: SCM Press, 1990, p. 90.

系在空间表达方面正是印迹性的，它在意指那踩踏者的同时，表明了这路的空寂——作为足迹的承载者，没有人能永立其上。

所以根本上，作为道的信仰是差别的，但此差别不是"本质差别"（Wesensverschiedenheit）而是"某种目的地的环境差别"（Schieksale Milieuversebiedenbeit）。换言之，这种差别不在属种范畴展开：它们是纯粹的差别，是情境差别、环节差别、定位差别，是比那些支撑了结构的项更为重要的那种结构关系的差别，而且这些差别，内与外的相对性总是武断的。差别思想既不能避开某种局部性又不能接受对间距的那种通俗再现。[6]因此，由事件化与结构化得来的信仰之道并不受限于某种关系的定性，它反而在不断的差别即差别的自我运动中存在化、知识化、历史化。块茎与层级，游牧的战争机器，道路指向那指标本身。最终，在一切实有的反身中，信仰之道自我呈现为延异之生成。

需注意的是，此处所称"信仰之道"（the faith way / the believing way）要与表示"信仰之言说"的"信仰之道"（the word of faith）区分开来。[7]即使在本体范畴"道"（Way）与"道"（Word）相通——"太初有道，道与上帝同在，道就是上帝"[8]"道可道非常道"[9]，但前者更强调现象生成的事件性及其

6　参见雅克·德里达：《书写与差异》，张宁译，生活·读书·新知三联书店 2001 年版，第 370 页。

7　当然，哲学或神学所称的"信仰之道"与作为集体性宗教事件的"信仰之道"运动（The Word of Faith，缩写为 WoF）差异更大，前者是一种宗教哲学的观念，后者则指称于 19 世纪兴起的特定的宗教活动（基督教的异端之一）。具体言之，WoF 宣扬一种以"信仰"为核心的信仰，所以它没有统一的成员、固定集会的地点、确定的信条和领导者（从金比（Phineas Qimby）到哈金（Kenneth Haggin）），但它仍得到了部分信众的青睐，高潮时每周约有 4 万人参与集会、约 700 万人听广播。在观念或神学上，WoF 视人为小神明（little gods），耶稣是众多小神明中的一个，其他人具有同耶稣一样的与上帝的关系。自然地，WoF 坚称人像上帝一样说话便可行神迹、得其想要之物，信仰本身既被视为一种实质的力量（force），也指称一种个人的宗教活动（包括信心、信念、作为等）。（参见 Andrew Fisher, "The Word of Faith Movement: Are We All Little Gods?", in *Philosophical Explorations of New and Alternative Religious Movements*, Morgan Luck (ed.), Routledge, 2012, pp. 61-76.）不难看出，WoF 对道（Word）的解释是神秘化的且具有自然化的倾向，它以简单的逻辑类比了圣言（神言）和人言的关系并由此将人言视作神圣的，但在根本上，这种说法缺乏辩护的基础。

8　《约翰福音》1：1。

9　老子：《道德真经》，载《道藏》第 11 册，文物出版社、上海书店、天津古籍出版社 1988 年版，第 474 页。

显象的复杂，而后者更多侧重对本真信仰的根本解释——信仰关系是一种人与神圣的联结事件，它既有话语性的表达，也在沉默中隐密地展开。所以，道（λόγος）[10]在此处只在抽象意义上被使用，它是那"藉着"（διά）[11]本身，是有无的"相生"[12]。道既实在，又作为一种中介将其他实在生成在自身之中。在根本上，作为道路的道就是 Khôra[13]，场域。

因此，信仰之道自我呈现的三个关键问题是：本体范畴如何与关系范畴、存在范畴共在，神圣性如何同非神圣性互通，神圣者如何与非神圣者相遇。共在、互通与相遇共同构成事件呈现的形式和历史，于自然、社会、观念世界中，信仰之道显现。在大的方面，这些问题涉及神圣者如何居于自然、居于社会；小的方面，这直接关系个人的信仰体系的建立与成就。而在一般意义上，神圣者与非神圣者的关系，决定了信仰之道的内容和形式。

具体而言，按照基督教神学的看法，神圣表现自身在神学上有三种路数：创世论、流溢说、内在论。其中，创世论直接承接了希伯来传统，认为上帝用大能从虚无中创造了世界，世界是涌现的。在创世论中，上帝有直接治理、干预作为被造物的世界的权能：祂首先护理着世界的存续，这权能直接表现为神迹。神迹可以超越世界的一般规则，但它不与全能且超越的上帝相违背，其根源在，上帝的道成肉身成全了人与世界，祂作为审判者再来时，被造物与创造者在意志层面合一。与之相较，流溢说认为世界的存在由神圣者的流溢行动（流溢，意味着流动、联结、幽渺）得来，神圣者通常被称作"太一"。太一是充盈的，它既不追求任何东西，不具有任何东西，也不需要任何东西；它的充溢，诞生了别的实体（即第一重流溢）。其中，第一种原初原理（即第二重流溢），表现为理智或理智的形式；第二种原初原理（即第三重流溢）是"灵魂"，它作为静止不动的理智的理念和活动而生成。[14]此外，又有内在论宣称，创造了世界的上帝就在世界之中，上帝时刻护理着世界的运行。所谓"神即自

---

10 同时也指中国哲学中的"道"。

11 《约翰福音》1：3。

12 老子：《道德真经》，载《道藏》第 11 册，文物出版社、上海书店、天津古籍出版社 1988 年版，第 474 页。

13 柏拉图在《蒂迈欧篇》对 Khôra 进行了讨论，它表明了在同一逻辑之外的某些第三性。

14 参见普罗提诺：《九章集》，石敏敏译，中国社会科学出版社 2009 年版，导言第 16-22 页。

然"[15]，神圣者以总体的自然神性关照着世界。在此基础上，泛神论主义将这一观点发挥到极致，认为万物皆有灵性，万物皆神。由此，历史便是神人的交往史。这样，创世论、流溢说、内在论区别了三种神圣者自我显明于非神圣界域的方式：有目的地创造并显明、无目的地创造且显明、悬置目的地创造及显明，三者分别与人的拯救、人的回归、人的自由相关。

进一步说，在类型上，自然神论（泰勒斯）、理式论（柏拉图）和绝对精神论（黑格尔）分别属于有目的地创造并显明、无目的地创造且显明、悬置目的地创造及显明，它们是创世论、流溢说、内在论的其他表现形式。自然神论认为，上帝创造了宇宙和它存在的规则，此后上帝不再对这个世界的发展产生影响（与印度教对梵天的解释相仿），而让世界按照它本身的规律存在、发展。其中，被摒弃的是上帝对世界的直接干预，而非人被救的目的。理式论将世界不同实体的存在看作是终极理式的分有，这终极理式等同于太一，分有的发生本质上就是流溢。换言之，分有是强调结果的流溢事件，它在根本上由神性的满溢的生成。与二者不同，绝对精神论以内在于世的神圣者为出发点，展开世界的发生图景，其中不断回归并展开的绝对精神本身是终极的自由，它的目的被包含在自身之中。

于是，在信仰之道中，神圣者和非神圣者的区分、不同非神圣者之间的差别就有了类型的准则。爱留根纳称之为四种自然：（1）创造而非被创造的自然，它包括存在和不存在的一切的原因，指的就是上帝；（2）被创造又能创造的自然，它是众多的创造的原因，指的是存在于上帝之中的诸理念，其统一就是逻各斯；（3）被创造而不能创造的自然，它是由于在时间和空间中产生出来而被认识的，指的是世界上的万事万物，是上帝理念的表现；（4）不创造又不被创造的自然，作为一切事物的终极目的，指的仍是上帝。[16]佛教以四句分别[17]进

---

15 "泰勒斯宣称，宇宙是有生命的，且充满了神灵。"拉尔修：《明哲言行录：古希腊文、汉文对照》，徐开来、溥林译，广西师范大学出版社 2010 年版，第 25 页。

16 参见 Dermot Moran, *The Philosophy of John Scottus Eriugena: A Study of Idealism in the Middle Ages*, Cambridge: Cambridge University Press, 1989, pp. 241-268.

17 四句，梵语 cātuṣkoṭika。对有、无而言，可成立'有、无、亦有亦无、非有非无'等四句，称为有无四句，于诸经论中，常以此四句法之形式来解释各种义理，如中论卷一之'无生四句'为'不自生、不他生、不共生、不无因生'，俱舍论卷二十五之'厌离四句'为'厌而非离、离而非厌、亦厌亦离、非厌非离'，成唯识论卷一所举外道之'一异四句'为'一、异、亦一亦异、非一非异'，法华文句卷三上之'权实四句'为'权、实、亦权亦实、非权非实'。此外，对有与空、常与无

行描述：有、非有、亦有亦非有、非有非非有分别对应去造非被造、不去造且被造、去造且被造、不去造不被造，神圣者和非神圣者由此在创造关系中相遇。值得一提的是，爱留根纳的四种自然也可以理解为造物主、此在（广义上即生命）、自然物和虚无，它们分别是祂神、他人（包括他它）、他物和他者本身——作为界限的虚无。由此，神圣的呈现既是他性的又是自性的。

更进一步，查普尔（Tim Chappell）在论述信仰时曾说："信仰之所以作为一种美德，是因为它具现化了对两种基本善的某种回应性：真理和实践的盼望。"[18]因而，在基本善的实现中，信仰展现出一种有限且复杂的人格品质，于一致性方面它被认为是信实的。换言之，信仰之道的一致性凝结在约之中，其言说绝不背离"约"的内容，信仰是"缺少了责任，缺少了完成责任的约言就无法被接受的行动"[19]。

根本上，信仰之道的言说事件即规定性本身，言说的内容与言说的形式在言说事件中合一。约翰福音载"太初有道，道与上帝同在，道就是上帝"[20]，这言便是信仰之道的言说，神圣者（此处指上帝）于信仰之道的流溢中与之共同显现。因此，信仰之道的话语与人的话语有着根本差别，在不同的范畴，其神圣性表现为言成规定、言成确定、言成约定。信仰之道话语的三重性质，造就了其信实的品性。

具体言之，在本体范畴，神圣性以言的方式突然"涌现"。这既是信仰之道的起始，亦是信仰之道的自我规定。信仰之道的自我生成以内在言说的方式实现，在这个层面，它是无言的。而在关系范畴，信仰之道的言说从言成规定过渡到言成确定，它以具象化的方式确定自身的结构和内容。此时，言成确定的本质是现象化，即内在言说（无言）转化为无声的言语，亦即精神的言语，[21]它虽然在存在范畴沉默，却是实在的神圣之言。最终，在存在范畴，信仰之道与存在者言说，其话语天然成为约定——它以神圣性的超越特质介入存在者的话语中，开启了存在之外的言说向度。所以，言成约定的信仰之道的话语，

常、自与他、净与秽等，均亦可作此四句之分别。（参见《佛光大辞典》，佛光大藏经编修委员会主编，佛光文化 2014 年版，第 2179 页。）

18　Tim Chappell, "Why Is Faith a Virtue?", in *Religious Studies* vol. 32, Cambridge: Cambridge University Press, 1996, pp. 27-36.

19　费奥多罗夫：《共同事业的哲学》，范一译，辽宁教育出版社 2001 年版，第 61 页。

20　《约翰福音》1：1。

21　如俄国哲学家弗兰克或黑格尔所说精神，亦如柏拉图所说理念的王国。

时而纯粹（如单义）、时而繁复（如多义），时而显现、时而隐秘。它始终以邈邈之音轻声流转于寰宇。

在信仰之道话语的三重性质中，言成约定最为直观，它与信实之品性的联系最为密切，因而言与约最相关照。一方面，言与道同义，言既是道的词源，亦是道的现实呈现，所以 λóγος 可被称为道的话语。在这个意义上，信仰之道的话语正是其本身，信仰之道必然呈现为话语。在此基础上，话语的类型以神圣性（或本体范畴）为区别标准，可分为自然之言、圣言、人言；[22]而若以约即现实呈现为区别标准，则可分为有约之言、无约之言。其中，有约之言包括自然的圣约、人神之约、人人之约，无约之言包括纯然圣言、纯然个体之言——偶像崇拜的话语、口号、一人狂欢等。言的逻辑和类型如此呈现。

另一方面，"约"作为信仰之道话语的存在性表达，与绝对他者紧密相关。说文解字载："約：纏束也。从糸勺聲"[23]，此处约暗示了主体与绝对他者紧密而又无法合一[24]的联结，但此联结又足以使主体发生结构和功能上的改变。所以，约在本质上是以自我为根基的协调，失他者即失主体，失人即失己。因而约的前提是自愿和自由，它是主体间的言说，主体因其异质性、意识性、身体现象性、客观性而非概念性[25]将约规定为对他者决定自身的同意。具体言之，"约"表现为共同的音调、共同的歌舞（原始的婚姻、爱情的契约）、共同的书写（签字）、共同的图像（盖章）、共同的语音（合唱具有共同的指向、圣歌

22　"或者，通过敬自在天（也能达到三昧）。自在天是（与一般神我）不同的神我，他不为烦恼、业、异熟和意乐所触及。在（自在天）那里，全知的种子是至上的。这（自在天）还是古人的导师，并不受时间的制约。神圣的言语（唵）象征着这（自在天）。重复这（神圣的言语），并思索它的意义。由此，心的主体可被证悟，障碍也不存在了。"（伯曼、徐大建、张辑：《古印度六派哲学经典》，姚卫群编译，商务印书馆 2003 年版，第 192 页。）

23　许慎：《说文解字注》，段玉裁注，凤凰出版社 2007 年版，第 1125 页。

24　"严格讲来在信仰问题上是没有社会契约的。个人无疑地可以有义务尊重别人的信仰就像尊重他们的财产权一样，但是真正讲来尊重他人信仰自由和权利乃是公民的义务。一个人不能约束他自己，更不能约束他的子孙，立志去信仰任何东西。因为归根到底，每一个契约都是建筑在意志上（但是立志去信仰某种东西是不可能的），而且教会的信仰必须在最严格的意义下是这个教会的普遍信仰，这就是说，它的所有的成员的信仰。"（黑格尔：《黑格尔早期神学著作》，贺麟译，商务印书馆 2016 年版，第 250-251 页。）

25　主体反对概念的抽象。（参见 Robert Nozick, *Invariances: The Structure of the Objective World*, Cambirdge, Massachusetts; London, England: Harvard University Press, 2001, pp. 90-93.）

的合唱具有共同的神圣指向）、共同的语义（同意、口头契约）等。在时常隐蔽、沉默且无言的圣言之下，人言之约勾勒繁复的存在图景。

除此之外，不同主体之间约构成了不同的话语和道：人神之约构成宗教之道和神圣之道；人人之约、自然的圣约[26]构成了政治之道（神圣性并未消失，而是隐蔽非被遮蔽，它内蕴于自然的圣约中），宗教之道和政治之道的必然交织即是存在范畴的重要事件。其中，"约"乃是宗教与政治具有"神圣指向"方面的协调，而政治的失约意味着："政治"从理想的社会结构转变为最世俗的社会结构。所以，政治的无自然规定（俗义长生）、无结构规定（无法治）、无价值／意义／指向规定（无道德）及无神圣规定（封闭的轮回）都是其失约的表现，人言由此背离了信仰之道，因而远离了神圣性。

二、神圣之道和宗教之道

信仰之道于存在范畴的具现表达为两种形式：一是神圣之道，二是宗教之道。两种形式不以神圣具现的趋向为区别——自上而下与自下而上的或自神而人与自人而神的，反而以神圣具现的不同层面分别存在。其中，神圣之道呈现分析（简单）的现象，宗教之道呈现综合（复杂）的现实，[27]二者不相违背。更为具体的过程是：本真神圣藉着纯粹现象完成神圣之道，它首先以特征化的方式规定并具化为超越性的现象，然后在关系范畴符号化为智性和灵性现象（内在信仰行动），最后在身体现象中实在化为物质，其中三种现象都是纯粹的，它们皆未被承载者规定。与之相对，在社会化的宗教活动中，信众的宗教实践以复杂的方式呈现：其中富有神性（或神圣性）的被崇拜者既可以是神、神偶、神之化身，又可以是具有神性的经典、器物；而宗教领袖和神职人员的教导与圣贤、哲人的教诲可以共在，它们指称不同层面的神圣性或超越性。此外，个人的体验和宗教传统的熏陶（灵性的光晕）和培养并行不悖，二者都促使人做出真诚的信仰行动，此即宗教之道的复合、映照本性。因而在现象层面，宗教之道是以繁复的表达呼求神圣之道的纯粹性。

同样，在语义上，神圣与宗教也有所差别。对于阿甘本而言，"神圣的"（sacred）和"宗教的"（religious）几乎可以作为同义词使用，唯一区别在于，

---

26 自然的圣约包含了自然之光（理性），它与西塞罗所说的自然之力量、明辨之士的理性、智慧保持根本一致。

27 此处"简单的（απλός）"和"复杂的（πολύπλοκος）""分析的"（analytischen）和"综合的"（synthetischen）可分别按亚里士多德和康德的说法理解。

属于天上诸神的事物，是为"神圣"；而属于冥府诸神的事物，则称之为"宗教"。这种差别暗应了对立的东西。阿氏指出，所谓"宗教"，就是关于祭祀的一套文化实践："宗教可以如下方式来定义：它将诸种事物、场所、动物或人民从共通使用中移除、并将它们转移到一个分隔的领域。"阿氏的论点，并不只是宗教总是内在地包含着"分隔"，而是人类共同体中每一种"分隔"，都"在其中包含和保有一个纯然宗教性的内核"。而祭祀，就是对这种分隔进行维持和管理的一个机制：通过各种仪式、程序，祭祀掌握着所有事物从俗世到神圣、从人间法领域到神法领域的通道。当然，被祭祀仪式"神圣化"了的事物，同样也可以被"污浊化"，使之返回俗世领域。[28]

于是，在简单和复杂之间，有两种不同的信仰之道被生成：它们分别表达为"神圣性—符号—身体"这一流溢的神圣结构以及"神明—律法（仪轨）—信行"这一延异的宗教结构。其中，延异的宗教结构通常不表达成与"神圣性—符号—身体"相对应的"偶像／形象—经典—器物／肉体"，与之相反，它在宗教之道中呈现一种与神圣之道在方向上的相逆性，即信众总是先看到神圣的效用和表象，他们总在预言的应验、治病、巫术、字面解经、拜神像及偶像中获得预期的满足。所以尽管这种相逆性并非根本的，但在发生的向性层面，它的确可以提供一种理解神—人或人—神关系[29]的视角；因此，实在层面肉体和灵魂的区分、智性和灵性层面神哲学和哲神学的区别，以及超越维度对诸神圣的虔敬和完全顺服，都澄明一种繁复与纯粹、流放与复归的相应性——即便它不是现象的真理，有关神圣流溢的真理也蕴含其中。

除此之外，仍需注意，神圣之道与一神教、宗教之道与多神教之间并非对应关系。即神圣之道与宗教之道属对应范畴，而一神教与多神教都是宗教之道的外在表现，所以严格意义上，一神教与多神教并没有本质上的不同，前者只在形式上更靠近神圣。而在更深的层次，宗教社会学将"宗教"与"神圣"统筹在"社会"中的尝试是无力的，[30]它毕竟混淆了存在的形式与存在本身、被

28　参见阿甘本：《神圣人：至高权力与赤裸生命》，吴冠军译，中央编译出版社 2016 年版，译者导论第 23 页。

29　存在一种人自身的信仰和作为上帝恩典的信仰，或说一种基于堕落之人的相信的权能和自上而来的相信的权能。参见 Isaac Penington, *Knowing the Mystery of Life Within: Selected Writings of Isaac Penington in Their Historical and Theological Context*, R. Melvin Keiser & Rosemary Moore (eds.), London: Quaker Books, 2005.

30　参见涂尔干：《宗教生活的基本形式》，渠东、汲喆译，商务印书馆 2011 年版，第 595-604 页。

言说之物和沉默之物，其建构的"神圣"只能作为宗教之道的知识类型，而在大的层面神圣之道不在"神圣"的概念之中。换言之，宗教之道中的"神圣"作为一种追求神圣的概念遗留是踪迹式的，它是人迫于无奈的结果，而神圣之所以与禁忌相关，[31]正是因为踪迹的消逝性迫使人将之距离化并定格于某处——如此"人造"的神圣才具有神圣的指向而非完全流俗。所以，是人的关系性共在使人在共同的追求中拥有一致的指向，以免这种追求在逐步消逝的神圣踪迹中分裂、偏转，表现为宗教—社会类型的神圣之道在这个意义上显明自身。概言之，宗教社会学从群体生活和社会结构的角度对宗教之道进行考察的确能诠释宗教的基本内容，但它将个体信仰经验以及超群体信仰事件排除在外却是不必要的——作为宗教之道中最显著的形式，神迹和个体神秘经验理应成为宗教定义的基本要素。在根本上，宗教社会学并不拒绝一种人神关系的存在，因此涂尔干应该将人与他者（祂神）的基本关系纳入其中，如此一来，宗教社会学才能勾勒出宗教生活基本形式的整体轮廓。[32]在这个意义上，神圣与禁忌、洁净与肮脏与信仰之道的两重路径对应。

事实上，神圣的流溢本就在存在范畴具现为世间诸象；就现象的绝对被给予性而言，神圣之道和宗教之道皆将之视为神圣对象化、结构化的结果。然而，不同表达的信仰之道对现象之还原的看法截然不同，因此宗教现象实际上被分为两种：先验的和经验的，两种不同的宗教现象构成神圣自显的可能。具言之，在神圣之道看来，现象是关系范畴的形式，因而与神圣相关的诸相的产生、发展、流变，都是神圣流溢[33]于存在范畴的具化呈现，它在本质上是纯粹的；

---

31 神圣与禁忌，在崇高与可怖的紧密关系中得到了彰显。

32 在宗教社会学所经常采用的"3B"模式中，信仰（Beliefs）、信仰的归属（Belonging）和信仰的表达（Behavior），分别对应于外在信仰行动的信念、整体指向和信从。李向平认为，此处不可或缺的信仰实践的基础或社会背景（Basis or Background）构成宗教社会学研究的第 4 个基本要素，由此"3B"研究模式应改进为"4B"，第 4 个 B 旨在一种信仰类型及其与象征、符号权力的建构。（李向平：《神人关系及其信仰类型的建构》，《宗教社会学》2014 年第 2 辑，第 264 页。）

33 "流"在英语中有不同的译法。Emanation、effluence、overflow、influence 皆见于正式出版的迈蒙尼德的著作，有流溢、流射、流动之意。按迈蒙尼德所接受的亚里士多德的哲学原理，凡是被产生的东西，必有其动因。其或为有形的物质，或为无形的形式。由于引起形式变化的力量或活动不依赖元素的聚散，也与物质的力量、空间和距离无关，所以姑且称之为"流"。迈蒙尼德解释说："因为上帝的活动和泉水的活动相似，故而'流'可以考虑运用于造物主。"又说："上帝是无形体的，他作为动因，每一事物都是其作品。在这个意义上，我们说宇宙是由神

与之相对，宗教之道视现象（appearance）为表象（representation），它预设了宗教现象的本质，并通过其描述性或功能性呈现揭示其根本规定和深层含义。所以，根据预设本质的差别，在宗教之道中，宗教现象可以分为两种类型：一是以宗教现象自身为本质的宗教现象学，二是以文化、心理、语言、自然、道德等其他人文要素作为宗教规定的研究宗教的学问。前者视现象为神圣的显现，后者则视之为神圣的幻觉或隐秘。商羯罗借用了数论的"三德"来解释摩耶（幻）。"剌阇"（rajas、忧）的特性是具有投射能力（viksepa-saki）；"萨埵"（sata、喜）是纯洁无環的，能显现梵和阿特曼的真实面目；"答摩"（tamas、暗）有遮蔽事物真性的能力。因此，摩耶具有两种功能：（1）遮蔽功能，遮蔽事物的真买面目和本性；（2）投射功能，把幻象投射到真实的事物上。[34]除此之外，商羯罗强调附托（adhyasa，佛教又译"增益"），意指被显者和显象的错乱。这样，从形上的角度考察信仰，遮蔽、显现、投射、附托等正是其最基本的形式特征。[35]两种不同或根本对立的研究视角直接决定了其研究的目的：对神圣的拥抱或避让。就此而言，现象作为神圣的载体，其内涵直接决定了已显神圣的属性。

而根据伊利亚德（Mircea Eliade）的说法，"一个宗教现象只有在其自身的层面上去把握它，也就是说，只有把它当成某种宗教的东西，才有可能去认识它。企图通过生理学、心理学、社会学、经济学、语言学、艺术或是其他任何研究去把握它的本质都是大谬不然的。这样做只会丢失其中的独特性和不可化约的因素——也就是它的神圣性"。[36] 所以，与神圣相关的宗教现象是自足的，它是神圣藉着历史和自然的存在显现，其中神圣性与实在性等同。如其所言，"神圣首先是真实，这意味着在宗教实践和宗教生活中，一个人的宗教性

的流创造的，一切变化都是从他流出的。也正是在同样的意义上说，是上帝使流从他而出并莅临先知的。"（参见迈蒙尼德：《迷途指津》，傅有德等译，山东大学出版社 1998 年版，第 170 页。）可见，"流"在迈蒙尼德那里指的是上帝的活动或力量，而不是如有的学者所谓的现成的语词或形象。既然如此，从先知口里说出的预言就不是上帝的原话，而是人的作用后形成的东西。换言之，人是直接参与了预言的过程，其作用对预言的产生是有实际意义的。（傅有德：《犹太哲学与宗教研究》，中国社会科学出版社 2007 年版，第 77 页。）

34 参见江亦丽：《商羯罗》，台湾东大图书公司 1997 年版，第 38 页。

35 有趣的是，商羯罗本人反对信仰的"知行合并论"，吠檀多学派把驱除精神的无明作为解脱的唯一途径。

36 伊利亚德：《神圣的存在：比较宗教的范型》，晏可佳、姚蓓琴译，广西师范大学出版社 2008 年版，前言第 1 页。

越强，就越真实，就越能摆脱无意义变化的非真实性"。[37]当非真实的空间被宗教意义所占据，所谓虚无自然消解于主体性的充盈中。在这个意义上，宗教现象是反化约的，它的绝对被给予性阻止了本质的匮乏。

因此，任何以文化、心理、语言、自然、道德等其他人文要素作为宗教规定的学问都必须解决宗教现象的本质这一难题，即现象若是自身的根基，它必有超越性的本源——神圣或存在本身，而若现象以他者为凭靠，他者必然会在现象中以描述或功能的方式呈现。换言之，宗教现象不单纯是经验现象，在对它的精细研究、解构及重建中，一种超然的因素必然要被凸显出来，这种超然之物象征着其实在，即使它只表征某种存在的真理。如泰勒（Edward Burnett Tylor）所言："文化的起源和初期的发展值得辛勤研究，这不只是作为好奇的对象，而且也是作为理解现在和理解关于将来社会形态的极重要的社会实践指南。"[38]此处，作为人类社会发展的文化现象，原始宗教显然展现了自然历史发生的必然性，它将某种历史化的存在的真理纳入自身。因此泰勒说："我时常有机会看到，我自己搜集的传说和信仰的材料可以用来证明现代人的客观真理，而没有必要去研究它们广泛流行的原因。"[39]实证科学意义上的历史观念正是如此被文化人类学的历史关怀取代。此外，伊利亚德宣称，德里乌（Van der Leeuw）的宗教现象学将一切宗教现象归结为三种基本结构：物力论、万物有灵论和自然神论是错误的，因为德里乌仅关注了宗教现象的结构和类型，却遗忘了宗教现象结构的历史及其原因，而这显然将历史物化了。在伊利亚德看来，"宗教史家不仅必须追溯一个特定神显的历史，而且必须首先理解并且解释该神显所揭示的神圣模态"[40]，毕竟"宗教史的最终目标是理解、以及让其他的人理解宗教

---

37 伊利亚德：《神圣的存在：比较宗教的范型》，晏可佳、姚蓓琴译，广西师范大学出版社 2008 年版，第 430 页。

38 爱德华·泰勒：《原始文化》，连树声译，上海文艺出版社 1992 年版，第 23 页。

39 爱德华·泰勒：《原始文化》，连树声译，上海文艺出版社 1992 年版，第 14 页。

40 伊利亚德：《神圣的存在：比较宗教的范型》，晏可佳、姚蓓琴译，广西师范大学出版社 2008 年版，第 5 页。当然，神显也可以在更加抽象的意义上使用——观念、道德、无内容的面孔。按照列维纳斯的说法，"这意义不就在那来到我面前的不管是谁的脸上、不就在于他作为他人的陌异性（或许可以说外异性）吗——因为他人对我的呼唤或他人之向我强加责任恰恰就出于这他异性？这一对我的强加，他异者对我的这一压迫不就是那爱陌生人的上帝、那通过其要求将我置入疑问的上帝、那我所说的'看，我在这'见证着的上帝'登台'——或来临我的观念的方式吗？"（列维纳斯：《论来到观念的上帝》，王恒、王士盛译，商务印书馆 2019 年版，第 261 页。）

徒的行为和精神世界"[41]，这一切都建立在对宗教现象的真实解释之上。在根本上，"神圣的创造总是固守着它的可被理解的品质，也即是说，它能本能地揭示神圣的众多方面"[42]，甚至达尔文的学说也证实了这一点。总体上，达尔文对信仰的看法是："一些重要的心理才能，想象、惊奇、探索和少许推理合在一道，一旦有了部分的发展之后，人对于他的周围的事物和事物的经行活动，自然而然会迫切地要求有所理解，而对于他自己的生存，也会做出一些比较模糊空洞的臆测来。"[43]这种自解释层面理解信仰起源的做法比较恰当，但它也不意味着此种解释会因起源的原始、模糊而在逻辑上不合理、错谬、不可取。事实恰恰相反，此信仰不仅在根本上为理性所支持，而经过理性进一步的审查，其合理性再次被综合地、整体地确认，这即是被生命发展不断证实的信仰。换言之，生命的进化进程蕴含信仰的理性发展，此即自然之光照耀下的意志自由。

当然，即便如此，神圣作为实在也从未被真正完全揭示过。纵使将神圣简单地定义为"世俗的对立面"，神显的辩证法[44]也使得世俗化一直处于未完成状态且宗教生活自始至终保持独立。在根本上，神圣的流溢和浸染是非替代性的，它保有现象存在的奥秘底色。因而伊利亚德认为，从生存论的形而上学的观点看，这种"对神圣的抗拒就是逃避实在"[45]。但以表象取代实在无疑是悲

---

41 米尔恰·伊利亚德：《神圣与世俗》，王建光译，华夏出版社 2002 年版，第 92 页。

42 米尔恰·伊利亚德：《神圣与世俗》，王建光译，华夏出版社 2002 年版，第 62 页。

43 达尔文：《人类的由来》，潘光旦、胡寿文译，商务印书馆 2009 年版，第 138-139 页。

44 伊利亚德称世俗与神圣共在的神圣呈现结构为神显的辩证法。（参见伊利亚德：《神圣的存在：比较宗教的范型》，晏可佳、姚蓓琴译，广西师范大学出版社 2008 年版，第 429 页。）而在阿甘本那里，这种辩证法显然更加激进。在字意上，"sacred"是指属于神的事物，"它们被从人的自由使用和交易中移除了出去"。使某事物"神圣"，就是将它从人的世界中移除出去，把它交付给神，或者说，从俗世法律（profane law）——人间法（human law）——之领域中移除出去，而把它交付到神法（divine law）之域。祭祀（sacrifice）——使事物（乃至人）成为"牺牲"的实践——就正是这样一种"神圣化"（sacralization）的操作：通过祭祀的仪式，"牺牲品"就从人的世界被移除了出去，而交付给了神。正是在这个意义上，牺牲品是神圣的，但作为"通向神圣"的通道，祭祀却首先包含着一种暴力牺牲品必须被暴力性地从人的世界移除。因此，"神圣化"内在地建立在暴力性的排除（exclusion）之上。与"神圣化"相反的操作，便是"渎神"或者说"污浊化"（profanation），即把曾经神圣的事物下降回人的世界。渎神（亵渎、污浊化），由是构成了对暴力性排除的一个反动。（参见阿甘本：《神圣人：至高权力与赤裸生命》，吴冠军译，中央编译出版社 2016 年版，译者导论第 22-23 页。）

45 伊利亚德：《神圣的存在：比较宗教的范型》，晏可佳、姚蓓琴译，广西师范大学出版社 2008 年版，第 430 页。

剧性的，因为神圣总会将自身呈现在最世俗的地方，它使一切同一的幻想崩溃。所以，"任何事物一方面可以变成一个神显，而且极有可能所有事物都在某个地方、某个时间曾被赋予一种神圣的价值，但是仍然可以看到，没有一种宗教能够同时将这些历史上的神显都悉数囊括进来。换言之，在每一个宗教的结构里，在神圣之外，总是有世俗的存在"。[46]神圣与禁忌、[47]神圣与污秽、洁净与肮脏[48]，它们都是有限性的悲剧[49]，神圣与世俗的对立结构转变使那不可及之物变得可及，不可见之物变得可见，一种自然的强力被预设在宗教现象之中。"所有这些神显和力显表明首先某种拣选；被选中的事物理所当然地就是强大的、灵验的、令人敬畏的或者是多产的，即使其得到'拣选'不过是因为与众不同、新奇或者异想天开；如此通过神显或力显而选择和表现出来的东西经常是危险的、被禁或者亵渎的。"[50]由此，自然秩序的破坏——神秘、未知、敬畏、惊奇——成为神圣超越的表现之一。

　　不难看出，与泰勒的宗教文化论（或文化人类学）相比，伊利亚德的宗教现象学更注重现象的非常特性，即它强调神显模态的非还原、开放、多元、差异、复杂共在。其中，时间、空间现象的中断、非均质既被视作神圣性的表达，又象征着某种意义上的诸神圣的临在。所以，"宗教现象"的两种类型以神圣的参与为根本差别，且这一差别既是宗教研究差异之规定，也是宗教实践或宗教生活差异之规定。如蒂利希所言："信仰并非与其他现象并列的一种现象，而是人的个人生活中的核心现象，它既显豁又隐匿。它既是宗教的，又超越了宗教；它既是普遍的，又是具体的；它既是无限多样的，却又永远保持同一。信仰是人本质上的一种可能性，因此它的实存是必然的和普遍的。在我们的时代，它也是可能的和必然的。如果信仰被理解为它的核心所是者，即终极关切，那么它就不可能被现代科学或任何类型的哲学所削弱。它也不可能由于各个教会、各种教派和运动的内部和外部对它的迷信或种种权威式的扭曲而变得

46　伊利亚德：《神圣的存在：比较宗教的范型》，晏可佳、姚蓓琴译，广西师范大学出版社 2008 年版，第 10 页。

47　神圣同时是"神圣的"又是"污秽的"。伊利亚德：《神圣的存在：比较宗教的范型》，晏可佳、姚蓓琴译，广西师范大学出版社 2008 年版，第 12 页。

48　参见玛丽·道格拉斯：《洁净与危险》，黄剑波等译，民族出版社 2008 年版。

49　参见约斯·德·穆尔：《命运的驯化：悲剧重生于技术精神》，麦永雄译，广西师范大学出版社 2014 年版。

50　伊利亚德：《神圣的存在：比较宗教的范型》，晏可佳、姚蓓琴译，广西师范大学出版社 2008 年版，第 20 页。

不值得采信。信仰立足并证成自身，以反对那些攻讦者，因为他们只有以另一种信仰之名义才有可能对它做出攻讦。任何对信仰的否定本身都是对信仰的表达，亦即对终极关切的表达——这，正是信仰之动力的胜利。"[51]

三、宗教与信仰的差别

德里达在论述延异时，十分着重地强调了那被称为"间隙"的东西：一个间隙必然把现在与非现在区别开来，这样现在才能成为现在，但这个构成了现在的间隙必须同样把现在自身区别开来，据此和现在一起把根据现在而被思考的一切区别开来，也就是说，把我们的形而上学语言中的每一个存在、每一个实在或主体都区别开来。这个间隙在构成自身之时，在能动地区别自身之时，是可以被称为空间区隔（espacement）的事物，即时间的生成空间，或空间的生成时间（时差）。正是现在的这种构成，即作为"原始的"、不可简约为非简单的各种标识的综合、保留或预持的踪迹，德里达称之为 différance（延异）。[52]

根据这段论述，人们很难将这间隙与那被称为"神圣碎片"[53]的东西区分开来。一方面，它们都在不可还原之中确定了存在物的起始；另一方面，藉着它们的生成，那未被昭示者成为生成现象本身。所以，在宗教现象揭示某些蕴藏其中的事物时，有一种非宗教性的东西——即神圣碎片——作为间隔出现了，其表现是，宗教性总以理性的样式复归为一种广义的神圣现象。如伯纳德（Theos Bernard）所言："对于印度教传统而言，宗教不是信仰的事情——如其他诸宗教一般，而是（神圣）实现的过程，它由理性检验并证明。"[54]在这个意义上，宗教性成为一种神圣性的具象存在，它映照着神圣之道的流转。

在世俗化的后现代境况中，这种神圣碎片的存在愈发显明。根据格里利（Andrew M. Greeley）的研究，宗教在其众多不易察觉且弥散的呈现中继续存在，即使这些人不信上帝或者至少相信一个"个人的上帝"。相关的信仰数

---

51 保罗·蒂利希：《信仰的动力》，钱雪松译，中国轻工业出版社 2019 年版，第 144 页。

52 参见 Jacques Derrida, "La 'différance'", *Société Française de Philosophie*, vol. 62, 1968, pp. 73-101.

53 后现代中的神圣散落在一切实在之中。

54 Durga Das Basu, *The Essence of Hinduism: A Discourse on Comparative Religion on the Background of Hinduism*, New Delhi: Prentice-hall of India,1990, p. 2.

据调查表明，尽管在一些国家信众的数量有所下降，但这并不意味着这些人对宗教漠不关心或持反对态度，恰恰相反，关注宗教主题的人的增长要超过那些不再关心的人的减少，宗教以非传统的方式复兴着。[55]信仰没有失落，它只是在形式和内容上做出了一些转变，而这改变恰恰与那宗教背后的事物相关。

因此，宗教与信仰的区分是必然的，后者不断将一种碎片化的神圣性拼凑起来，它因纯粹而反对一种外在的同一。在主体范畴上，信仰和宗教的差别是：前者主要与信仰个体相关，后者则更加关乎社群及其一代代传承下来的传统。[56]所以，宗教概念通常包括宗教行为、态度、感受、组织、神话、系统且明确表达的认信集等，而信仰概念更加明确地传递个人的交托，如信任和同意。[57]在现象层面，宗教是一种包含了围绕信仰观点进行分类的人群的社会现象，信仰则是包含对生活中作为价值中心和意义来源的某些对象、事件、规则或存在的信任的个体的现象，[58]它们交织在人的日常生活之中。在研究领域，史密斯甚至认为我们应该放弃"宗教"概念，并将之代换为两个词的结合：信仰（faith）和累积的传统（cumulative tradition）。因为信仰可以更好地呈现个人的超越性经验的动力和内在特征，而累积的传统可以更好地使用宗教团体的客观数据（信念、仪式、圣殿、经文等），[59]这一做法一定程度上做到了神圣的回归。而出于现实的考量，布罗克韦（Allan R. Brockway）宣称，宗教和信仰必须分开，因为宗教价值的滥用会导致诸如大屠杀之类的后果，而信仰则赞美并保护个

---

55 参见 Andrew M. Greeley, *Religion as Poetry*, New Brunswick & London: Transaction Publishers, Routledge, 1995, pp. 83-122.

56 杜维明认为，强调信赖社群之为终极的自我转化中一种不可消解的终极的真实，乃儒学宗教性的一个规定性特征。更进一步，基于信赖的而非基于契约的社群其本身便是对天命之谓性的一种神圣的肯认。（参见杜维明：《论儒学的宗教性：对〈中庸〉的现代诠释》，段德智译，武汉大学出版社 1999 年版，第 109-111 页。）

57 参见 Willem B. Drees, *Religion, Science and Naturalism*, Cambridge: Cambridge University Press, 1996, p. 25.

58 参见 Keith A. Roberts, *Religion in Sociological Perspective*, Belmont: Wadsworth, 2004, p. 21.

59 参见 Wilfred Cantwell Smith, *The Meaning and End of Religion*, New York: The Macmillan Company, 1962, pp. 109-138.但客观的目的不在同一，而是为了实现更好的整体承续。例如（宗教）礼仪是在同一中保护指向神圣的差异的方式，而宗教本身也有此功能和使命。（参见梅耶：《差异 排斥 历史》，史忠义、晓祥译，知识产权出版社 2015 年版，第 41-55 页。）

体的权利。[60]换言之，如巴特和朋霍费尔（Dietrich Bonhoeffer）所言，假使宗教误导或败坏了神圣的训导，基督教可以是非宗教的，毕竟在根本上，宗教是人集体性接受恩典的后果，而信仰则是接受本身。所以，即使宗教之道对神圣之道的偏离是必然的——尤其在宗教领袖有心或无心的私人化解读中，但其底线必然要在普遍的人权之上，即宗教价值不能迫使人文主义和人道主义的价值扮演次要的、最终不存在的角色。这样，宗教便以信仰为基底，而这基底由神圣碎片构筑而成。

概言之，后现代的宗教研究不反对对宗教概念进行规定，却反对一种独断的内涵预设，宗教哲学家更应该在一般意义上（即宽泛而内容丰富）使用"宗教"一词。对宗教的理解和定义应是活生生的、有机的，它在不同诠释方法和符号体系中既指称实在的社会中的宗教组织，又象征着难以被具化的形而上的、超越的理念、经验和意志的集合。[61]最重要的是，在现象层面，宗教正是那神圣碎片生成的东西；而这被生成者沉思自身的诞生。

第二节　范畴交互

一、信仰与理性

历史的戏剧惯予人以惊喜。而近代以来，被重演的最热闹的思想戏剧即理性与信仰[62]之间的冲突。当然，并不出人所料，这场冲突很大程度上是那些不耐思索或别有用心之人故意挑起的。因为即使是信仰的最粗浅、最污名的形式，即那种被认为它"无论如何都反对理性"的观点，倘若并非出自敌人之口，都会显得愚蠢至极。理性与信仰在范畴层面迥异于科学与宗教、学院[63]与教会，因而"在哲学领域内（因为我们在这里撇开这种对立在艺术、生活和文学领域内的表现），信仰和理性之间的二元论绝不是表现为直接反对教会及其信仰的斗争

---

60 参见 Alan R. Brockway, "Religious Values After the Holocaust: A Protestant View", in *Jews and Christians After the Holocaust*, Abraham J. Pec (ed.), Philadelphia: Fortress Press, 1982, pp. 55-56.

61 有关宗教的诸种定义（尤其是现代哲学家和神学家的）和如何看待其他宗教的问题，可参见 Peter B. Clarke & Peter Byrne, *Religion Defined and Explained*, London: The Macmillan Press Ltd, 1993; John Lyden (ed.), *Enduring Issues in Religion*, San Diego: Greenhaven Press, 1995.

62 此处，理性乃是理智的运转，作为事件而非实体，它与信仰相对。

63 此处，学院指科学研究者构成的团体。

上，毋宁说，它表现在下述这一点上：精神虽然也承认教会，让教会作为一种权威不受侵犯地存在，可是包含在精神的基本对象和内容之中的，并不是这种承认的原则，而恰恰是某种相反的东西"。[64]怀疑优先而不预先排除信仰，它为对后者的接受和承认留下空间，这是理性的原则。而教会凭借信仰的现实效果取消理性的自治，这才是冲突的根源：一种现实的逆施和威权被加诸精神或心灵的活动上。因此，以下的说法是合适的：有目的的对信仰的反对以及对理性的反对（比如培尔和莱布尼茨）都旨在辨明心灵能力的秩序，而那无反思的闲谈者和助威者只不过在逗乐的同时制造一个又一个自娱自乐的笑话，他们犯了"范畴谬置"[65]的错误。所以，除却别有用心的权谋，挑起理性与信仰在宗教与科学、学院与教会之间的冲突，是极为愚蠢的[66]，而权谋设计本身就是一种表演。

因此，历史的戏剧经常回溯自身，它回味那有限中的无穷物。例如在"自然之光"这一诗意的描述中，与神圣相关的理性，就与信仰相互协调。"有两样先于学问的礼物，一是内在之光，一是自上倾泻下来的光。内在之光是判断或理性的自然之光，由上倾泻下来的光是信仰之光。就第一种光，（保罗）说，那是判断的自然之光，是上帝赋予理性的受造物的，因为上帝曾说，让光闪耀起来。这种光不仅包含可能理性，也包含主动理性。就自上倾泻下来的信仰之光，（保罗）也说，它已照耀着我们心灵，即凭借信仰之光的倾泻。上帝赋予我们理性的本性，又施予我们恩典。因此，这二者都是在先的。其结果也有两个，一是对造物主的清晰知识，二是对拯救者的被启示出来的知识"[67]，两种知识交织存在。

---

64 费尔巴哈：《对莱布尼茨哲学的叙述、分析和批判》，涂纪亮译，商务印书馆 2009 年版，第 185 页。

65 即将效果视作结构，将抽象视作具象。

66 巴克斯特（Richard Baxter）对信仰与理性的看法是："虽然有些骗子也许会告诉你们，信仰和理性是如此敌对。以致它们在同一个问题上都互相排斥，因而，你越是少有理性证明信仰事物的真理，你的信仰就越坚定，越值得称赞，然而，经过考察，你们将会发现，信仰并非无理性之行为；上帝要求你们相信的，就是你们对于那些说明为什么应该相信的理由的理解，唯此而已：上帝在灌输信仰时，的确以理性为前提，并且在运用信仰时，运用理性。那些信仰而不知为何要信仰，或不知道保证其信仰的充分理由的人，才真正对信仰具有一种幻觉、或印象、或梦幻。"（默顿：《十七世纪英格兰的科学、技术与社会》，范岱年译，商务印书馆 2009 年版，第 104-105 页。）

67 波纳文图拉：《中世纪的心灵之旅：波纳文图拉神哲学著作选》，溥林译，华夏出版社 2003 年版，第 31 页。反对者的说法是："如果理性是天之所赐，而信仰也是天之所赐，那么老天就给了我们两个互不相容、互相对立的礼品。"（狄德罗：《哲学思想录》，罗芃、章文译，上海译文出版社 2021 年版，第 48 页。）

在不断言理性来源的情况下，理性和信仰都是知识的基础，这几乎被所有有识之士接受；然而，理性与信仰本身的结构和效用都在起源这一历史性的争端中被忽视了，且理性与信仰的起源都难以自证[68]。"理性是绝对的，在自身之中完成自己，它的无限的理念仅属于自己本身；如果把它看作纯粹必须由外来的掺合来创造，如果它只能通过与强求的外来的东西保持距离[69]，而不通过对这种东西的充分训练而得到完成，那么，信仰就称作意识的缺乏。"[70]（早期的）黑格尔无疑坚持理性的绝对自足，但根据存粹理性（或逻辑理性）推理信念的后果是，它会产生一种"理论信念不容强求"[71]的结论，这种信念与实践理性、现实生活不融贯。合理的解释是，理论信念确定普遍原则，而（个体的）实践信念允许有差别的理解和诠释，它们共同使信念成为活生生的自我规范，其中，信仰因实践与理性缠结。更具体的解释为：既然每个人都十分重视自己的使命，他就必然抱有把自己的信念告诉给所有其他人的目的。一切人为了这个目的而组成的联合体，可以是教会，也可以是科学共同体。在这个信念的联合体中，不一致的意见结合成某个（或某些）包容的信念集或象征，其中每个象征都是应急的，它们不由抽象命题组成，而是由抽象命题的感性表现构成。[72]因而现实的、可见的共同的信条总保有理解层面的变动性，即作为信念集合的整体信仰绝不被历史的、集体的观念事先完全限定。这样，理性和信仰都因历史的生成而具有活力，此即实践信仰的基本内涵。

因而，在形式层面，理性与信仰的结合物——"理性的信仰"——无疑反对一种信仰的简单挪用，即轻信轻疑，以对旧物的信心来信仰新物[73]。轻信在根本上是不审慎的，它拒绝了理性判断的辨别和确证；而无端的怀疑只会让理性难以立足，这与实践理性的精神相违背。伊本·西那（ibn-Sīna）以哲学人类学的方式描述了这种统一："人的灵魂的第一种机能，是一种与思辨有关、

68　对理性起源的证明要么因自证无效，要么导致无限回退，要么归于不可证明的自明性；而对信仰的证明最终诉诸绝对的奥秘、要么无话可说。

69　"神如果绝对地与我们分离，那么神是不可理解的；当我们只知道它是绝对的存在时，神也在无限地接近我们，它实际上是超越的和内在的。"（斐洛：《论〈创世记〉：寓意的解释》，王晓朝、戴伟清译，商务印书馆2012年版，英译本绪论第12页。）

70　黑格尔：《黑格尔早期神学著作》，贺麟译，商务印书馆2016年版，第307页。

71　费希特：《伦理学体系》，梁志学、李理译，商务印书馆2009年版，第337页。

72　参见费希特：《伦理学体系》，梁志学、李理译，商务印书馆2009年版，第252-253页。

73　参见福泽谕吉：《劝学篇》，群力译，商务印书馆2009年版，第91页。

称为思辨理智的机能。第二种机能则是一种与实践有关、称为实践理智的机能。……这两种机能各自具有先人的观念和假定的知识；先人的观念是我们借以作出断语的那种信念，假定的知识则是我们容许第二项倾向的那种信念。"[74]身体的其他功能在认知实践中参与到理智的运作中，而"感觉、情欲都是理智的帮手"[75]，理智[76]与信仰因此成为综合之物。事实上，在信仰中，理智的直接性并不意味着由其推理或演绎出的结果可被直接实现。理智的恒常在逻辑计算之外，正需心灵的坚定和忍耐来确证。"那想要一天之内得到所有恩赐的人缺乏希望和信任，也缺乏见识。如果只是现在期盼而非对将来也有期盼，就叫作缺乏希望；如果不相信现在和将来神都会慷慨地施恩于配得恩赐的人，就叫作缺乏信心；如果想像自己足以担当已有物品的保护人而认为神不是保护人，就叫作缺乏见识；理智常常盲目尊大地把自己确定为安全的保护人，而又常常变得脆弱，不堪一击。"[77]在这一点上，哲学、神学与科学是相通的。

是故，即使理性在某些方面表现出信仰的特征（尤其是直觉[78]），它也是更加无法包容的那一方，因为"信仰仅能够强加于少数人，而理性却会给一切人留下烙印"[79]。不存在与"理性的信仰"相对的"信仰的理性"的原因正在此，理性以其分析技术拒绝了那种含混的综合，唯独在其内部，结构性的承认才是可能的，那作为要素者不被命题限制。在关系层面，作为关系命题的信仰总是单称或特称的，而作为素质（词）的理性则始终保持全称状态，这使得将对方视作对象时，理性总比信仰严苛。怀疑主义者（如皮浪）在这方面做得更好：不对任何信念进行确认，此时信念被理解为"认同我们能对事物本来如此作断言"[80]，即使此表述很严格，但它揭示了"同意"态度在理性和信仰中的基础地位。由此得出的结论是，信仰对理性的批评和理性对信仰的批评之间的最大区别在于：一般情况下，信仰认为只有理性是不足的，而理性认为只有信

---

74 伊本·西那：《论灵魂》，王太庆译，商务印书馆 2009 年版，第 212-213 页。

75 参见斐洛：《论〈创世记〉：寓意的解释》，王晓朝、戴伟清译，商务印书馆 2012 年版，第 108 页。

76 理性作为理智的运作表现是单纯的。

77 斐洛：《论〈创世记〉：寓意的解释》，王晓朝、戴伟清译，商务印书馆 2012 年版，第 182 页。

78 有关直觉，本文第五章第五节会详细论述。

79 彭加勒：《最后的沉思》，李醒民译，商务印书馆 2009 年版，第 130 页。

80 施尼温德：《自律的发明：近代道德哲学史》，张志平译，上海三联书店 2012 年版，第 50 页。

仰是一种错谬。前者意在表露目的确证过程的不完全，而后者对相关事实解释的不一致作出否定，二者并不在同一个论证范畴，即使对事实的解释最终支持对目的的猜测。这样，理性与信仰的运作呈现出非结构性的一致，它们在组织方式（认知同意）、目标对象（现象）和功能效果（解释性）取得了部分一致，但这种一致并不涉及起源、目的和其生产之物的具体内容。

二、宗教与科学

理性与信仰之间的冲突在很大程度上是由那种被称为"范畴谬置"的错误引起的，因而这冲突可以被视作某种幻象性的影射从而被消除。科学与宗教之间的冲突则不同：在方法论层面，科学与神学[81]的冲突即观察与权威的冲突[82]；并且在知识论上，宗教与科学因解释权和解释效力发生争执，这直接导致对真理的追求转变为对知识权力的崇拜。

对这两种观点进行解释并不困难。一方面，"科学的目的在于发展一种普遍方法来整理普通的人类经验；宗教的根源则在于在社会内部推进见解和行为的和谐性的那种努力。在任何宗教中，社会成员所共有的一切知识是包括在普遍构架之内的，这种构架的原始内容就是在崇拜和信仰中所强调的那些价值和概念"[83]，科学却以一种非此即彼的方式整体否决了它。另一方面，"一切关于信仰的争端都以罗马的篡位为其背景；罗马大主教的最高权力是必须巩固的。他对于真正的信仰问题总是非常宽容的，然而当教会的权利一旦遭到侵犯，就会立即喷出谴责的烈焰"。[84]科学与宗教相冲突的背景正在此，人们有时惊异于这种真理对权力的顺从，但事实往往如此简单。因而，实验观察和逻辑推演凭着精密化在解释层面取得了优胜；但就冲突这一社会—思想事实而言，知识权力及其享有者的态度才是至关重要的。

因此，即使在科学与宗教冲突最激烈的十七世纪，有智识和良心的学者也已不再纠结于理性和信仰的问题。例如巴克斯特宣称，不引起疑问和未经"理性衡量过的"信仰并不是信仰，它充其量一种梦幻或幻想或意见，这无疑赋予了科学一种力量。在宗教仍占优势的时代，这种力量最终会限制宗教的势力，

---

81 按照费尔巴哈的说法："神学是宗教的科学。"（费尔巴哈：《对莱布尼茨哲学的叙述、分析和批判》，涂纪亮译，商务印书馆 2009 年版，第 130 页。）
82 参见罗素：《宗教与科学》，徐奕春、林国夫译，商务印书馆 2009 年版，第 6 页。
83 N.玻尔：《尼尔斯·玻尔哲学文选》，戈革译，商务印书馆 1999 年版，第 196 页。
84 海涅：《论德国宗教和哲学的历史》，海安译，商务印书馆 2016 年版，第 17 页。

这种毫不犹豫地把道德统治权给予科学的做法，奠基在对经验知识和超越感觉知识的统一性的明确假设之上，故而科学的证实必定起到确证宗教信仰的作用。[85]所以经过清教徒和自然神学的发展，这种观点已能够分别为科学和宗教划定自己的界限。"宗教是人类之某种基础经验的表达方式；宗教思想不断发展而变得越来越精纯，并不断排除繁杂的想象；宗教与科学之间的互动是推动这种发展的一个巨大因素。"[86]其结果是，"对于实证神学，对于启示，科学没有反驳。它在绝然不同的层面起作用。只有当信仰侵入可能的知识领域，侵入实在的层面，科学才不得不严厉抗议；只有当信仰代替知识作为行动的基础时，科学才被迫批判信仰的道德性，而不是批判信仰的实在性"[87]。事实上，即使就知识本身而言，带有信仰特征的整体论和目的论解释也在发挥作用，并且这种作用无法被抹除。"科学需要信仰对于纯粹因果支配的世界和几率统治的世界同样都是正确的。任何程度纯客观的和彼此分立的观察都不足以证明几率是一个有效的观念。换句话说，逻辑上的归纳法是不能归纳地建立起来的。归纳逻辑（培根的逻辑）与其说是一种能够证明的东西，不如说是一种能够据以行动的东西；我们根据这种逻辑所作出的行动就是信仰的最高表现。正因为如此，所以我必须说，爱因斯坦关于上帝坦白为怀[88]的格言自身就是一个关于信仰的陈述。科学是一种生活方式，它只在人们具有信仰自由的时候才能繁荣起来。基于外界的命令而被迫去遵从的信仰并不是什么信仰，于这种假信仰建立起来的社会必然会由于瘫痪而导致灭亡，因为在这样的社会里，科学没有健康生长的基础。"[89]这样，科学与宗教的冲突不仅不源自理性与信仰的冲突，它们反而因后者的一致而相互协调。

而在更为具体的层面，基于超越的信心和信念尤其与理性相协调，直觉和意志此时将信仰塑造为精神对无限外在的审美情感[90]。"在我看来，一个人受

---

85 参见默顿：《科学社会学：理论与经验研究》，鲁旭东译、林聚任译，商务印书馆 2003 年版，第 329 页。

86 怀特海：《科学与近代世界》，黄振威译，北京师范大学出版社 2017 年版，第 218 页。

87 皮尔逊：《科学的规范》，李醒民译，商务印书馆 2012 年版，第 110 页。

88 即"上帝精明，但无恶意"。

89 参见维纳：《人有人的用处》，陈步译，商务印书馆 1978 年版，第 173-174 页。

90 根据巴尔塔萨的说法，信仰是对尘世之美中神圣荣耀的感知，是对尘世形式的审美关照，这是一种更偏美学的解释。参见 Stephan van Erp, *The Art of Theology: Hans Urs von Balthasar's Theological Aesthetics and the Foundations of Faith*, Leuven: Peeters, 2004, p. 50.

了宗教感化，他就是已经尽他的最大可能从自私欲望的镣铐中解放了出来，而全神贯注在那些因其超越个人的价值而为他所坚持的思想、感情和志向。我认为重要的在于这种超越个人的内涵的力量，在于对它超过一切的深远意义的信念的深度，而不在于是否曾经企图把这种内涵同神联系起来，因为要不然，佛陀和斯宾诺莎就不能算是宗教人物了。所以，说一个信仰宗教的人是虔诚的，意思是说，他并不怀疑那些超越个人的目的和目标的庄严和崇高；而这些目的和目标是既不需要也不可能有理性基础的。但是它们的存在同他自己的存在是同样必然的，是同样实实在在的。"[91]相对地，在此基础上，"科学只能由那些全心全意追求真理和向往理解事物的人来创造。然而这种感情的源泉却来自宗教的领域。同样属于这个源泉的是这样一种信仰：相信那些对于现存世界有效的规律能够是合乎理性的，也就是说可以由理性来理解的。……这情况可以用这样一个形象来比喻：科学没有宗教就像瘸子，宗教没有科学就像瞎子"。[92]宗教和科学都不拒绝深刻信念的智性审美。

在这个意义上，休谟的看法是合适的。"总体说来，传说的、神话学的宗教和系统的、经院的宗教之间最大的和最可观察的差异有两个：前者经常是更合理的，因为它只是由众多不论多么没有根据都不蕴涵任何明确的荒谬和论证矛盾的故事组成的；它也如此轻易和轻巧地坐落于人们的心灵之上，以致虽然它可能普遍被接受，但是它幸运地没有在感情和知性上留下非常深刻的印记。"[93]科学对宗教的批判由此是必要的，它排斥那些在自然理性（或实践理性）之外的无效解释，并试图尽自己最大的努力解释有关宗教的真理。

三、宗教与人文

在宗教的诸多反对者中，如果非要评选出最危险的那一位，那么结果毫无疑问是人文主义。与科学主义这种争战的划界者不同，人文主义本身并不拒绝自身与宗教的亲密关系，它反而在这种亲密关系中获得了某种宗教未能拥有的逻辑上的优先——作为一种人的基本关系，信仰在存在论层面无可置疑。按照西美尔的说法，信仰是在丝毫未受宗教影响的情况下产生的。作为个体之间

---

91 爱因斯坦：《爱因斯坦文集》（第三卷），许良英、赵中立、张宣三编译，商务印书馆1979年版，第181-182页。

92 爱因斯坦：《爱因斯坦文集》（第三卷），许良英、赵中立、张宣三编译，商务印书馆1979年版，第182-183页。

93 休谟：《宗教的自然史》，曾晓平译，商务印书馆2014年版，第81页。

的一种纯粹精神关系的形式，它在宗教信仰中表现得十分纯粹、十分抽象，即"信仰最初是作为人与人之间的一种关系而出现的"[94]。且由于宗教分享了这种在人文层面的相似性即亲密关系，那非宗教的在形上的沉思及现实的权力关系中成为了宗教的，于是宗教现象成为了一种基本的人类生活的形式。但最终，那让非宗教成为宗教的事物必定会完成这种发生学的逆转，因为历史和民族志的证据指明了这样一种对宗教的理解，宗教不是本体论所宣称的私人沉思而是具化的、运转着的、社会化的交往图式，其中怀疑和信仰由历史性居于其中的、对话交往的社会文化结构构成。只有作为一种对如此复杂结构的谨慎且机敏的唯物主义分析，宗教信仰和怀疑的真正共鸣才得以建立。[95]

不难看出，人文学和文化学[96]给宗教带来了一种解构的危险，它们自然具有一种还原论或合一论的倾向。[97]与宣称宗教无用、落后的科学主义不同，后者并非不承认宗教的本质，而是认为宗教的核心神圣与真理无关，即在真理相关的领域，宗教的言说无价值。典型的观点是，"宗教语言并不传达任何信息，只能被视作情感的表达"[98]，"'上帝存在'是一个既不能真也不能假的形而上学的说法"[99]，相关语句没有任何意义。即使一些哲人（如波普尔）支持宗教

---

94 西美尔：《宗教社会学》，曹卫东译，上海人民出版社版2003年版，第5页。因而，文化、宗教和信仰在根本上是不同的东西。"一个'文化信仰'，跟一个'宗教信仰'一样的糟糕；两个表述都隐含着，转身离开文化和宗教所指称的那些事物。'文化'，作为指称某些极为珍贵的活动的集合名词，是个可用之词；然而将'文化'实体化，令其自本自根，将其弄成一个信仰、一项事业、一个标识、一个'平台'，就不可忍受了。因为这些活动，对那信仰或事业，没有一个会付出一毛钱的关心。这就好像重返早期闪族宗教，其中命名本身就被当作权柄。"（C.S. 路易斯：《古今之争》，邓军海译，华东师范大学出版社2019年版，第74页。）

95 参见 Paul-François Tremlett & Fang-Long Shin, "Forget Dawkins: Notes Toward an Ethnography of Religious Belief and Doubt", in *Being Godless: Ethnographies of Atheism and Non-Religion*, Ruy Llera Blanes & Galina Oustinova-Stjepanovic (eds.), New York: Berghahn Books, 2017, pp. 81-96.

96 兰德曼将文化人类学和宗教人类学都视作哲学人类学的部分。（参见兰德曼：《哲学人类学》，阎嘉译，贵州人民出版社2006年版。）

97 马里坦认为，通过扎根中世纪的综合传统，学院派（即经院哲学家们）避免了现代思想的错误。后者主要表现在两个方面：一、倾向于将一切知识还原为自然科学的类型；二、倾向于将一切被认识的事物还原为我们对它们的认知或者未与人之认知明确区分的上帝的认知。（参见 Jacques Maritain, *A Maritain Reader: Selected Writings of Jacques Maritain*, Donald & Idella Gallagher (eds.), New York: Image Books, 1966, pp. 34-57.）

98 Rudolf Carnap, *Logical Syntax of Language*, London: Routledge, 2001, p. 278.

99 艾耶尔：《语言、真理与逻辑》，伊大贻译，上海译文出版社1981年版，第132页。

和科学的相容，却也留下此诘问："宗教语言的不可证伪性如何说明自身是合理的？"[100]所以，如赖欣巴哈所言，"即使我们承认宗教作为解释和假说体系的合理性，它成立的可能性也是在科学和逻辑之下"[101]。换言之，科学主义和逻辑经验主义者为宗教划定了自身的界限，在宗教的范畴内——如心灵领域、情感领域，它是有效的。按照布雷斯韦特（Richard Bevan Braithwaite）的说法，宗教语言具有生活性和功能性，"上帝"和"宗教"是人于生活中的建构。尽管宗教语言既不是经验性的也无法构成真值命题，但它确实如同道德语言一样，构成了独特的言说体系，指导着人的生活，且具有存在论上的价值。[102]在这个意义上，宗教是独立且自洽的。

然而，这种宗教的本质规定在人文主义的视野中无法得到承认，它只能作为一种表象存在，其原型是态度、观念、意识形态或文化记忆等。西美尔的看法是：宗教不是有限的实在领域，就像政府或经济体一样；相反，宗教是一种态度或观点——一种看待整个世界的方式，它与虔敬相关。[103]在恩格斯那里，这种态度或观念显然应该被视为一种意识形态，而且这意识形态附属于对象的现实关系："宗教一旦形成，总要包含某些传统的材料，因为在一切意识形态领域内传统都是一种巨大的保守力量。但是，这些材料所发生的变化是由造成这种变化的人们的阶级关系即经济关系引起的"。[104]在文化的层面，宗教是一种历史性的记忆，哈布瓦赫（Maurice Halbwachs）对此的描述是："信徒把宗教教导的那些主要事实保存在了记忆当中。通过宗教实践，他的注意力经常被引向这些事实。但是，因为他经常反省这些事实，其他人也与他一起反思这些事实，所以，这些事实（facts）的观念已变成了事物（things）的观念。一整套有关今日社会及其成员的不同观念，成为了他所拥有的关于弥撒圣礼和节

100 Anthony Flew, *New Essays in Philosophical Theology*, Norwich: Hymns Ancient & Modern Ltd, 2012, p. 97.

101 Hans Reichenbach, *Experience and Prediction: An Analysis of the Foundations and the Structure of Knowledge*, Chicago & London: The University of Chicago Press, 1938, p. 404.

102 参见 R. B. Braithwaite, "An Empiricist's View of the Nature of Religious Belief", in *Theory of Games as a Tool for the Modern Philosopher*, R. B. Braithwaite (ed.), Chicago: Thoemmes Pr, 1998.

103 参见 Georg Simmel, *Essays on Religion*, Horst Jürgen Helle & Ludwig Nieder (trans.) & (eds.), New Haven & London: Yale University Press, 1997, xii.

104 恩格斯：《路德维希·费尔巴哈和德国古典哲学的终结》，载中共中央编译局编：《马克思恩格斯文集（第4卷）》，人民出版社2009年版，第312页。

日观念的一部分。"[105]扩而言之，"社会信念（包含宗教信念），无论其起源如何，都具有双重性质。它们是集体的传统或回忆，但也是从对现在的理解中产生的观念或习俗"[106]。由此，文化记忆成为宗教时刻发生、不断更新流动的源头。在信众的深层意识、梦中，在神职人员既当下又历史的言说中，在人的目光所及和未及之处，那被称为神圣的东西意识化了。[107]

此外，人文主义同样会带来一种宗教的合一论（syncretism）的风险。与宗教的还原论不同，宗教的合一论并不执著于消解宗教、驱逐神圣，但它执着地追求一种宗教的统一解释[108]（如爱[109]、公义、苦难），企图将诸种宗教现象纳入某一特定的人文的解释体系中。换言之，宗教的合一论只承认宗教诸要素

---

105 莫里斯·哈布瓦赫：《论集体记忆》，毕然、郭金华译，上海人民出版社 2002 年版，第 169 页。

106 莫里斯·哈布瓦赫：《论集体记忆》，毕然、郭金华译，上海人民出版社 2002 年版，第 311 页。

107 在这个意义上，对宗教的历史的解释是可以接受的。"实际上，每一种宗教都是一种残存物，都只是对已经终结的事件或者早已不复存在的圣人的纪念而已。"（参见莫里斯·哈布瓦赫：《论集体记忆》，毕然、郭金华译，上海人民出版社 2002 年版，第 297 页。）

108 统一解释是独断的，这种独断甚至反对宗教哲学。

109 费尔巴哈的"爱的宗教"（参见费尔巴哈：《基督教的本质》，荣震华译，商务印书馆 1984 年版，第 333-338 页）在弗洛伊德那里受到了严厉的批评，后者指出了这种爱的虚伪、独断和恐怖。"在关于宗教群体瓦解的虚构例子中，真正显露出来的不是恐惧（因为缺少引起恐惧的原因），而是人心中残忍和排外的一面；此前，在基督平等的爱面前，它一直没有发挥作用的机会。在这层联系之外，基督教王国中仍有一些人不属于这个信仰集体，他们不爱基督，也不为基督所爱；所以，即便一个宗教以'爱的宗教'自居，它依然要对非信众表现出冷酷无情的一面。基本上，所有宗教在信众面前都是爱的宗教，而对不属于它的人则表现得残酷而苛刻。虽然从个人感情上看很难接受，但我们其实不应过分指责那些信众。在这一点上，那些不信教或对宗教态度冷漠的人往往有着更好的心理处境。即便这种不容异说的姿态不再像前几个世纪那样残酷无情，我们也不能由此推断人类的品德已经有了进步。更主要的原因，还是宗教情感的弱化——这是不容置疑的事实——和与此相关的力比多联系的减弱。假如有另一种群体结构（如现在的社会群体）取代宗教，这种对外人的排斥依然会像宗教战争年代那样表现激烈。倘若科学观点上的分歧也可被视作群体之争，那结果也是大同小异。"（弗洛伊德：《自我与本我》，徐胤译，天津人民出版社 2020 年版，第 94-95 页。）所以，尽管这种有关宗教之爱的观点在后现代境况中已经有了显著的改善（如舍勒：《爱的秩序》，孙周兴等译，北京师范大学出版社 2014 年版；列维纳斯：《总体与无限：论外在性》，朱刚译，北京大学出版社 2016 年版），但我们仍要拒绝那种以爱之名义进行的战争。

的一部分，即使神圣被容纳其中，但宗教的他性或异教的本质在解释的例外或不予考虑中被消解了，这显然与特定宗教的根本规定相违背。所以，宗教的合一论所寻求的解释的一致性实际上是单向的、排他的，其中，一种假设的自大替代了神圣本有的复杂、多元和未知。如卡尔松（Jerker Karlsoon）所言，"合一论"一词在尽管差异存在的情况下保有其一同生成的含义，但它对忍耐采取了消极态度，而忍耐在后宗教改革时期是非常流行的。[110]因此，纯粹主义者（purist）的极端论断很难让人接受，宗教的合一论在对面宗教现实的窘境——小规模的宗教冲突和难以深入的宗教对话[111]——恰好说明了这一点。由此，一种深入的宗教对话在根本上与宗教的合一论区别开来：前者寻求一种宗教在人文层面的一致性，但不强求它的出现；后者则希望以某种一致的人文精神贯通诸宗教并最终将宗教的形式统一其中。但宗教毕竟不只是解释，一旦鲁莽胜过勇气、预设胜过观察，宗教也就成为一种意识形态的假设，而这是最朴素的信仰[112]也要拒绝甚至驱逐的。

当然，人文主义同样可以如科学主义那般直接将宗教视为自身的敌手。例如，与那些将人文主义视作特定宗教类型——显然是由于一些学者在神学和非神学之间暧昧不清的原因——的学者不同[113]，库尔茨（Paul Kurtz）极力推崇一种世俗的、理性的人文理念，其中，神圣观念仅在意义符号系统的层面被使用。库尔茨认为，人文主义的核心是智慧，他以智慧为基础，建立了一种行德慧学（eupraxophy），并企图藉此将人文学从宗教的影响下彻底解放。在他看来，eupraxophy 一词的三个构成部分 eu-、praxis、sophia 分别（在希腊语中）具有善（乐、优）、实践（正确的行为）、智慧的含义，[114]这些要素足以替代宗教的所有核心部分；在世俗的层面，行德慧学足以取代人们对神圣智慧的追

---

110 参见 Jerker Karlsoon, "Syncretism as the Theoretical Foundation of Religious Studies", *in Philosophical and Theological Responses to Syncretism: Beyond the Mirage of Pure Religion*, Jerome Gellman (ed.), Boston: Brill, 2017, pp. 9-24.与宗教的合一论相关的其他意见（及争论）可参见此论文集中的其他文章。

111 按照尼特的说法，宗教对话的模式可以分为四种：置换模式、成全模式、互益模式、接受模式，但这四种模式都反对简单的合一论。（参见尼特：《宗教对话模式》，王志成译，中国人民大学出版社 2003 年版。）

112 切身的体会始终最具说服力，它使空泛的解释变得无力。

113 比如蒂利希宣称，"宗教的形式是文化"。（保罗·蒂利希：《文化神学》，陈新权、王平译，工人出版社 1988 年版，第 59 页。）

114 参见 Paul Kurtz, *Eupraxophy: Living Without Religion*, New York: Prometheus Books, 1989, p. 14.

求，甚至信仰的难题由此被解决。于是，一种非宗教又与神圣相关的学问与哲学并行，在根本上，这种学问就是人文学或文化学。

概言之，人文主义——尤其是人文学和文化学——确实给宗教带来了解构的危险[115]，但在根本上，宗教仍然是其所是。宗教以神圣为根基，这神圣决定了其于地上事物的超越，而这是人文主义难以达到的。[116]因此，托克维尔（Alexis de Tocqueville）将宗教信念视作一种"有益的枷锁"（salutary yoke）是合适的，这枷锁的确能够让人类在生活的其他领域善用自由。宗教信念通过为那些躁动人心的根本问题提供清晰、具体、可理解且非常持久的答案，进而使得人在抉择和深思时有所参照。政治不是自由的根基，恶行也不是被命定的人的必然行为。即使人不能通过宗教信念上天堂，但它也对人在地上的幸福和伟大有所助益。[117]对此，布鲁姆（John Broome）的总结是合适的："'文化'不知怎的总是意味着，人的更高层次的活动植根于人的自然生发性或创造性；这种解释应用于诗歌或绘画时，或多或少有合理性，但是一旦应用于科学或哲学，就会遭到事实的驳斥。科学和哲学的主张被'文化'解释毫无商量余地予以推翻。这些主张变成文化表述，与确切的文化相关，依赖于文化，为文化而存在，而非为了超越文化、抵达自然。诗与哲学之争——之前被看成根本议题——就这样被诗性视角的胜利掩盖起来了。最终，上帝成了人的造物，而非反过来。这是对宗教或任何一种信仰致命的视角。我们赋予'文化'的意味可能就是宗教的结果，但是，教会的美轮美奂只能被理解为对人性美的贬低，以及对自行显现的上帝的忠诚。只有当社会的真正目标与崇高无涉之时，'文化'作为掩盖虚无的

---

115 虽然舍勒也宣称，现代市民基于怨恨的理性主义和人本主义因此依然是教会思想的一个成分——即使在教会的鼎盛期亦如此，尽管教会善于把握分寸但这种说法却难以得到整体的认同。（参见舍勒：《道德意识中的怨恨与羞感》，林克等译，北京师范大学出版社2014年版，第114页。）因为理性和人文精神只有在自我封闭时才是有所欠缺的，它们并不处于某种预设的神圣价值的下方。

116 也许，伊拉斯谟践行的人文主义精神能够做到这一点，它与宗教精神并不违背。（参见茨威格：《鹿特丹的伊拉斯谟：辉煌与悲情》，舒昌善译，生活·读书·新知三联书店2016年版，第99页。）同样，马修·阿诺德被批驳的以健全理智为核心的"文化宗教"也值得考虑，它在希伯来和希腊精神的结合中走向光明和美好。（参见阿诺德：《文化和无政府状态》，韩敏中译，生活·读书·新知三联书店2012年版，第36页。）

117 参见 Alexis de Tocqueville, *Democracy in America: Bilingual French-English Edition*, Vol. 3, Eduardo Nolla (ed.), James T. Schleifer (trans.), Indianapolis: Liberty Fund Press, 2010, pp. 743-745.

虚饰才变得必要。文化最多能鉴赏以往的信仰的丰碑，却万不能制造这样的丰碑。"[118]毕竟，在这些人文主义观念的身侧，宗教是因着神圣而在的。

四、宗教信仰与道德

人文主义为人们阐述了这样一个真理："在面对全人类的困境时，宗教整体上应属全人类，那将人规定为人的事物在诸宗教中被凸显出来，差异性与责任共同成为主导人类行为的准则。因此，面对世界的痛苦如贫困、滥用、暴力、伤害，诸宗教皆视之为挑战"[119]，而应对这一挑战的策略无疑是诸宗教基于人性（the humanum）进行亲密无间的合作。根据孔汉思的说法，"人性是一种具有普遍的伦理性和真正的普世性的基本准则，它建立在真正的人性的基础上，特别是建立在人的尊严以及从属于它的一些基本价值的基础上……所以是道德上善的东西，从长远来看能使人的生活在个人和社会两个维度获得成功和发展：使男男女女能在各个层面（包括欲望和情感的层面）、各个维度（包括他们与社会和自然的关系）得到最大可能的发展"。[120]若基于人性的宗教关怀具有普世意义[121]，它便是一种实用的、以人文本的解释，而非旨在还原的独断理论，宗教自然是开放之物。在神学层面，如考夫曼所言，世俗化及多元宗教的背景使基督教神学不能循古自封，目前的状况是，"以人文为指向的神学是我们如今所能提供的唯一一种神学"[122]。人文化的神学追寻人们称为美德的东西，亚里士多德将之称为"善"；在这种为人类本性所趋的目的中，有一种超越性被揭示出来，诸宗教皆称之圣爱。

---

118 阿兰·布鲁姆：《巨人与侏儒：1960-1990》，张辉等译，华夏出版有限公司 2020 年版，第 292 页。

119 尼特：《一个地球　多种宗教：多信仰对话与全球责任》，王志成等译，宗教文化出版社 2003 年版，第 96-108 页。

120 尼特：《一个地球　多种宗教：多信仰对话与全球责任》，王志成等译，宗教文化出版社 2003 年版，第 163 页。

121 黑格尔的神学观点（或有关宗教精神的论述）无论如何都被这段话囊括："纯粹的理性宗教只是在精神内和在真理内祈求上帝，只是在道德行为中表现其崇拜，而偶像崇拜则相信除了基于善意本身的爱之外，还可以通过某种别的东西去接近神，两者之间的差别是那样的大，以致偶像崇拜相对于理性宗教而言就完全没有什么价值，以致两者完全不同类，对人类来说，把偶像崇拜排除掉，越来越导向理性的宗教，乃是极其重要的。"（黑格尔：《黑格尔早期神学著作》，贺麟译，商务印书馆 2016 年版，第 21 页。）

122 参见 Gordon D. Kaufman, *The Theological Imagination: Constructing the Concept of God*, Philadelphia: Westminster Press, 1981, p. 184.

　　然而，"亚里士多德的伦理学毕竟会被太多的冲突和太多的专断所充塞"[123]，它不允许悲剧的发生，且诸宗教并不将美德视作与神圣等同之物。所以，人文主义对美德的追寻对宗教而言是前提性的或结论性的，即它本身作为宗教的要素存在，但它并非让宗教是其所是之物。甚至就信仰而言，道德是与之并列的范畴。因此拉康说，道德评说和伦理学对信仰文本的解读是天经地义的，因为包含信仰的维度，即便如它所是，似乎也不足以排除那些专注于知识的人的检查。此外，对信仰者来说，他们所信的也正是一种知识[124]，且是知识让信仰与道德共通，它们共同分享某种内涵上的一致性，即使这内涵的实现是期待性的。如杜威（John Dewey）所言，"宗教信仰是通过忠诚于内含的理想终局达成的自我的统一，想象将其呈现给我们，且对此人将作出回应——值得为了它控制我们的欲望和选择"[125]。这种自然—文化的理解，将信仰、盼望与道德紧密联系起来。但在根本上，神圣仍不是道德的结果，与之相反，道德恰是人对神圣的某种回应。[126]

　　就此而言，布朗（Alfred Radcliffe-Brown）对信仰形态的考察是正确的，即对原始部族的人来说，信仰首先意味着相信自然界存在着一种巨大的道德力量，不管这种力量是否以人的形象出现；其次才是人与这种更高权力之间的系统化关系。[127]即作为一种神圣的表象，道德力量先验地规定着人们的行动，这种规定体现在人们对未知的恐惧和迷茫以及对命运的感应中；在生活层面，通过朴素的因果认知和经验性的反馈，这种道德力量具化或转化为与之相关的其他形式的力量，后者继而决定人的其他回应性行动。这种循环的认知和行动的关系就是信仰的系统化过程，它最终生成一种确信与道德的关联。康德在《逻辑学讲义》中将之描述为："我们可以得出普遍的结论，即我们的一切确信不是逻辑的就是实践的。如果我们知道，我们解脱了一切主观根据而自由，那个认以为真毕竟是充分的，我们便是在确信，并且是逻辑的

---

123 麦金太尔：《追寻美德：道德理论研究》，宋继杰译，译林出版社 2011 年版，第 255 页。

124 拉康：《宗教的凯旋》，严和来、姜余译，商务印书馆 2019 年版，第 19 页。

125 John Dewey, *A Common Faith*, New Haven: Yale University Press, 1934, p. 33.

126 但要注意，人们要避免认为"信仰是一切善的通则"以及"除了被信仰这把钥匙开启的美德之外就再也没有其他美德或诚实"。（参见施尼温德：《自律的发明：近代道德哲学史》，张志平译，上海三联书店 2012 年版，第 64 页。）

127 参见拉德克利夫-布朗：《安达曼岛人》，梁粤等译，广西师范大学出版社 2005 年版，第 300 页。

或由客观的根据而来的确信。由主观的理由（就实践的观点来看，这种理由和客观的理由一样有效）而来的完满的认以为真也是确信，但不是逻辑的，而是实践的（我确定）。这种实践的确信或这种道德上的理性信仰往往比一切知更坚定。在知中人们还倾听反对的理由，在信仰中就不然，因为信仰不随客观的理由而定，而随主体的道德兴趣而定。这种实践的确信因而是道德的理性信仰，在最正确的意义上，唯有后者才必须称为信仰。"[128]由此，道德成为信仰的必然。

概言之，如纽曼所说，"（作为道德原则的）信仰是在心灵中被创造的，它更多倚赖的是可能性而非事实"[129]，这可能性将它引向超越事实的地方。因此，无论是在宗教生活还是在日常的道德生活中，人都对自己的信仰负有责任，且这责任无可避免——一如人对自己的所喜所厌、盼望和观点的本能接受，它塑造着在根本上差别的诸主体。在形上层面，这种道德责任转化为一种主体的关系性认同，信仰由此成为一种与他者相关[130]的事件：作为信仰和道德基础的可能性不仅是主体间的，它同时将一种面向神圣的责任纳入自身，这责任预设了主体性否认自身这一事件的发生。最终，在否定之呈现的意义上，信仰将自身规定为隐秘和多元。

第三节　多元样貌

一、有分歧的认知与"真信仰"

在有关多元信仰的讨论中，一个相应的词汇总会如幽灵般伴随着"多元"出现。各种类别的基要主义者赋予其不同样式的名称（如圣信、本信、真信等），但它总体上可被"真信仰"一词概括。真信仰，意味着本质、正统、合法，其

---

128 康德：《逻辑学讲义》，许景行译，商务印书馆 1991 年版·第 64 页。

129 Bernard M. G. Reardon (ed.), *Religious Thought in the Nineteenth Century: Illustrated From Writers of the Period*, London: Cambridge University Press, 1966, p. 273.是故，唯识宗宣称信乃十一善心所（梵语 caitta, caitasika, 巴利语 cetasika）之首。

130 更直白的说法是："作为一个人的内在状态，信仰意味着这人适当地融入团体、与团体相关联。其中，团体是人格而非个体的集合，罪相应地意味着对团体（人格关系的之合）产生损害。"（参见 John Rawls, *A Brief Inquiry Into the Meaning of Sin and Faith: With "on My Religion"*, Thomas Nagel (ed.), Cambridge, Massachusetts & London, England: Harvard University Press, 2010, pp. 110-128.）这是神学层面的事件或伦理之建构。

对手是那些被称为异端、异教的事物。即使在温和的基要主义者的话语中，真信仰也暗示了一种整合的倾向，而它显然将自身预设为被整合的（伪）"多元体"的核心。所以，事实上，真信仰是多元的反义词，它阻断了信仰多义体的生成。

在类型上，尼特将这种真信仰对其他信仰的取代称为"整体置换"，它旨在通过吸收或消解其他宗教的方式，确证特定宗教的唯一性。就基督教而言，尽管有关这一置换的实施方式以及置换之必要性的理由迥然相异，但多个世纪以来，基督教传教士都以这样的信念投身于这个世界：上帝的意志是要使所有的人成为基督徒。最终，上帝需要的惟一宗教即基督教，而如果其他宗教有什么价值的话，那也只能是暂时性的价值，基督教终将接管它们。所以，在这一置换模式中，上帝和人类之关系的普遍性和特殊性之间的天平是明显偏于特殊性一边的。上帝的爱是普遍的，扩展到所有的人；但是，他的爱只有通过耶稣基督这个特定的和单一的共同体才能认识到。[131]归根结底，此种基督教的真信仰认为基督教应该置换所有其他宗教。

然而，这种对真信仰的断言很快就受到另一种真信仰的反驳，因为按照穆斯林的说法，真信仰显然是穆斯林对真主的见证（Shahādah）。具言之，Shahādah是对建立在古兰经之上的穆斯林信仰的见证或证明的陈述：首先，"只崇拜真主，不以任何物配他，除真主外，不以同类为主宰"；其次，"穆罕默德是真主的使者"[132]，而这显然与第一种真信仰相悖。所以，当拉康调侃说"一种伪信仰的行为是非常可怕的，这就是人们总是在集市。信仰就是集市[133]"时，集市这一比喻可以被接受。因为伪信仰可能指的不是那众多栖身在一些角落、不能被很好地感觉的信仰，而是总在集市（赶集）这一行为本身。[134]所以，如果真信仰能够在褒义的层面被使用，它必然意指那些通过他者确证自身却又不取消他者价值的信仰。而就基督教来说，真信仰描述了在这些教会中并且在神学上最有教养的基督徒对其他宗教的看法，即便前者的观念可能仅处于后者的

---

131 参见尼特：《宗教对话模式》，王志成译，中国人民大学出版社 2003 年版，第 23 页。

132 《中文译解古兰经》，马坚译，法赫德国王《古兰经》印刷局 2002 年版，第 3 章 64 节（其他版本或为 63 节）；第 48 章 29 节。若无特别说明，《古兰经》引用皆源自此版本。

133 在法语中，信仰或信心（foi）和集市（foire）发音相似。

134 当然，对拉康而言，真信仰指的是天主教。（参见拉康：《宗教的凯旋》，严和来、姜余译，商务印书馆 2019 年版，第 74 页。）

意识表层。最有教养的基督徒相信，其他宗教也有价值，他们可以从中找到上帝。因而基督徒需要与其他信徒对话，而不仅仅是向他们布道。[135]换言之，真信仰在尊重他者的同时成全自身。

更进一步，若按照尼特的观点，在语义学层面真信仰并不存在于宗教对话的互益模式、接受模式中。因为对他者的事实上的接受直接决定了真假辨证的无效，这种价值的二分法在绝对的价值承认及观念分享中被消解了。承认和分享表达了一种宗教历史的新态度，其中来自东西方不同宗教的人分享他们的视野和观点、盼望和恐惧、计划和目的。[136]在这个意义上，比较宗教学帮助我们进一步深化宗教分享的理念，而不是立处不被污染的隔离地。[137]所以，贝拉对尼布尔（Helmut Richard Niebuhr）的一神论定义的支持值得深思，它显然暗示了某种转变的倾向："对基督教的定义并不依靠圣经语言"[138]，多元主义在多文化的维度更加符合历史的和当前的文化状况。[139]如洛温（Robin Lovin）所言，"尼布尔的以神为中心的相对主义的相对性并不源自不同人群生活的宗教和文化情境的多样，而是源自每个同时生活在这几种情景中的人对此的意识。……我们部分地理解我们的社会情境的多元，正是因为它反映了我们理解自身经验的方式的多样"。[140]而正是这种对经验的多样理解，让"真信仰"成为意无所指的词语。

如罗尔斯顿（Holmes Rolston）所宣称的："我们越进入不同信仰的中心，就越发现它们相似，这只说出一半的真理；与此互补的真理是：关于不可通约的诸中心，情况相反……我们被屏蔽在彼此的秘密之外，比我们当中那些具有

---

135 参见尼特：《宗教对话模式》，王志成译，中国人民大学出版社 2003 年版，第 82 页。此即信仰的成全模式。

136 有关印度教的宗教领袖、特定教派和思想家对多元主义的看法可参见 Horald G. Coward (ed.), *Modern Indian Responses to Religious Pluralism*, Delhi: Sri Satguru Publication, 1991.有关中国思想对宗教多元的支持可参见 Perry Schmidt-Leukel & Joachim Genze (eds.), *Religious Diversity in Chinese Thought*, New York: Palgrave Macmillan, 2013.

137 参见 S. Radhakrishnan, *East and West in Religion*, London: G. Allen and Unwin, 1933, p. 16.

138 H. Richard Niebuhr, *Radical Monotheism and Western Culture*, New York: Harper and Row, 1970, pp. 38-39.

139 参见 Robert N. Bellah & Steven M. Tipon (eds.), *The Robert Bellah Reader*, Durham & London: Duke University Press, 2006, p. 475.

140 Robin Lovin, "Response to Linell Cady", in *The Legacy of H. Richard Niebuhr*, Ronald F. Thieman (ed.), Minneapolis, Minn: Fortress, 1991, p. 135.

普世倾向的解释者所愿意承认的更甚。"[141] 所以，若真信仰真的意味着什么，它也被保存在对诸神圣之奥秘的不断理解中，而这理解显然拒绝真信仰这一自大的称呼。这样，真信仰在自身的消解中获得了更多的语义和内涵。

二、冲突与统一中的宗教历史

柯林伍德（Robin George Collingwood）有关历史的两个论断让人们印象深刻：其一，一切历史都应该当视作思想的历史；其二，历史在根本上是过去思想的重演。[142] 据此而言，纷争不休的宗教史的确印证了某种宗教冲突的内在性；与此同时，它还预示了这样一种宗教的状况：在未来，统一的信仰之道不会出现。不幸地是，这种预言成真了，因为在人类历史中，字面意义上的世界宗教或普世宗教是不存在的——没有哪个地域性宗教达到了这一成就，即便是以此为出发点的摩尼教或巴哈伊教，其尝试的结果也令人沮丧。在这个意义上，宗教的历史确实是分离的历史。

然而，思想的抽象性为宗教现象的解释提供了另一种思路，即信仰之道不仅具现为各种样式的宗教之道或神圣之道，它在根本上始终保有"通玄"的含义，而这意味着信仰之道的统一可以在关系范畴——作为神圣事件的形式——实现。由此，逻辑上的对应就不再是概念—实有的个体一致，即若宣称存在统一的信仰之道，那么必然现存一个或多个相对应的世界宗教或普世宗教，这个（或这些）世界宗教或普世宗教承载并印证着信仰之道的统一；与之相反，它要求一种符号（现象）背后的意义的共通，在柯林伍德的话语体系中，这种共通表现为思想在历史中的对应。具体而言，尽管统一的世界宗教或普世宗教未曾真正出现，但试图达到这一境况者一直存在，从各个宗教的"普世运动"[143] 可得知，无论是试图将自身扩大发展为世界宗教的民族宗教（如基督教和伊斯兰教），还是初始就自我规定为世界性宗教的地域性宗教（如摩尼教和巴哈伊教、佛教），[144] 甚至是类宗教的社会团体（如费尔巴哈的"人的宗教"等），

---

141 尼特：《一个地球 多种宗教：多信仰对话与全球责任》，王志成等译，宗教文化出版社 2003 年版，第 64 页。

142 参见 R. G. Collingwood, *The Idea of History*, Jan Van Der Dussen (ed.), Oxford & New York: Oxford University Press, 1993, xxiv.

143 普世运动意味着一种宗教性质的根本转化，它把普遍性纳入神圣性之中。

144 与巴哈伊教和摩尼教不同，高台教的普遍的、质朴的"尊神万千"，是在当代碎片化的、多元的甚至混乱的信仰中追寻神圣的踪迹。所以，高台教以他道为己道的信仰之道（承认诸多圣典和神明），承认他者的有效性，并致力于整体性的统一。

都未停止这种努力。在它们之中，有些宗教在蓬勃发展，有些已经消亡，有些甚至未被真正建立起来，但它们都在将统一的观念转化为现实。在思想即历史的层面，统一的信仰之道已然形成了自己的考古学。

当然，不可否认的是，历史之统一的字面解释至关重要。因为事实上，信仰之道的实在性总呈现在具体的诸宗教的宗教之道或神圣之道中，而非诉诸某种信仰之道的概念或设想。这意味着，信仰之道于存在范畴的具体显现总优先于其本质。如潘尼卡所言："这是历史张力（常常是悲剧性的）的一部分：宗教间相遇不是一种和平状态而是痛苦的对抗，不是通向成长和发展就是导致消灭和混乱。"[145]因此，统一绝不能被理解为某种哲学的理想假设[146]，它是复杂现象中被一致推到前台的那声音，而在这妥协的背后，"宗教"永远都指称着非言说者文化传统的宗教，即异教。所以，任何宗教现象的呈现都必须围绕着其神圣本性展开（宗教幻象或假象以异化的、类比的方式试图如此呈现），而现象之间的冲突不能再被认为是神圣之间的冲突，它在根本上属存在范畴。如此，那些可共存的、被认作从属的、未被确证的、可理解但并非真理的信仰获得了被接受的可能——信仰之道只是在历史中分化了而已。

在此基础上，有关"信仰的真理"这一概念需要被澄清。它总被掩盖在多元宗教的混乱之中，而通过对新兴宗教的考察，人们尤其能理解这种混乱的复杂程度：新宗教既可以来自对圣典、律法的不同诠释，也可以来自对不同组织制度、信仰人种的偏重，甚至是创教者的癔症和幻想。即它在无所意谓的差别

然而，高台教的问题在于，它没有自身作为核心的东西，并把一切具体的矛盾忽略了，因而这信仰之道缺乏足够的内在历史，它更多是文化的而非宗教的。

145 雷蒙·潘尼卡：《印度教中未知的基督》，王志成、思竹译，四川人民出版社 2003 年版，第 49 页。

146 "对基督的信仰作为对一个历史的个人的信仰并不是以实践理性需要为根据的一种信仰，而是一种基于他人证明的信仰。对理性有意义的东西，给人的存在和活动设立最高终极目的的东西；构成安定人类的整个体系，和人所关切的重要问题的解决的拱心石的东西，按照理性给我们所讲的有关内容看，是以理性本身为自己的原则，为自己的基础，理性的发展是必须的，以给每个人提供对那些问题的解决，因此达到这一点的通路对每个意欲倾听理性呼声的人都是大开的（有一天这将宣示给其他人等等）。历史的信仰则与此相反，按其本性来说是有限的，它的扩展有赖于偶然情况，那是一种并非每个人都能吸取的泉源，可是神对我们喜悦的条件，我们永恒的命运的条件还是得有赖于这种信仰。在这里人们表现得是如此谦虚和谦卑，安于我们对天意的意图和所指道路无知，而人们在其他一些场合还是想十分严格地追迹天意的。"（黑格尔：《黑格尔早期神学著作》，贺麟译，商务印书馆 2016 年版，第 77-78 页。）

中单纯凸显主体的存在，而这种存在很快在外在冲突和内部倾轧中消解。所以，"信仰的真理"不同于"真信仰"，它关乎信仰自身的持存，在既有宗教的消亡、成立、分派、合宗中，它就是那使信仰仍是其所是且能继续是的事物。[147]

与之类似的是"被预设的无限接受"，这在民间信仰中表现为：人们惯于把各路神明请到庙里，而完全不考虑祂们之间是否可以共存的问题。按照这些信士的普遍看法，神明们至少不会将此作为视为不敬；心诚不一定会灵验，但一定能开启接受的可能。换言之，诸神明在根本上是无法或不屑施以惩罚的，祂们要么无能，要么慈悲，二者的逻辑完全不同。事实上，这两种看法分别对应宗教与经济、伦理的关系，在对德性（公义）的忽视中，实用主义者和机会主义者开始了其经济作为。伦理关系在此世是不施加惩罚的，而经济行为主要对此世起作用。被预设的普遍接受此时是一种广泛的经济衡量，但在忽略伦理层面的多样性的情况下，这种接受是无效的。有信之人只以安慰或者幻象称呼这种朴素的宗教情感或宗教心理，它缺乏审慎的思量。

因而，根据沃尔什（William Henry Walsh）的说法，在有着共同的道德的和形而上学的观点的历史学家们之间，可以达成一种共同的或客观的历史意识；与此同时，在拥有不同的道德和形而上学的观点的历史学家们之间可以有"不可通约的"（即没有一个共同尺度的）历史事实，二者分别形成了统一的历史和多样的历史，[148]信仰的历史同样如此。而那共同而不可公约的事物，就是"信仰的真理"，它是被理解而未被兀自断言的神圣的呈现：就内容而言，它是人文主义和超越理想的结合；在解释的层面，即信仰之道本身。由此，在不反对这一真理的前提下，新兴宗教与古老的宗教完全可以达到统一，正如雷蒙·潘尼卡论述印度教与基督教的统一一样。"然而，这两个宗教之间的差异常常是互补的。扼要地说，如果印度教宣称是真理的宗教，那么基督教则宣称是宗教的真理。印度教准备吸取任何真正的宗教真理；基督教则准备接受任何真正的宗教价值。真正的基督教态度是要唤起印度教的'真理'，却并不摧毁后者的身份。对基督教来说，印度教也提供真正印度教的礼物，即对奥秘的新

---

147 比如民俗神道（folk shinto）对神（Kami）这一概念的不同理解直接导致其宗教认知和信仰实践与神社神道、教派神道区别开来，即不同的崇拜和仪式反应在不同的宗教信念之中。（参见 Inoue Nobutaka（井上顺孝），"Perspectives Toward Understanding the Concept of Kami", in *Kami (Contemporary Papers On Japanese Religion)*, vol. 4, Norman Havens (trans.), Tokyo: Kokugakuin University, 1998, pp. 1-19.）

148 参见沃尔什：《历史哲学导论》，何兆武、张文杰译，广西师范大学出版社 2001 年版，第 12-15 页。

经验和新解释——事实上是一个新的维度。"[149]这样，本体范畴渗透存在范畴造就的信仰的历史，真正呈现出某种新统一性。

在更为具体的层面，以冲突方式呈现的信仰之道的统一，表达为外在信仰行动的结构转换。即在官方宗教（official religion）对民间宗教（folk religion）的打压、民间宗教对官方宗教的轻视以及二者对个人宗教（individual religion）的不承认中，信心、信念、信行之间的差异不仅是反对既有宗教体制的理由，更是为自身辩护的基础。换言之，不同信仰主体具有不同内容、不同侧重的信仰实践，这些信仰要素之间的冲突在现实层面需要被接受，其中个人宗教对体悟和玄思的执着，正如民间宗教对团结的强调，它们在本质上与官方宗教对秩序和服从的要求相通，关键在于不同的信仰者是否能够在这冲突中发现深藏其后的神圣的一致性。例如，通过对罗马东部宗教的分析可以发现，民间宗教——即知识分子圈之外的宗教——信仰神明的存在和权能，这种信仰建立在经验的基础之上，通过仪式来表达和加强。相关的仪式与口述表演有关，如诵读有关奇迹的记述、赞美神明的大能、欢呼、吟唱圣歌和忏悔罪过等。[150]对大众可直接参与且并不要求高智性的行为的看重，是民教宗教的一大特征；与之相反的是，官方宗教或曰知识分子的宗教强调一种智性的参与。托尔斯泰对此的说法是，"真正的信仰是与天主建立的一种联系，这联系与理性和时代的知识一致，且它独自将人性推向其命定的目的"[151]。此处两种宗教显然分别侧重信心、信从（此二者属前者）和信念，而在别处（如当代台湾社会的信仰圈和祭祀圈的区别中），它又有所不同。当人们迫于生存的压力而无暇按传统的方式付诸行动时，人们会在心和念中寻找这些补偿——当然此时信心和信念的效用是与信小大致相当（或略少）的；在特定地域的义务团体由此转换为由流动人员构成的具有自愿意识的仪式关系团体。[152]如此一来，信仰结构的转换将冲突纳入其统一性之中。概言之，信仰者根据自身对所承继的宗教传统的理解

149 雷蒙·潘尼卡：《印度教中未知的基督》，王志成、思竹译，四川人民出版社 2003 年版，第 4 页。

150 参见 Agelos Chaniotis, "Staging and Feeling the Presence of God: Emotion and Theatricality in Religious Celebrations in the Roman East", in *Panthée: Religious Transformations in the Graeco-Roman Empire*, Laurent Bricault & Corinne Bonnet (eds.), Leiden & Boston: BRILL 2013, pp. 169-190.

151 L. N. Tolstoy & J. Kentish, *A Confession and Other Religious Writings*, London: Penguin Books, 1988, pp. 13-14.

152 参见林美容：《由信仰圈到祭祀圈：台湾民间社会的地域构成与发展》，载《中国海洋发展史文集》第 3 卷，中央研究院三民主义研究所 1998 年版，第 95-125 页。

生活，倘若他们的信念和实践与官方的视角不一致，他们的信仰也不会失去研究的真实性和价值。[153]信仰的真实，在不同信仰系统（甚至非信仰系统）的多元理解和价值冲突中呈现为诠释的不可通约。

所以事实上，信仰之道的存续在历史中是共在绵延[154]的，即信仰不仅过去在、现在在、未来在，[155]而且每一个时点、时段的存在状态都非均质。其直接结果是，历史中的信仰事件呈现出交织繁复的状态，任何进步论（或退步论）式的观点都被放弃——毕竟发生学在价值维度没有逻辑基础，且时间本质上不与价值相关。由此，信仰事件的历史更倾向于个体，其中价值获得了完满的根基。按照蒂利希的说法，我们可以在每一种有关神圣者的经验中区分出两种主要因素：一种因素是神圣者此时此地之在场，与此同时，神圣者又是凌驾于一切所是者之上的审判。前者可称作"所是者之神圣"（the holiness of being），后者可称之为"所应是者之神圣"（the holiness of what ought to be）。略言之，信仰的第一种形式可称之为信仰的本体论类型，信仰的第二种形式是信仰的道德类型。具言之，本体论类型包括圣事主义、神秘主义、人文主义三种，三者分别表明人与神圣于对象化事物、心灵深处和精神生活尺度中的相遇。与此同时，道德类型的信仰也分为三种，法理型（the juristic type）在塔木德犹太教和伊斯兰教中得到了最强有力的发展；习俗型（the conventional type）在儒家的中国占据着主导地位；伦理型（the ethical type）则以犹太教先知为其代表。[156]"只有当基督教有能力在真实的经验中重新赢得这样一种信仰在多种类型

---

153 参见 Marion Bowman, "Phenomenology, Fieldwork and Folk Religion", in *Religion: Empirical Studies*, Steven Sutcliffe (ed.), Hants & Burlington: Ashgate Publishing, 2004, pp. 3-18.

154 我们的意识状态不是非连续性的多样性，内在的绵延是一种性质的多样性。具言之，它是一种性质多样性，与数目没有丝毫相像的地方；它是一种有机体式的演化，而这种演化并没有成为一种正在增长中的数量；它是一种纯粹的异质性，其中不存在相区别的性质。一句话，内在绵延的各瞬间并不是彼此外在的。（参见柏格森：《时间与自由意志》，冯怀信译，北京时代华文局 2018 年版，第 184-185 页。）因此，宗教意识在整体上是多样、异质的。

155 信仰之道是历史中的信仰之道。佛教以无明、无常为信仰之道的起点，意在指明，信仰之道未生之状态乃在世者的生存事态之一。同样，以"法灭"言喻信仰之道的破落，不仅是在预言佛教在历史的发展，而且指出了信仰之道随实在世界灭亡的可能性——人彻底远离了信仰之道的关照。在未生和已灭之间，是信仰之道的现实流溢；在未生之前和已灭之后，人沦为存粹的在者。

156 参见保罗·蒂利希：《信仰的动力》，钱雪松译，中国轻工业出版社 2019 年版，第 65-75 页。

中的统一，它才有可能表达其主张，即基督教不仅能对那些问题做出答复，而且无论是过去还是未来，它皆能使信仰历史的动力臻至圆满。"[157]这样，宗教的历史才是真正个体性的。

需要注意的是，在内在信仰行动层面，信仰的存续与个体历史的绵延相关。如禅宗所说的悟，[158]其义之一便是：在无限微渺的时间领悟世间万有之奥秘，时间内在地充分延展，个体的内在信仰行动在绵延中达成飞跃。所以，内在的悟和外在的修行不可分离，它们共同构成信仰行动的整体。而在更广的层面，伊利亚德认为，人的信仰，尤其是历史中的信仰，在根本上就是宗教经验。唯独在个体的经验中，一种表达为原型—重复的人神关系才得以成立，这关系的具体化正是信仰。[159]在这个意义上，信仰作为事件与经验现象一致；在更深的层次，这就是信仰之道的自我运转，它贯穿人的生命历史。概言之，如《梨俱吠陀》所载："实在惟一，圣人异名。"[160]信仰之道统一而不同质，一致而不唯一。即使是历史中具现、作为信仰个体宗教经验及其实践——包括身体的修行和灵魂的修行——的信仰之道，也不是如一而永恒的：个体的外在信仰行动（尤其是修行）需持续进行，且信仰的飞跃无法一劳永逸，它不仅有回落——成就阿罗汉果之修士亦当修八正道的原因之一便在此，同时这回落可以突破信仰的规定，沦为非信仰或异信仰。[161]所以，佛教中还俗破戒者的信仰难称正

---

157 保罗·蒂利希：《信仰的动力》，钱雪松译，中国轻工业出版社 2019 年版，第 83
　　页。

158 所谓禅应该是真切地将现实的把握视为生命。（西田几多郎：《西田几多郎全集》
　　第 19 卷，（日）岩波书店 1980 年版，第 224 页。转引自吴光辉编著：《哲学视域
　　下的东亚：现代日本哲学思想研究》，厦门大学出版社 2018 年版，第 110 页。）

159 参见 Mircea Eliade, *The Myth of the Eternal Return: Cosmos and History*, Princeton:
　　Princeton University Press, 2005, pp. 159-162.

160 *Rig Veda: A Metrically Restored Text With an Introduction and Notes*, Barend A. van
　　Nooten & Gary B. Holland (eds.), Cambridge, Massachusetts & London, England:
　　Harvard University Press, 1994, p. 100.

161 试炼作为内在信仰的例外状态，不是一种缺失或断裂，它是在常态信仰之外，以
　　非常形式出现的信仰的见证。所以，例外意在表明的不是常态信仰的安定、平静，
　　而是事件本身的独特性，他通常意味着拣选的发生。魏伯阳对其弟子的试炼，亚
　　伯拉罕献子的考验，皆是如此。在这个意义上，与外在信仰的例外——行动的不
　　完整或断裂——不同，内在信仰的例外是选定的、被定格的，因而也是完整的。
　　前者表达为信仰被解构的缺失，如民众礼神时拜各派神佛、拜经典、拜物，却不
　　敬人（只敬不拜，罕有敬拜师傅的），将信仰作为权力、经济、生活手段（如黑、
　　白巫术）而不以神圣为目的；后者表现为信仰解构完整后的纯粹、完满，人得恩
　　典、称义、成圣、终解脱等。

信，这些人仍在信仰之道中浮沉，没有真正融其中；与之相较，大乘菩萨于慈悲心起转世、住世念（龙树），则是信仰者成就功德后继续分有神圣性的结果。[162]信仰的存续，贯通了内在历史与外在历史（个体历史与客观历史）的界限，它真正绵延在世界之中。

这样，在信仰之道中，统一便是图景性的、基底性的，它以神圣的浸染为中心。但其内在是区别的、差异的，这便是神圣的流溢。根据开普兰的看法："上帝就是整个宇宙的生命过程，他存在于宇宙万物之中，就相当于每一部分作用于其他每一个部分；他超越了宇宙这个物理世界，就相当于整体作用于其中的每一个部分。"[163]且"个别人的经验使我们感觉到，在自然环境和我们自身内有一种进程的影响，是它促进了我们在体格、智力、道德和精神诸方面的成长。这个进程就是神"。[164]神在信仰之道中，信仰之道将之具化为既统一又差异的宗教现象。所以，实际上，信仰之道的统一意味着对话和同意对方的可能和追求，宗教间的交流和沟通便是信仰之道的一体性呈现。"问题是：信仰与信仰的相遇所导致的，必定要么是无标准的宽容，要么是无自我批判的不宽容吗？如果信仰被理解为终极关切的状态，那么这种非此即彼就会被克服。每一种信仰的标准都是这一信仰所力求表达的终极者的终极性。每一种信仰的自我批判则是对展现其信仰的那些具体象征仅具有相对而言的正当性的洞见。"[165]如此，这统一的历史观念具有了神圣的意味。

三、以理性为中心的多种圣典解释

有关《圣经》[166]，索斯凯斯（Janet Soskice）写道："这些信仰编年史的试金石是经验，诸经验有所指向，个体的经验和团体的经验被相信是对超越之上帝的活动的经验。"[167]在历史中具化为道说的信仰，浸透在对文本解释的即时

---

162 小乘强调普世个体之慧、觉，并非封闭自身的神圣性，而是以远离的、有张力的方式吸引更多人走入信仰之道。

163 开普兰：《犹太教：一种文明》，黄福武、张立改译，山东大学出版社 2002 年版，第 362 页。

164 开普兰：《无需超自然主义的犹太教》，转引自傅有德：《犹太哲学与宗教研究》，中国社会科学出版社 2007 年版，第 111 页。

165 保罗·蒂利希：《信仰的动力》，钱雪松译，中国轻工业出版社 2019 年版，第 140 页。

166 本节以《圣经》诠释为例，原因有二：其一，《圣经》是最有代表性的圣典之一，有关的诠释形成了系统的学问；其二，对于其他圣典的解释，不够熟悉，故不谈。

167 Janet Soskice, *Metaphor and Religious Language*, Oxford: Oxford University Press, 1985, p.149.

体验和领会之中。因此，圣经评鉴学本身是信仰之道的呈现，它以理智的语言回应圣言。在技术上，经文鉴别学（textual criticism）[168]作为各评鉴的基础，以还原文本的历史真实为指向；在目的上，各评鉴学以恢复圣经文本的神圣性为核心，它面向的是神圣意蕴之图景。所以，圣经评鉴学既以《圣经》为对象，又以《圣经》为主体。其结果是，尽管不同类型的圣经评鉴学都以辨明言之神圣为目的，但它们的偏向并不一致。具体言之，文学来源批判法（literary criticism）的目的是寻求各书卷所根据的文学材料或原始材料；形式批判法（form criticism）[169]追溯各书卷由口传到成书的过程；编修批判法（redaction criticism）研究各书卷成书时如何编排、修改、塑造素材；历史批判法（historical criticism）运用考古学和世俗史料确定作者、写作日期、经文中的历史真相等；宗教比较批判法（comparative-religion criticism）假定所有宗教都有从多神论到一神论的共同的发展模式并以此来解释犹太—基督信仰的历史；结构批判法（structural criticism）探讨各书卷写作时的表面结构和较深层结构之间的关系；读者反应批判法（reader-response criticism）认为经文的意义不在文本而在读者，读者不是寻找意义，而要创造意义。[170]除此之外，社会科学批评试图在社会学、考古学和人类学的层面解释圣经文本的历史必然性；在宏观层面，这是某一族群的文化记忆，因而是文化记忆批评的主题。与此同时，女性主义批评从女性的角度，后殖民批评从被文化殖民者的身份出发，考察圣经文本在不同政治主体和背景中的内涵。这些随着新思想浪潮涌现的解释方法，总体上形成了《圣经》的后现代批评，将《圣经》置于不同的境地。

　　事实上，种类繁多的圣经评鉴学可以分为两大类型：一者以《圣经》为主体，二者以《圣经》为客体。于前者而言，评鉴《圣经》的目的不在于纠错，而在恢复《圣经》的本来面目，进而谋求一种信仰依靠的实在。它使用的非是宗教既有之语言，但未曾脱离自身的境遇；于后者而言，评鉴《圣经》的目的在于以《圣经》为中介或依靠，表达一种新的或反叛主流的意见，因而它算得

---

168 又称经文批判或低等批判（lower criticism），主要处理不同抄本、译本中的经文差异（这些彼此不同的经文被称为“异文”（variants）），以鉴别出最接近原文的经文。其中“低等”意为基础。

169 亦称传统批判法（tradition criticism）。

170 这些批判方法都属“文体及历史批判”（literary and historical criticism）或“高等批判”（higher criticism），“高等”意味着以经文为基础进一步深入研究。其研究对象主要是文体结构、写作日期和书卷作者。参见艾利克森：《基督教神学》（卷一），郭俊豪、李清义译，中华福音神学院出版社 2000 年版，第 105-106 页。

上是"传统"的解释学。《圣经》此时仅作古老的文本，其解释的指向在神圣之外，在十分新颖的语言中，它意图呈现新的想法和内涵。所以，以《圣经》为客体的圣经评鉴拥有自己的内在逻辑，它透过《圣经》传达自身的意愿，其基础在当代通常是人本主义。这样一来，两种类型的圣经评鉴学尽管都与神圣性相关，但其表现形式大不相同——主体试图重新登场，客体则在幕后隐遁。于后者而言，隐遁的神圣性是自然化了的、无言的、非人格的，它甚至以否定的姿态在场。作为一种意义图景，人本主义始终离不开神圣图景的关照，即便在"上帝隐退（死了）"的时代，神圣者仍然以绝对他者的身份，立于人身旁。

由此，护教学和评鉴学的关系得到了澄清：护教学以维护既有神学、教义为核心，其辩护的对象是已成的有关神圣性的看法和解释（仪轨作为信念的结果）；评鉴学以重新诠释神圣性为主题，其目的不是为了破坏既有的神学、教义或仪轨、组织结构，而是为了重现被固定的宗教行为以及被偏见遮蔽了的神圣。人既然通过自身的开放迎接了神圣的浸染，其有限性便不能以凝结、固化的方式封闭流溢的神圣。无论在接受还是持有的角度，既有的对神圣（性）的解释都应当受到合理的质疑。被书写的圣言——圣典——的处境性，在这个意义上，与神圣的流溢特征一致。同样，采取中和进路的正典批评与其他批评的关系不再是对立的，因为圣言的文本，本在其意义而不是字句。意义的演变受到重视，其历史真实才具有现实意味。

典型地，斯宾诺莎的圣经批评以自然秩序、理智和自由[171]为意义基础。因而在斯氏的圣经批评中，《圣经》具有的传统的、启示的权威不能再作为圣言神圣性的根基，取而代之的是《圣经》要求的自然神圣及其结果——理性、仁爱和公义。此处，理性、仁爱和公义作为自然的圣约的表达，要求的是整体人类的良善追求。如西塞罗所言："法律乃是自然之力量，是明理之士的智慧和理性，是公正和不公的标准。"[172]所以，斯宾诺莎反对将《圣经》作为事实真理的来源，主要原因之一便是单独事实的真理缺乏神圣的指向，而存在性不能完全脱离神圣性。所以，他认为，"信仰的真理"是"顺从的真理"，哲学的真理则是"存在（自然秩序）的真理"。"顺从的真理"将人导向对上帝的领会和

---

171 在先贤那里，斐洛把对《圣经》最强烈的信仰与最自由的批评结合在一起。（参见斐洛：《论〈创世记〉：寓意的解释》，王晓朝、戴伟清译，商务印书馆 2012 年版，英译本绪论第 6 页。）

172 西塞罗：《西塞罗论法律》，王焕生译，上海人民出版社 2006 年版，第 34 页。

爱，其社会化便是使个人与国家安全——达到幸福与公义之状态。这样，在自然的圣约中，被立约者不再只是摩西、亚伯拉罕、大卫，被选者也不再是犹太民族，反而是全人类；同样，圣约由个体转到群体，一国的律法由此成为普世的律令，于是行公义、仁爱之处即是上帝之城，人之城由此建立在自然的圣约之上。这样，融于自然圣约之中的基督的圣约不再是既有神学教条和仪轨，它包含人日常的言语和行动。经由人的理智[173]，处境化地解读、评鉴，《圣经》的神圣本义在自然的圣约之中被澄清。

因此，虽然斯宾诺莎反对"唯独圣经"，但它并不反对因信称义，更不反对基督宗教。其评鉴和质疑，都是处境化、时代化解释《圣经》的结果。在《神学政治论》中，斯宾诺莎对被视为政治合法性与秩序化之基础的圣经权威进行了批判，其中被解构的是天选政治的合法性，而非政治本身。换言之，自然的圣约反对历史政治的保守，自由民主政治理论应当登上政治舞台。同样出于这个道理，斯宾诺莎维护统治者的合法性，他认为自然的圣约的承继，规范着统治者的举业、言行。处于自然的圣约中心的统治者，其政治责任是超一般或至少与一般人平等的；民众若要履行自然的圣约、得神圣之道，那么统治者必然无法完全依自己的意愿行事。即使此假设与其纯粹自然状态的理论前设在某种程度上相悖，神圣性依旧是时代政治、自然的圣约的基础；而圣经批判与自由民主政治理论的奇妙融汇，正得益于对《圣经》的理智批评。在与既有信条的对比中，一种新的神圣性之诠释被呈现出来。

不难看出，与《亚他拿修信经》[174]相比，斯宾诺莎对《圣经》的诠释[175]，是自然之约下人言对神圣的探寻。其中，四大信经中最为重要的三一论和基督论，被斯宾诺莎刻意淡化，取而代之的是对上帝论的强调。在《亚他拿修信经》中，圣父、圣子、圣灵的三位一体被反复言说，基督的神性与人性在位格中为一，其传道和教导成就交织的圣言。而在斯宾诺莎的诠释中，首先被确认的是上帝的独在，由上帝之在生信仰，即人虔敬、景仰并爱上帝。这信仰构成"顺从的真理"，因而上帝全在、全知、全能，要求人以基督的样式生活。具言之，

173 "即令在这所有种种场合，我们虽有可靠的契经来解决先验主题，我们的作法（也不是靠相信经典，而）是靠相信（那作为理论知识来源的）理性。"（舍尔巴茨基：《佛教逻辑》，宋立道、舒晓炜译，商务印书馆 1997 年版，第 90-91 页。）

174 《亚他拿修信经》是四大信经中最为详实的一个，其要义更为具体。参见中华圣公会出版《公祷书》。

175 参见斯宾诺莎：《神学政治论》，温锡增译，商务印书馆 1963 年版，第 198-199 页。

基督信仰实现的关键是爱，即人在与他者（邻人属于他人之一）的相处中行公正与博爱，这是人得拯救的途径，也是基督精神的核心。这样，斯宾诺莎将基督论的重点放在公正与仁慈与爱的德行上，同时将三一论这一难题转化为"顺从的真理"的内容。在这之外，所谓预言和奇迹，都被斯宾诺莎摒弃。按照他的分析，预言是随预言者的人性倾向变化的历史启示，奇迹则是对自然秩序无知的赞颂，二者都基于迷信—恐惧，而非理性这一自然且神圣的真理。[176]所以，《圣经》的内部解释，在斯宾诺莎看来，应该基于理智的推断而非字面含义或寓意。这样，基督精神在信仰之道中的实现才能是在真知、爱上帝基础上的生命与国家的保全。

而在言说方面，自然的圣约使历史的圣约由个人转到集体，之后交织的圣言在众多言语的喧嚣中显露其多元的一致。一方面，交织的圣言反对天启语言的论断，即没有一种语言以及其使用者因语言本身而得神圣。印度教、犹太教、伊斯兰教、苯教、玛雅宗教等都宣称本民族的语言是天启的，但这些论断的综合确无意义。是故，在新兴宗教中，语言的天启性已然被淡化。巴哈伊教在回复马尼克齐·萨希卜的书简中谈及此问题。"足下写到语言问题。阿拉伯语和波斯语都值得称道。语言贵在传达言者的意旨，阿拉伯语和波斯语都能实现这一目的。既然神圣知识之阳今日升起在波斯苍穹，那么波斯语就值得万千赞美。"[177]于是，波斯语便和阿拉伯语都是交织的圣言的载体。

另一方面，交织的圣言要求对某些语言的独断内容保持警惕和质疑，毕竟不同圣言的内容多有不一，且人的意见总与神圣性有所偏差。对于此议题，巴哈欧拉说："至于说《古兰经》的外在含义尚未被人理解，此话不然。实际上，人们曾以无数方式解读此经，而且把此经译成无数种语言。人们未能领悟的是

---

176 这种有关奇迹和迷信的看法被魏宁格采纳，按照魏宁格的说法，"如果谁为了信仰而要求奇迹，他就是要求自相矛盾，要求终极原因，愚蠢而迷钝之极。但是，他也充满恶，因为，他为了信仰上帝的目的，对上帝抱有企图，利用上帝为抵达目的之手段。因此，歌德本意不是说：'信仰是奇迹最可爱的孩子'，而是：'奇迹是信仰最可爱的孩子。'奇迹只能得自于信仰，信仰产生奇迹。"（魏宁格：《最后的事情》，温仁百译，译林出版社2014年版，第145页）"什么是迷信呢？迷信是一种对非逻辑的肯定，它无需以自我肯定为前提，无需借助于价值源泉的自我，它是对一种未知关系的确定，因此，不是发生于自由行为之中，而是被动地发生于强迫之下。"（魏宁格：《最后的事情》，温仁百译，译林出版社2014年版，第149页）

177 巴哈欧拉：《大同圣帐 巴哈欧拉复马尼克齐·萨希卜书及其他著作》，巴哈伊世界中心编，新纪元国际出版社2016年版，第4页。

经中隐含的奥秘及其内在含义。人们所说的或要说的一切，都有其局限，只应被视为与其级别和地位相称的言说。除了上帝，那唯一者、无双者、全知者，无人能够领悟经中真义。"[178]所以，人的有限性恰恰需要开放、多元的神圣来弥补，交织的圣言在这个意义上成为普适的自然之道。"那位纯洁之灵说：在此荣耀之日，凡能给你除污涤垢、保你和平安宁者，的确就是正道，就是通往我的圣道。所谓除污涤垢，就是涤除一切于人有害之物、一切损人尊位之事，而以自己无足称道的言行洋洋自得便属其一。唯有人人学会衷心祝福全人类，方能实现真正的和平与安宁。那位全知者为我作证：尘世众民如能领悟上帝话语的真谛，就绝不会丧失上帝恩泽之洋中属于他们的份额。在真理的苍穹中，从古至今乃至未来都不会有比这更加璀璨的星辰。"[179]这样，对圣典的不同诠释实际在神圣的面向中容纳了众妙之音响。

四、神圣的分有与宗教的在地

神圣的分有在两个界域发生，按照基督教的传统说法，它直接造就了两种城：神圣之城与世俗之城。其中，神圣之道和宗教之道分别护守着神圣之城的精神化秩序（超越性／灵性—智性—符号）和社会化秩序（存在性／物性—感性—身体），它们都以信众的信仰关系为基础。因此，奥古斯丁所言"两种爱造就了两个城。爱自己而轻视上帝，造就了地上之城，爱上帝而轻视自己，造就了天上之城"[180]，实际上是在说爱这一超越性品质将灵性存在与物性存在区别开来，两种属国的民分属两个城。《说文解字》语，"城，以盛民也"，[181]同样展现了城的属民之聚之性质。这意味着，城的本质是生命及其生活秩序的运转背景及界域，其中，灵性之民铸造了面向超越的城，而由物性之民构成的世俗之城在根本上并不具有神圣之指向，因而也就完全栖居于土地之上。

然而，需注意的是，神圣之城与世俗之城并不以天空—大地或上—下的空间性差别为区分，因为宗教之道护守的社会化秩序——所谓"地上的神圣之城"——同样扎根于泥土。所以，与神圣之道和宗教之道的区分类似，神圣之

---

178 巴哈欧拉：《大同圣帐　巴哈欧拉复马尼克齐·萨希卜书及其他著作》，巴哈伊世界中心编，新纪元国际出版社 2016 年版，第 31 页。

179 巴哈欧拉：《大同圣帐　巴哈欧拉复马尼克齐·萨希卜书及其他著作》，巴哈伊世界中心编，新纪元国际出版社 2016 年版，第 4-5 页。

180 奥古斯丁：《上帝之城：驳异教徒》（中），吴飞译，上海三联书店 2007 年版，第 225-226 页。

181 许慎：《说文解字注》，段玉裁注，凤凰出版社 2007 年版，第 1196 页。

城的精神化秩序和社会化秩序，分别具有简单和复杂之特质。在这个意义上，神圣之城的社会化秩序既面向天空，也脚踏大地。与之相较，神圣之城与世俗之城的区分是单纯的，后者在存在范畴意味着主体（或人格化的实体）对神圣的远离。在这种分别的基础上，神圣之城与世俗之城在历史上的权力纷争得到了很好的解释：神圣之城的社会化秩序有时向天空扬起、有时向大地坠落，而世俗之城从未远离自身诞生的土地，它只关注地上领土的统治和占有。这样，宗教之道所护守的神圣之城与存在之道（包括生存、生活、存在等）护守的世俗之城的争端便发生在大地上，神圣的分有也藉此而行。

与之相对，在社会生活层面，神圣的分有更加具化。如前文所提及的，某一宗教诸教派的分化可由信仰个体或信众对特定教义、戒律和典籍的不同看法引起，[182]这些导致教派分化直接或间接发生的个体，通常会成为不同教派的宗教领袖（也有可能只是重大宗教事件的主角）。于这些信仰个体或信众而言，自身经历的信仰事件以及由之而来的独特的宗教体验或信念，其与传统教义的差别，并不能否定属人的神圣感受，更不用说神圣本身。[183]所以，依照他们的观点，这种不减损神圣的分歧属实可行。事实上，除此之外，后者还往往认为传统主义者或老派人物对某些既有教义或戒律的坚持是错误的，它们或是应该摒弃的历史片段，或是由某些别有用心之人的刻意之举。这些既有的繁复教条，于追求神圣而言，不仅无益，而且颇有害处。[184]因此，这些主张分派的

---

182 其他的类型也存在，比如老子由函谷关西出，途经楼观一地，形成了道教的楼观派。

183 "真正的改宗，在于新观众或曰新世界的选择。曾经那么熟悉的一切，如今以一种令人惊愕的新方式被理解。正如改宗是剧本性的一样，改宗在从一个世界转换到另一个世界的选择过程中，是隐而不宣的。特别是根本性的改宗，它很好地将自己伪装起来，显得与任意性无关。古代最有名的改宗者奥古斯丁对自己曾经强烈怀抱如此众多错误观念而惊愕不已，却不为竟然有那么多不同的真理而感到吃惊。他的改宗并不是从解释转换到叙事，而是从一种解释转为另一种解释。当从异教转化为天主教，他抵达了真理之域，这片土地是不受到进一步挑战的。"（詹姆斯·卡斯：《有限和无限的游戏：一个哲学家眼中的竞技世界》，马小悟、余倩译，电子工业出版社2019年版，第134页。）

184 仅仅作为神学教条的信仰是可鄙的，它理应受到最激烈的批判。"信仰使人类分崩离析、相互隔绝而受到限制。信仰怀着魔鬼般的喜悦心情把古代最神圣、最崇高的杰出人物当作可诅咒的异教徒打入地狱；它在基督教和异教之间筑起一道仇恨的界墙；它为了使自己得以巩固地建立起来，在任何时候总是采用恶意的武器总是在对它所不能达到的古代的伟大业绩进行诽谤和辱骂，从中寻找藏身之所。这些现象不是人类激情的一种外表的附属物；信仰就其本质而言就是分离的、局限

宗教领袖在宣扬自身才是正统时，通常将未被减损的神圣置于核心地位——要么被遮蔽或扭曲的神圣性经由他们的诠释焕然一新，要么这种新的发展成为神圣性未改变本质的时代涌流。这样，神圣性才实现了流溢中的分有和浸透。所以，由对特定教义、戒律、典籍、宗教领袖、宗教组织结构等的分歧而产生的另立宗教、分宗分派、改信改宗，其根本差别就在是否坚持一贯的神圣性。毕竟，因教义和宗教组织而分宗的基督教、因宗教领袖而分派的伊斯兰教、因圣言和律法而分宗的佛教、因神圣关注不同而分派的印度教、因独特信仰事件发生而分派的道教等，它们都坚守己身的本真神圣——天主、真主、真如、梵、道等。于是，判定特定宗教或宗派根本属性的标准就只有一个——它是否分有神圣性，即宗教之道所追寻的是否是神圣、那必然的偏差（延异）是否与神圣相关、是否亲近信仰之道。这样，以一致性为核心的信仰之道，在神圣之道中流溢、分有，在宗教之道中回归、合流，但它们都未偏离神圣。神圣的分有不是理念的逻辑层级区别，它抚慰、浸透着所有信众。

由此，神圣的分有与宗教的在地性息息相关，后者既是神圣的分有的自然化的表达，亦体现神圣的分有的特定化的形式。宗教的自然化来源于发生的原始性（社会的、历史的与意识的），[185]在此方面，它倾向神圣之道；而在特定化方面，具化的仪式、崇拜的形式和内容，若无神圣性的支撑，要么沦为魅化的技术，要么成为文化符号和习俗，[186]它偏向宗教之道。因此，在历史和社会

的；它必然使人类受到限制。只有理性、科学才能使人获得自由；只有科学使人得到拯救，使人与自身和解，重新建立人自身的原始的同一；信仰所产生的种种联系始终仅仅是局部的、排外的。只有科学精神，甚至在中世纪，在那些与世隔绝的、隐居的修道院里，也把异教世界和基督教世界的联系保存下来，把人类与其自身的统一保存下来；而且，与基督教徒的虔诚的傲慢神气截然相反，科学精神从古代稀少的遗物中汲取各种教育材料。当信仰重新使人类分崩离析时，只有科学精神缓和与调和了信仰所造成的分裂，从而使人类再次相互接近和友好。"（费尔巴哈：《对莱布尼茨哲学的叙述、分析和批判》，涂纪亮译，商务印书馆2009年版，第26-27页。）

185 "这样，倘若要保存犹太民族，就必须在其周围燃起'像疆界上的战火一般炽热的信念'——这是恰如其分的比喻，因为《圣经》本身就提到过'火一样的律法'。犹太人必须要有一种宗教，它不仅始终要使犹太人不同于异族人，它还要恒常地提醒犹太人，他们乃是犹太民族和犹太信仰的组成部分。犹太人不单单要靠一种信条，而且还要靠一种生活方式使之与其邻人界限分明。"（亚伯拉罕·柯恩：《大众塔木德》，盖逊译，山东大学出版社2004年版，导论第4页。）

186 一种古典的说法是，习俗可以让理性处于沉睡状态，而先发制人地保护另一种信仰不被理性所削弱。这种说法从柏拉图对习俗的批判就开始。（参见亚瑟·梅尔泽：

中，宗教的在地性是信仰行动的基本要素之一，宗教之道的简单挪用和本土化难以继承自然发生的宗教中的神圣性；而具体的宗教仪式也因此产生或丢失其独特内涵，在非宗教场所（并非由国家规定而与神圣相关，在不同宗教中的规定不同）发生的仪式行为，可能仅是仪式的技术或艺术。这样，宗教的在地性与宗教实践的处境紧密相连，神圣临在之处、神圣性充溢之处，才有信仰行动而非鬼魅巫术的发生。[187]如薇依所言，"在圣事的超自然运作中，实现信仰的这一功效要求满足双重条件。首先，欲求的对象不是别的，必须是独一无二的善，纯粹，完美，整全，绝对，让我们难以理解。许多人只是给某个概念贴上神的标签，那样的概念要么由他们的灵魂所生造，要么由周遭环境所提供。这类概念有很多，在不同程度上与真正的神相似，只不过灵魂无需把关注转向此世之外就能够思考这些概念。在这样的情况下，思想尽管表面上围绕神展开，却始终停留在此世，而依据世间法则，信仰不制造真实，而制造幻象。不过这种状态并非毫无希望，因为神之名和基督之名本身带有强有力的功效，假以时日有可能帮助灵魂摆脱这种状况，把灵魂引向真实。第二个条件，相信一小块圣饼与神具有某种同一性，此种信仰必须深入我们的整个生命存在，必须渗透灵魂深处，不是渗透灵魂中与此无关的智性部分，而是渗透灵魂中智性以外的其余部分，诸如想象、感觉乃至血肉本身。"[188]由此，一种普遍的神圣才能在诸宗教或个体生活的不同境况中被分有。

当然，宗教的在地性也可以呈现在神圣空间的类型转换中，即平凡的（生活化的）神圣空间时常将崇高的神圣空间平整为切地的。在马克·奥热（Marc Augé）论述的那些与非洲丰人（Fon）部落社会中崇拜对象雷格巴（Legba）有关的异质性记录的报告中，人们可以看到这一点。"雷格巴碰巧横贯地处于：——命运的维度；——关于生命原则的世界；——祖宗谱系；——物质化的神；——适应的符号；——个体化的实体；——乡村入口的神物，房屋大门口的另一神物，在举行进入房间的仪式之后……雷格巴是一把沙子、一个聚合处，但这也是与他人关系的表达。我们可以在门口、市场、乡村广场、十字路口发现

《字里行间的哲学：被遗忘的隐微写作史》，赵柯译，华东师范大学出版社 2018 年版，第 284 页。）

187 所以，路德才宣称，基督的地上的国是信仰的国。（参见 Martin Luther, *Dr. Martin Luthers Werke: Kritische Gesamtausgabe*, vol. 36, Weimar: H. Bohlau, 1883-1993, p. 569; Martin Luther, *Luther's Works*, vol. 28, Jaroslav Pelikan & Helmut Lehman (eds.), Philadelphia & St. Louis: Fortress and Concordia, 1955-1986, p. 124.）

188 西蒙娜·薇依：《伦敦文稿》，吴雅凌译，华夏出版社有限公司 2020 年版，第 205 页。

雷格巴的神像。它可以传达种种信息、疑问、回答。它也是与死者或祖先联系的方法。它既是个体也是个体的等级，既是专有名词又是普通名词。'它的存在符合这样一个明显事实，即社会不仅源自关系的领域，而且源自'是'的领域。'马克·奥热强调了象征系统的不可能的透明性和可译性。'雷格巴装置……根据两个轴被建造。一方面是从外向内看，另一方面是从同一性向相异性看。由此，'是'、同一性以及与他者的关系被建构，通过物神崇拜的实践，不仅以象征的名义，而且以敞开的本体论的名义。'"[189]所以，神像的"是"本身即一种渗透性的领域，它与切身护身符构筑的个人神圣空间——物理的以及符号的——类似，都将神圣锚定在生命的特定或普遍关联物中。

五、诸神圣的启示与人的征战

以秩序性为核心的神圣之流溢，在关系范畴和存在范畴中造就了复杂、莫测的诸现象，因此在神圣之道和宗教之道中，冲突和争战的现象并不能直接被定义为远离神圣的作为。本体范畴对关系范畴和存在范畴的超越，从根本上决定了范畴之间"先定和谐"的不存在：神圣的超越以渗透的方式突破固有秩序的原定界限，它将范畴的界限消解了。所以，在信仰之道中，以神圣为核心的关系事件，体现出互相的差别和远离；而在宗教之道中，这种差别和远离可以激进的方式具现，它表达为诸宗教之间或某宗教内部的争战和冲突。在这个意义上，争战和冲突可以被承认并接受，它附着有区别宗教—神圣现象的踪迹。然而，这种呈现方式毕竟极端且过于激烈，所以无论在神圣之道抑或宗教之道中，冲突和争战都不是必需的或必然的。事实上，诸宗教之间或宗教内部的个人或集体之间战争的发生，多以人自身为目的，它在根本上与神圣无关。所以，厘清争战与神圣之间的关系，也是理解信仰之道多元性的前提。

首先，人的争战与神圣并不属于同一范畴，即人与神圣者没有争战关系，神圣者超越于实体。这意味着，人作为神圣的施受者或中保形成这种争战关系，只在与同作为施受者或中保的人之间发生，但在本质层面，这不是人与神圣的争战，[190]而是由神圣而来的现象或关系之间的争战，是超越之神圣者之间

---

189 菲力克斯·加塔利：《混沌互渗》，董树宝译，南京大学出版社 2020 年版，第 52-53 页。这种现象在其他宗教中也可见到，比如美拉尼西亚宗教和波利尼西亚宗教中的玛那（mana）就与雷格巴类似。

190 比如在自然宗教中，人对鬼、神的献祭及驱逐仪式都是收买性的，它基于人的无可奈何，而非一种有效的对抗。

的争战。在本真信仰的层面，这种争战关系并不为人所知，即使是琐罗亚斯德教中善神与恶神的争战，也是通过在此世界的投射，才导致了神人与或恶灵、异兽的争战。"起初两大本原根生并存，思想、言论和行动皆有善恶之分。善思者选择真诚本原，邪念者归从虚伪本原。当这两大本原交会之际，巍峨壮观的生命宝殿起于善端，阴暗的死亡之富立在恶端。"[191] 斗争事件在世界之中发生，而这争战关系非人与神圣的关系。[192] 由此可知，雅各与上帝使者的争战（或译为摔跤，אבק、πάλη），不仅实际上并未胜出，因为"那人见自己胜不过他，就摸了他的大腿窝一下。雅各的大腿窝就在和那人摔跤的时候扭了"，[193] 而且雅各在争战中胜了（或说未败）的对象，也是有所中介的上帝的使者，且这一结果仅在人的层面或存在范畴达成。所以，即便在一神论宗教中，要遵守的诫命也是独信唯一的那一位，而非与其他的神圣者争战。人无法与其他的神征战，对于其他神圣者，只能是厌弃或远离。"你们不可为自己造虚无的神明，不可竖立雕刻的偶像或柱像，也不可在你们的地上安放石像，向它跪拜，因为我是耶和华——你们的上帝。"[194]

其次，人的争战并不与远离特定神圣者等同，两者具有不同的含义。即人对神圣者的远离态度与人与神圣者的争战关系是不同的，且人对特定神圣者的远离具有多层次的含义。具体言之，一方面，人对神圣者的远离态度并不一定以争战的方式呈现，且人与神圣者的争战关系并不意味着远离。就前者而言，人远离神圣者通常会选择逃离、避让而非争战，为了防止陷入魔鬼的诱惑，

---

191 杜斯特哈赫选编：《阿维斯塔——琐罗亚新德教圣书》，元文琪译，商务印书馆2005年版，第11-12页。

192 摩尼教的记述与琐罗亚斯德教类似，其"二宗三际论"中的"二宗"指的正是善恶本原，或译光明与黑暗。"汝等当知，即此世界未立已前，净风、善母二光明使，入於暗坑无明境界，拔擢、骁健、常胜，□□□大智甲五分明身，策持升进，令出五坑。其五类魔，黏五明身，如蝇著蜜，如鸟被黐，如鱼吞钩。以是义故，净风明使以五类魔及五明身，二力和合，造成世界——十天八地。如是世界，即是明身医疗药堂，亦是暗魔禁系牢狱。其彼净风及善母等，以巧方便，安立十天；次置业轮及日月宫，并下八地、三衣、三轮，乃至三灾、铁围四院、未劳俱孚山，及诸小山、大海、江河，作如是等，建立世界。禁五类魔，皆於十三光明大力以为囚缚。其十三种大勇力者，先意、净风各五明子，及呼嚧瑟德、勃嘍卟德，并窣路沙罗夷等。其五明身犹如牢狱，五类诸魔同彼狱囚，净风五子如掌狱官，说听唤应如喝更者，其第十三窣路沙罗夷如断事王。"(陈垣校录：《摩尼教残经》(一、二)，载《国学季刊》1923年第一卷，第531-546页。

193 《创世记》32：25。

194 《利未记》26：1。

多有信徒选择远离俗世或放弃作为罪身的肉体。耶稣拒绝撒但时说，"撒但，退去"[195]，他没有选择以神力或奇迹的方式与之抗争；就后者而言，争战的关系可以出于尊敬的态度（争论性敬重），它在转变之后，甚至会成为一种亲密。雅各与神的使者摔跤之后，两者的争战关系很快得到和解。"那人说：'天快亮了，让我走吧！'雅各说：'你不给我祝福，我就不让你走。'那人说：'你叫什么名字？'他说：'雅各。'那人说：'你的名字不要再叫雅各，要叫以色列，因为你与上帝和人较力，都得胜了。'雅各问他说：'请告诉我你的名字。'那人说：'何必问我的名字呢？'于是他在那里为雅各祝福。"[196]这样，人的争战关系与远离特定神圣者的态度区别开来。

除此之外，需注意的是，即使在关系范畴，作为态度或关系事件的远离和争战也不对立。因为远离是亲近的另一方，它可以被区分为面对的远离和背对的远离，此时注视与行为、盼望与妥协并不违背。在远离和亲近之外还有驻足，它又作为悬置或沉默出现，它们总体概括了人对待神圣者的态度关系的类型。与注重关系倾向的远离相较，争战关系侧重了事件的形式，它可以由各种态度引起，亦可以与其他类型的事件连接，甚至转化为其他事件。在根本上，战争关系作为事件是瞬时的、易变的，它并不形成与人格类似的东西。因此，虽然奥古斯丁将恶定义为远离上帝，但神圣本质上与恶无关，善恶只是对追寻神圣之结果的评价，属于纯粹的宗教之道，伦理亦由此发生。所以，将人对特定神圣者的远离视为争战，远不如将其视为目光的偏转，人此时拒绝了那种强制的接受。

最后，人的争战与神圣之间的联系是现象性的，即人的争战可能完全与神圣性无关。其基础在，人无法与神圣者争战，二者属于不同的范畴。且基于同样的理由，人与作为属性的关系或现象的争战也无法达成，所以人所争战的对象只能是实体——心灵与身体、灵魂与肉体，以及具有实体性质的他者之整体。但人与人的争战是模糊不清的、非必要的，因为这争战关系并没有神圣的本质规定，它在存在范畴会受到其他因素如爱、怜悯、公义的改变。穆萨的故事表明，人之间的争斗，即使表面上看似正义，实则是不义。《古兰经》:载："乘城里的人疏忽的时候，他走进城来，并在城里发现了两个人正在争斗，这个是属于他的宗族，那个是属于他的敌人，属于同族的人要求他帮着对付他的

---

195 《马太福音》4：10。
196 《创世记》32：26-29。

敌人，穆萨就把那敌人一拳打死。他说：'这是由于恶魔的诱惑，恶魔确是迷人的明敌。'他说：'我的主啊！我确已自欺了，求你饶恕我吧。'真主就饶恕了他，他确是至赦的，确是至慈的。他说：'我的主啊！我借你所赐我的恩典而求你保佑我，我绝不做犯罪者的助手。'次日早晨，他在城里战战兢兢的。昨日向他求救的那个人忽然又向他高声求救。穆萨对他说：'你确是明显的迷误者。'当他欲扑击他俩的敌人的时候，求救的那个人说：'穆萨啊！你要像昨日杀人样杀我吗？你只想做这地方的暴虐者，却不想做调解者。'"[197]可以看出，出于同族文化惯例或宗教习惯的争战，很大程度上是不义的。所以，穆萨的忏悔针对的正是这种虚伪的争战关系。[198]

同样，对于某些宗教诫命或教义的理解也应该有此关照，毕竟人的争战都是现象的争战，是为人的争战，而不是为神圣者的争战。当神圣者说你们为我而战时，其意味是：你们既已信靠我，那么你们便需为这信仰的关系而战，将这信仰的关系持续下去。为此，你们当与欲要毁灭这关系的人争战，与其他的施受者争战。《古兰经》如此要求穆斯林："你们当为主道而抵抗进攻你们的人，你们不要过分，因为真主必定不喜爱过分者。你们在那里发现他们，就在那里杀戮他们；并将他们逐出境外，犹如他们从前驱逐你们一样，迫害是比杀戮更残酷的。你们不要在禁寺附近和他们战斗，直到他们在那里进攻你们；如果他们进攻你们，你们就应当杀戮他们。不信道者的报酬是这样的。如果他们停战，那末，真主确是至赦的，确是至慈的。你们当反抗他们，直到迫害消除，而宗教专为真主；如果他们停战，那末，除不义者外，你们绝不要侵犯任何人。"[199]此处，不义者指的是那些任凭宗教习惯作恶的人而非没有进行迫害的外邦人或异教人士，《古兰经》明确禁止任何信仰事件中的压迫。[200]所以，为神圣

---

197 《古兰经》第 28 章 15-19 节。

198 Surah Al-Qasas, Verse 15，"他说：'这是由于恶魔的诱惑，恶魔确是迷人的明敌。'"原文为：قَالَ هَٰذَا مِنْ عَمَلِ الشَّيْطَانِ إِنَّهُ عَدُوٌّ مُضِلٌّ مُبِينٌ. Surah Al-Qasas, Verse 16，"他说：'我的主啊！我确已自欺了……'"原文为：قَالَ رَبِّ إِنِّي ظَلَمْتُ نَفْسِي. 此处，自欺更恰当的翻译是：犯了错误或行了不公义的事情。由此可见，穆萨与所谓敌人的争战，是不公义的、可以避免的。爱尔维修对此的看法是恰当的："圣书上从不命令我们用刑罚和牢狱去对待改变信仰的人。真的宗教从不设置断头台。"（爱尔维修：《论精神》，杨伯恺译，上海人民出版社 2019 年版，第 19 页。）

199 《古兰经》第 2 章 190-193 节。

200 参见《古兰经》第 2 章 251 节；第 10 章 99 节；第 11 章 28 节；第 22 章 87-88 节；第 50 章 45 节。

者而战，这并不意味人要与其他神圣者争战，人所谓与恶魔的争战，实际是与人自身的有限性争战，是为了信仰关系的护守的争战。且这争战的关系只能以个体争战或个体争战的集合的形式出现，因为信仰关系的基础是个体的信仰，一旦争战的关系成为强制，那么这便成为偏离宗教之道的人的争战。这样，宗教暴力是要被摒弃的，[201]唯独作为护守，强力和毁灭才与神圣相关。

201 对宗教暴力的神学、哲学反思，参见 James L. Heft, s.m. (ed.), *Beyond Violence: Religious Sources of Social Transformation in Judaism, Christianity, and Islam*, New York: Fordham University Press, 2004.

第五章　体验层面的具化：作为信心的信仰

　　以事件的呈现为度规，总体信仰可被分为本真信仰、内在信仰和外在信仰三种，它们与信仰的对象化相关。这种对象化将信仰自身的主体性限定为对称破缺的，即信仰要么因人的有限被视为无限（者）给与的恩典，要么因人的认识固靠被认作意识的功能，二者对"信仰可被认识"这一事实的描述掺入（主体）权力的因果推理——"可被认识"的意谓由呈现为何转为为何呈现。这种事件意谓的反转当然不合时宜，它逾越了规范的界限，全面揭示信仰要素的实在状况要比跳跃推理重要的多。其结果是，信仰要素的概念及含义应为规范推理的当先步骤，由此定义可析出具有偏重的信仰的诸多表现形式，它们在人的整体认知中集束为粗化的性质，并最终在生活中映射为与宗教相关的内容。这样，对信仰的进一步论述才是可信的。

　　故而，人们尤其要注重存在论上以被认识而优先的已然外在化的信仰，信仰作为信心、信念、信从表现出来极为重要，它们共同构建起理解信仰的框架，一切由人而来的对信仰的感知、确证和行动几乎都被囊括其中。就此而言，作为信心的信仰是起始性的，它直接映照本真信仰的存在状态。内在的信心被认为是心理、态度，它促成相信、信任和信赖等日常活动。在认知方式上，信心具有直觉的特征，但它不能只被理解为无省思，即使作为情绪、情感，它也内含知觉的综合。信心因其本在被视为意志、主体，它确证的是个体的生命意向及生存状态。在宗教中，以心论信成为一种习惯，但信心却不能误作个体信仰的全部——信心需要信念、信从在理智、行为层面进行补充。

第一节　信心的概念及含义

一、信心的概念

在汉语语境中，"信"向来意指人言。按照历来的解字方法，"信"，会意；从人，从言。它的原初含义是，人的言论应当诚实。言附于人，意为音讯、书信；人附于言，意为放任、随性；人言合一即诚、盟，引申为言行一致。所以，"信"确与人言相关。但是，不能仅凭此就认为"信心"亦是人的言说。因为，信心，会意；从言、从心。即"信心"是心之言而非口之言，信心本质上是内在感觉或灵魂的表达。《说文》心部载："恂：信心也。从心旬声。"[1]其直接含义是相信、信任，也就是心之确认，无需以言为先。实际上，"信心"一词在汉语语境中更偏向"心"的方面，因为心在生活话语中更多在抽象含义上被使用，以指称思想、感情、品行、本性。陆九渊之语"万物森然于方寸之间，满心而发，充塞宇宙，无非此理"[2]即在形上范畴言说心道。除此之外，佛教更是将"心"视作与"色"相对的关系范畴，认为一切精神现象皆属"心"，且"三界唯心"而已。[3]最后，考察"心"的本义可以发现，心在词组中是居于中心地位的。"人心，土藏，在身之中。象形。博士说以为火藏。凡心之属皆从心。"[4]所以，信心更从"心"而非"言"，乃是心之言。这样，信心就是人之心言，心言随心，心合乎道。

在将"信心"视为心之言的基础上，可以得知，心之言亦有多种含义。其一，信心表示诚心（sincere desire）。《后汉纪·章帝纪》载："晖闻其妻子贫穷，

1　许慎：《说文解字注》，段玉裁注，凤凰出版社 2007 年版，第 881 页。

2　陆九渊：《陆九渊集》（第 34 卷），钟哲点校，中华书局 1980 年版，第 423 页。

3　《大方广佛华严经》卷 54〈之二〉："菩萨摩诃萨知三界唯心、三世唯心，而了知其心无量无边，是为第八无等住。"(CBETA 2021.Q3, T10, no. 279, p. 288c5-7.)

4　许慎：《说文解字注》，段玉裁注，凤凰出版社 2007 年版，第 875 页。徐灏《说文段注笺》引《五经异义》："古（文）《尚书》说：脾，木也；肺，火也；心，土也；肝，金也；肾，水也。"饶炯《部首订》："古《尚书》说为土藏者，五行土位于中，举五藏之部位言也。"象形：王筠《说文解字释例》："其字盖本作，中象心形，犹恐不足显著之也。故外兼象心包络。今篆曳长一笔，趁姿媚耳。"博士：王筠《说文解字句读》："晋中兴书：博士之职，博习旧闻，训教学徒。"张舜徽《约注》引宋育仁说："汉惟今文《尚书》立学官，置博士。"徐灏《说文段注笺》引《五经异义》："今《尚书》欧阳说：肝，木也；心，火也；脾，土也；肺，金也；肾，水也。"饶炯《部首订》："今文家说火藏者，五行火空则明，举五藏之运用言也。"（汤可敬：《说文解字今释》，岳麓书社 1997 年版，第 1438 页。）

乃自往候视，赡赈之。其子颉怪而问之，晖曰：'吾以信心也。'"[5]这里信心即诚心、本心，乃人心的本真（去伪）状态[6]；其二，信心表示随心、任意（at random）。袁宏道云："至于诗，则不肖聊戏笔耳。信心而出，信口而谈。"[7]此处信心指随心而行，强调身行与心意的高度协调和一致，可以被视作本心流溢的实有化；其三，信心指相信自己的愿望或预料一定能够实现的心理（confidence、conviction faith）。"某人 P 对自己的艺术创作更有信心了"，表明的就是 P 自信（自信作为重复审美的行为结果，是感官上的自我确信）的心理状态。信心作为自信，是心之言对自身的确证，是继生的心的事件；其四，信心指虔诚信仰的宗教之心（Devotion）。李德裕《赐回鹘可汗书意》载："信心既去，翕习至难。且佛是大师，尚随缘行教，与苍生缘尽，终不力为。"[8]此处信心就是虔敬之心，指称信徒在诸神圣面前或在信仰行动中，心的纯然状态。这样，心之言至少有以上四种基本含义，每一种含义都不止于言，而是更倾于"心"。

事实上，信心的含义不仅在汉语语境中如此，在其他语言中也有类似的用法。以英语中的"faith"举例，其用法与"信心"相似。首先，faith 表示一种宗教信念（religious / religion belief），即对掌控人命运的超自然力量或（诸）权威的强烈信赖。说一个人失去了信心但仍保有德性，就是说此人在远离神圣之后，仍保有人性的善；其次，faith 意味着相信（trust），即对某人、某物、某计划的高度自信。说某人对一个好人抱有信心，就是说此人相信对方的言行绝不会让自己失望。信心在这个意义上与"失望"这一心理状态相对应；然后，faith 意指忠诚、诚心（allegiance），即忠于某人或某一事业，保持既定关系的连续性。政治宣讲中要求"对某一国家、某一民族、某一政党保有信心"，指的就是人不能背弃已有的契约关系（人与国家的关系正是契约

5　袁宏：《后汉记》，张烈点校，中华书局 2002 年版，第 234 页。
6　杜维明认为，即使《中庸》没有在语言上把诚规定为创世主，但却可以把它理解为一种创造形式："故至诚无息。不息则久，久则徵，徵则悠远，悠远则博厚，博厚则高明。博厚所以载物也，高明所以覆物也，悠久所以成物也。博厚配地，高明配天，悠久无疆。如此者，不见而章，不动而变，无为而成（《中庸》第 26 章，第 1-6 节）。"（杜维明：《论儒学的宗教性：对〈中庸〉的现代诠释》，段德智译，武汉大学出版社 1999 年版，第 92 页。）《阿毘达磨品类足论》也有言："信云何？谓心澄净性。"（CBETA 2022.Q3, T26, no. 1542, p. 693a19-20）
7　袁宏道：《袁宏道集笺校》，钱伯城笺校，上海古籍出版社 1981 年版，第 501 页。
8　董诰等编：《全唐文》，中华书局 1983 年版，第 7182 页。

的关系）；最后，faith 也可以表示宗教组织（organized religion），即人们向神圣权威表达认信的组织、机构。某人声称其 faith 背叛了自己，说的就是这么一种实体的宗教组织。这样，faith 的在日常话语中的用法就与"信心"保持总体上的一致。[9]

而在希伯来语中有 leb 一词，其义为"心"（heart），且此"心"（leb）和希腊哲学中的"心灵"（nous／mind）显著不同。希伯来语的 leb 指人的有血有肉的心，希腊哲学中的心灵是人认识世界的主体，其功能是思想。因而，《圣经》中所说的心是情感的主体，畏惧、爱、谦卑、仁慈等情感皆从它而产生。《圣经》说："你要尽心、尽性、尽力爱耶和华你的上帝。"（《申命记》6：5）这段话要求以色列人对上帝的爱要发自"内心"（leb／heart），要用真心情去爱上帝，而不是用心智（nous／mind）去认识、思想上帝。现代早期意大利犹太哲学家卢扎托（Luzzatto）在解释 leb 和 nous 的区别时说：犹太教是一种情心的宗教（religion of heart），而不是智心的宗教（religion of mind）。[10]

考察"信心"在不同宗教中原初表达（文字和概念），有助于人们加深对之的理解。在基督教（尤其是《新约》）中，信心的词源都是古希腊语 πίστη 或 πίστις，其直接含义为信仰、信心，亦即拉丁文中的 credo，英文中的 faith。拉丁词 credo 的原初含义是"将心放在（被关注的实体或教义）之上"（或译为专心于……），其词根是印欧语系中 cor，*kred-dhē 即心作用于某物，心而非念是信的承载者。[11]"耶稣对百夫长说：'你回去吧！照你的信心，成全你了。'就在那时，他的僮仆好了。"[12]此处信指的就是百夫长的信仰或信心。有些人认为基督教的信仰概念来源于古希腊的修辞学概念 πειθώ（persuasion，

9 当然，若进一步考察 faith 的诸多含义，人们会发现 faith 更适合表达"信仰"一词。事实上，在具有"信仰"含义或指称"信仰"的众多词汇中，faith 是侧重心的那一个，故它经常被译作信心。扩而言之，为了更好地区分信仰的三重含义即信心、信念、信从，笔者分别将之对应为 faith、belief、trust。其中，confess、believe、conviction、persuasion、submit to、conduct、practice 甚至 religion 都在某一方面或某些方面相关与"信仰"相关，详细内容散见于正文各处。这种区分可对应信仰的情感（affective）、信念（belief）、行动（trust）三个方面，参见 John Bishop & Daniel J. McKaughan, "Faith", in *Stanford Encyclopedia of Philosophy*, Edward N. Zalta & Uri Nodelman (eds.), Metaphysics Research Lab, Stanford University, 2022. https://plato.stanford.edu/archives/fall2022/entries/faith/
10 参见傅有德：《犹太哲学与宗教研究》，中国社会科学出版社 2007 年版，第 27 页。
11 参见 Daniel J. McKaughan, "Authentic Faith and Acknowledged Risk: Dissolving the Problem of Faith and Reason", in *Religious Studies*, vol. 49, 2013, pp.101-124.
12 《马太福音》8：13。

convicting），它在词源学上与 πίστη 相关。但在新约中，persuasion 的用法与证据和判断无关，而非出于后者。事实上，faith 的词源还包括 fides, epsitēmē，它们的用法也与 πίστη 有交叉之处。

当然，除了信心外，πίστις（及其变格）又被译为"信、相信、信托"等。除具有宗教信仰、信心的含义外，πίστις 还可指称信念（belief）、信任（trust）、信赖（reliance）、相信（believe）、可信（credence）、盼望（hope）、坚信或确信（conviction）、认信（confess）、信条或教义（creed; credo; tenet）、自信（confidence）、忠诚（allegiance; fealty）、宗教（religion）、信托（affiance）、信誉（credit）、诺言（troth）、坚定不移（constancy）、保证（plight），等等。对应地，άπιστος 的指称各种意义上的"不信"或"非信"，πίστις 几乎与所有的"信"都相关。然而，值得强调的是，与其他词汇相比，πίστις 可以专指宗教中的"信"，而 θεωρήσει（believe; consider）一般译为考虑（consider）；νομίζω（believe; guess; imagine; think; suppose）一般译为认为（think、suppose）；υποθέτω（believe; assume; guess; imagine）一般译为假定（assume、guess）。在古希腊语中，θεούς ήγεῖσθαι 和 θεούς νομίζειν 都具有认知意义上对神的承认，即认为神是存在的；但需注意的是，νομίζειν 具有不以崇拜或仪式的方式遵循宗教传统的意味，因而它通常被认为是无信仰的用语。[13]所以，即使 πίστις 具有诸多含义，但它依旧更倾向于显明宗教信心而非其他内容。[14]

二、信心的含义

除此之外，考察新约中信心的具体内容，有助于更好地理解信心在宗教中的不同含义，即为何基督教（新约）中的"信"更偏向信心而不是信念或信从。[15]首先，信心是一种强有力的认信状态，它包含着对未知结果和非常规事件的确信和期待。在这一点上，信心比信念更加具有活力或生命力，即使是耶稣基督，也为信心中包含的强烈冲动所感。"耶稣听了就很惊讶，对跟从的人说：'我实在告诉你们，这么大的信心，就是在以色列，我也没有见

---

13 有关这两个古希腊词汇用法的争论可参见 H. S. Versnel, *Coping With the Gods: Wayward Readings in Greek theology*, Leiden & Boston: Brill, 2011, pp. 539-559.

14 黄保罗从词源学上（古希腊语和拉丁文）分析了信的动词、形容词、名词的不同用法及其含义，并藉此说明了汉语语境中信的误用和歧异。参见黄保罗：《"信"为什么在汉语语境里常被误解？》，《世界宗教研究》2021 年第 4 期，第 43-57 页。

15 与后文中对"信念""信从"的讨论形成对照，详见后文。

过。'"[16]也正是因为这信心远比信念要大，恩典降临了。"有人用褥子抬着一个瘫子到耶稣跟前来。耶稣见他们的信心，就对瘫子说：'孩子，放心吧，你的罪赦了。'"[17]"于是耶稣回答她说：'妇人，你的信心很大！照你所要的成全你吧。'从那时起，她的女儿就好了。"[18] 这样，耶稣见证了基督徒的信心。

其次，信心的认信状态是持续的，它与信赖有某种程度的相似，其区别在信赖更倾向心理关系[19]层面，而信心塑造一种心理实体。所以，信赖更多强调由所信者而来的即时的内在感受，信心则坚定主体本身的存在状态。在增长与聚合的维度，信心因其持续性可被视作一种信仰的综合体，它外在表现为团体意义的结合。"于是众教会信心越发坚固，人数天天增加。"[20]在教会中，信心因其相对固定得以分享，"但我已经为你祈求，使你不至于失了信心。你回头以后，要坚固你的弟兄"[21]，信心也就相互坚固。这种坚固增益了个体的认信，一种事件的发生由此转为持存。当然，信心并不否认人对诸神圣的依靠，因为"与上帝的熟悉——由于是由上帝自己促成的——只是作为信赖、作为对上帝的信赖而发生的。这是经争取而获得的信赖，是从上帝获得的人性的信赖，这种信赖引向对上帝的熟悉。可是，信赖是突出的自由行为。信赖是无法强迫得到的。所以，按照路德的说法，制造着上帝与偶像的'心灵的信赖和信仰'，只有当这种心灵的信赖和信仰是为了自由和通过自由而被占有的时候，才不会制造偶像。所以，关于上帝的隐喻性讲话只有在人能够获得信赖上帝的自由的时候才会出现在人身上。上帝能够被发现，而在发现的事件之中也同时产生对上帝的信赖，为此当然应有一个言语性的词"[22]。信赖预备了真实信仰的言论。

然后，信心还与神迹相关，它在根本上是神圣状态的流溢，区别于信的念和行。"耶稣对他们说：'是因你们的信心小。我实在告诉你们，你们若有信心

---

16 《马太福音》8：10。

17 《马太福音》9：2。

18 《马太福音》15：28。

19 "在意会结构中，信赖（reliance）是一种个人寄托（personal commitment），它被包含在一切智力行为之中。通过智力行为，我们把某些事物附带地整合（integrate）到我们的焦点关注中心之中。"（张一兵：《神会波兰尼：意会认知与构境》，上海人民出版社2021年版，第86页。）

20 《使徒行传》16：5。

21 《路加福音》22：32。

22 云格尔：《隐喻真理》，载王晓朝、杨熙楠主编：《传统与后现代》，广西师范大学出版社2006年版，第29页。

像一粒芥菜种，就是对这座山说：'你从这边移到那边'，它也会移过去，并且你们没有一件不能做的事了。'"[23] "主说：'你们若有信心像一粒芥菜种，就是对这棵桑树说：'你要连根拔起，栽在海里'，它也会听从你们'。"[24] "耶稣回答他们：'我实在告诉你们，你们若有信心，不疑惑，不但能行我对无花果树所行的事，就是对这座山说：'离开此地，投在海里！'也会实现。'"[25]这样，信心就是神迹的起源，是神迹的意向先行。当然，信心在神迹上的表现更多是接受而不施予，唯独耶稣基督和被恩典的先知和使徒有权施行神迹。所以"因信他的名，他的名使你们所看见所认识的这人健壮了；正是他所赐的信心使这人在你们众人面前完全好了"[26]。这才是信徒凭信心得到的神迹。自然而然，此处需要注意信心与圣灵的关系，因为这二者的关系直接关系到神迹。圣灵的充满不仅给予了接受者被恩典的信心，而且给予了施与者施行神迹的权柄。"又有人由同一位圣灵领受信心；还有人由同一位圣灵领受医病的恩赐"[27]；"这话使全会众都喜悦，就拣选了司提反——他是一个满有信心和圣灵的人"[28]；"这巴拿巴原是个好人，满有圣灵和信心，于是有许多人归服了主。"[29]如此，"我们是靠着圣灵，凭着信心，等候所盼望的义"[30]。先于信念之同意的信心，作为上帝之爱的恩典的结果，是价值的重估。[31]

再次，信心作为一种心理状态是可以有所增益或减损的。当"使徒对主说：'请加增我们的信心'"[32]时，使徒的信心是软弱的；而当亚伯拉罕（他）"将近百岁的时候，虽然想到自己的身体如同已死，撒拉也不可能生育，他的信心还是不软弱"[33]。人的信心在程度上有所不同。其结果是，人按自己所得的信心行事，"按着所得的恩典，我们各有不同的恩赐：或说预言，要按着信心的

23　《马太福音》17：20。

24　《路加福音》17：6。

25　《马太福音》21：21。

26　《使徒行传》3：16。

27　《哥林多前书》12：9。

28　《使徒行传》6：5。

29　《使徒行传》11：24。

30　《加拉太书》5：5。

31　参见 Bernard Lonergan, "Faith and Beliefs", in *Philosophical and Theological Papers 1965-1980*, Robert C. Croken & Robert M. Doran (eds.), Toronto: University of Toronto Press, 2004, pp. 30-48.

32　《路加福音》17：5。

33　《罗马书》4：19。

程度说预言"[34]。当然，信心的软弱并不意味着人要保持这一状态且据此行事，恰恰相反，"信心软弱的，你们要接纳，不同的意见，不要争论"[35]。所以，增益信心也是信徒参与信仰行动的目的之一，它直接关乎神圣的相遇。

除此之外，信心与人的作为紧密相关，但这种相关性并不与信从体现的心与行的统一一致。毕竟，信心是内在的人言，而不是外在的身行，二者之间呈现出澎湃的张力。按照路德的说法，信心必然且应当在善行之前，人的其他作为更是如此。所以，若非信心和信念在先，人是无法得救的。"这是什么缘故呢？是因为他们不凭着信心，而是凭着行为，他们正跌在那绊脚石上"[36]；"因为我们行事为人是凭着信心，不是凭着眼见。"[37]犹太人的律法作为严格意义上的宗教信从因此也就失去了优先性，"因为在基督耶稣里，受割礼不受割礼都没有功效，惟独使人发出仁爱的信心才有功效"[38]。这样，信心与称义的关系也就引申出来了——唯独因信称义。新教（抗罗宗）的这一根本要义在此展现了其价值，唯独善行或善行优先必不通达（基督教）宗教之神圣。善行是信心的自然结果，因为"既然你们在信心、口才、知识、万分的热忱，以及我们对你们的爱心上，都胜人一等，那么，当在这慈善的事上也要胜人一等"[39]。相对应地，罪就是信心的缺席，正如虚无是对上帝的远离（见奥古斯丁）。"若有人疑惑而吃的，就被定罪，因为他吃不是出于信心。凡不出于信心的都是罪。"[40]这样，信心在人类学的意义上规定了宗教实践中诸善行的神圣基础：心受神圣感动并驱使身体前行。此处需注意，有一种说法称，因信称义的本质是因恩典，而不是信。因《罗马书》中说："既是靠恩典，就不凭行为，不然，恩典就不再是恩典了。"[41] 所以，作为信仰结果的称义，也是由恩典来的，"如今却蒙上帝的恩典，藉着在基督耶稣里的救赎，就白白地得称为义"[42]。然而，恩典的领受也是由心与身共同承担的，所以，称义仍离不开信心和作为。[43]

---

34 《罗马书》12：6。
35 《罗马书》14：1。
36 《罗马书》9：32。
37 《哥林多后书》5：7。
38 《加拉太书》5：6。
39 《哥林多后书》8：7。
40 《罗马书》14：23。
41 《罗马书》11：6。
42 《罗马书》3：24。
43 关于"因信称义"和"因行称义"的问题：上帝的公义和慈爱分别对应的是律法

最后，我们还要强调的是"信心"与"爱心"（agaphn，又译作爱）的关系，因为信心在基督教中（尤其是新约中）更加体现为爱（上帝的慈爱和人对邻人的爱）而非公义。换言之，信心不再是独属个体的心理的或神圣的感受，也衍生为留存人之间的爱。"为要使他们的心得安慰，因爱心互相联络，以致有从确实了解所产生的丰盛，好深知上帝的奥秘，就是基督。"[44]这样，信心和爱心在关系范畴就对应着信仰和伦理，人的信仰行动也就显现为伦理在信仰中与神圣之善统一。"在我们的父上帝面前，不住地记念你们因信心所做的工作，因爱心所受的劳苦，因盼望我们主耶稣基督所存的坚忍。"[45]如此作为，众教会和诸信众从在基督中合一。"提摩太刚从你们那里回来，将你们信心和爱心的好消息报给我们，又说你们常常记念我们，切切想见我们，如同我们想见你们一样。"[46]人的信与爱如此融为一体。

总而言之，在基督教中，"信"更加体现出"信心"而非"信念"[47]或"信从"[48]的含义，且这"信心"将后两者包含在自身之中。"感受"一词让人相信，信仰仅仅是主观上的情感，既缺少必须认知的内容，亦没有须遵从的命

和福音。若福音以毁约的方式把人从律法中直接解放出来，那么实际上上帝就是不公义的，或者说超公义的（非公义的，恩典的）；但上帝是公义的，祂不能同时既公义又不公义（或超公义），所以上帝的福音不能是直接解放，不能是对契约的背离和悔弃，只能是对人的宽容，给予人得救和悔改的机会。宽容是针对背约的后果而言的，这机会因此是信从的努力补赎，而不是所谓的被动的称义。称义是一种补救，补救在上帝面前在根本上是不义的，毕竟人已是背约者。所以，路德神学是先在（预定）神学，他重新诠释了公义的概念。

44 《歌罗西书》2：2。
45 《帖撒罗尼迦前书》1：3。
46 《帖撒罗尼迦前书》3：6。
47 当然，这绝不意味着基督教不重视信念。事实上，"信"这一概念对信念的偏向在基督宗教中首先得到强调，之后它逐渐影响了其他宗教对信的理解。典型的例子是韩国，在基督教到来之前，韩国人并没有有意识地书写佛陀、孔子或上帝的存在，也没有书写对其教导的信；但基督教出现之后，信（shin）的信心、信念层面的含义得到了彰显，人们有了明确的对具体信念和信仰的理解，信的概念由此完整。（参见 Don Baker, *Korean Spirituality*, Honolulu: University of Hawai'i Press, 2008, p.59.）然而，如贝拉所说，西方的基督教中的信仰概念的意义暗示了一种信仰的退化，与东方宗教的经验判断相比尤其如此。在宗教改革之后，这种对信念的强调得到了一定程度上的改变，它有了回归经验的倾向。但基督教神学在根本上是希腊式的，它必然观照信念的内深。
48 基督论更加强调信从。比如朋霍费尔认为，基督教信仰以参与为中心，即信仰就是对耶稣存在的参与，这是一种为他者的存在样态。（参见 Dietrich Bonhoeffer, *Letters and Papers From Prison*, Eberhard Bethge (ed.), New York: Macmillan, 1972, p. 381.）

令。[49]但实际上，"信心"在本体和实践的层面都综合了"信念"或"信从"。"既然你们接受了主基督耶稣，就要靠着他而生活，照着你们所领受的教导，在他里面生根建造，信心坚固，充满着感谢的心。"[50]且这信心确实是大的[51]，正如保罗和提摩太对腓利比所说："我以你们的信心为供献的祭物，我若被浇献在其上也是喜乐，并且与你们众人一同喜乐。"[52]但与信念和信从不同，信心直接发之身心，是最易得也最宝贵的信仰要素。因此，作为外在信仰起始的信心，通常是最朴素也最有力度的支撑，在新宗教、宗派的建立、发展和弘扬中，信心总是被着重强调的那一个。例如民间宗教，外受官府的压力和正统宗教的排斥，内无强制手段，只剩"心诚坚信"这一条作为维系教团的唯一手段，一旦失去了教徒信心，也就失去了自身生存余地。[53]所以罗祖不厌其烦，一再加以强调："信心依我归家去，不信受苦转四生。信心无极紧拥护，不信轮回堕沉沦。我劝诸人休谤法，大家根基出苦轮。我劝诸人体谤法，大家根基归去来。"[54]与罗教初建时的制度不全不同，宗教改革强调"唯独因信称义"，旨在废除过往的礼仪制度，以实现信心的独立和迁移。信心应作为首要者，而不是被抛弃的引导者；由此，作为最具开放性的信心，成为至关重要的信仰要素和结构。所以，宗教之"信心"确乎在先且引领着信念和信从，并在神圣范畴显现着信仰行动在人之中的运行。

这样，信心的诸多含义就清晰了：它在生存论层面表示心理事件和状态（相信、自信），在关系范畴表示由心起始的流溢（随心、任意），在本体范畴表示心的本真状态，在神圣范畴表示对神圣的回应和认信。所谓的宗教信心在

---

49 参见保罗·蒂利希：《信仰的动力》，钱雪松译，中国轻工业出版社 2019 年版，第 45 页。

50 《歌罗西书》2：6-7。

51 大信心可被视作人在内心深处与救主基督的神秘联系。"依照东正教的理解，基督教信仰不仅仅是对上帝存在的主观和模糊的感觉，也不是对传统权威的盲目无个性追随，而是基督徒完全个人的对作为神人和救主的基督形象的宗教参与。……与神的真正合一和人的神化是个人精神发展的至高目的。当人由于客观原因（患重病、夭折等）不能实现无愧于教会信仰的行为和精神苦修时，东正教传统承认他信仰的虔诚，并为其灵魂获得救赎而举行圣礼。"（金雅娜编著：《东正教密码》，商务印书馆 2021 年版，第 305-306 页。）

52 《腓立比书》2：17。

53 参见马西沙、韩秉方：《中国民间宗教史》，上海人民出版社 1992 年版，第 209 页。

54 《正信除疑无修正自在宝卷》（舍身发愿度人品第十一），转引自马西沙、韩秉方：《中国民间宗教史》，上海人民出版社 1992 年版，第 209 页。

根本上就是，自我于神圣的敞开、接纳，被引领和擢升、与神圣者的同一。它在不同范畴的信仰中呈现不同的内涵。

第二节　信心的诸种表现

一、信心作为心理

在日常言谈中，信心并非那种极为出彩的词汇。人们在生活交往中所说的信心，通常指人自信的心理状态。某人 P 对行为或事件 A 和对象 O 有信心，说明 P 相信行为或事件 A 能够按预期实现，[55]且与对象 O 相关的事件的发生或状态的改变不出乎 P 的预料。[56]在认知层面，信心乃是一种确定的意向和态度；而在感受层面，表达为自信的信心则是情绪上的自我确证、情感上的自我满足。换言之，对信心的语言分析揭示出其日常用法的综合特征：作为心理活动，信心具有认知性、情感性和意志性。[57]

按照冯特的说法，"我们的心理就是我们内部经验的总和，就是我们的观念、情感和意志在意识中结合成一个统一体，它出现于一系列发展阶段，并在自我意识的思维和道德上自由的意志中达到顶点"[58]。而布伦塔诺的看法是：意识可被区分为表象、情感及意欲。贝恩的区分与之类似，意识由：（1）思维、理智或认识；（2）情感；（3）意志或意欲构成。[59]并且，在更广阔的层面，布伦塔诺认为，全部心理现象可分为表象类型、判断类型以及爱恨现象类型，它们与相对狭隘的意识相对。其结果是，尽管不同流派的哲学家、心理学家对各

---

55 这种预期对应宗教中的盼望，如圣保罗所言，"信就是对所盼望之事有把握，对未见之事有确据"。（《希伯来书》11：1）。

56 更为确切的表述是：A 以证据 E 为基础的对意向经验推理（或信念）H 的寄托就得总是以├.H/E 这样的形式的断言，其中的断言符号表示 A 以 E 为依据对 H 具有信心的程度。相应地，├.P（H/E）表示 B 对 A 产生此断言的推理过程的承认，其中，P 乃表示概率的符号。结果是，随着被断言的上限的缩小，我们的信心也逐渐降低。（参见波兰尼：《个人知识：迈向后批判哲学》，许泽民译，贵州人民出版社 2000 年版，第 47-49 页。）

57 所有心理活动都包括了三个方面的内容：认知性、情感性和意志性。（参见威廉·麦独孤：《心理学大纲》，查抒佚、蒋柯译，商务印书馆 2020 年版，第 328 页。）

58 冯特：《人类与动物心理学讲义》，李维译，北京大学出版社 2013 年版，第 255 页。

59 布伦塔诺：《从经验立场出发的心理学》，郝忆春译，商务印书馆 2020 年版，第 227 页。

个概念的理解有所争论，但意识和心理[60]现象总体上都是三分的。

因而，当普通心理学将信心定义为"对行为及其相应事物的发展演化如期而行的信任程度"或"对行为过程的积极的主体性反馈"时，实在的意识状态被不恰当地整体或部分地忽略了。生理心理学和行为主义的看法自有其合理之处，但让人察觉到行为者"有信心"的活动毕竟只是一种表现，它与那种内在的心理状态迥异。按照生理心理学和行为主义的观点，信心是这样一种心理现象：它依靠行为而存在，在与身体的相关中，信心外化为即时的感知、情绪和行动。其中，感知指人们对（尚未、已在、将要）如期发生的行为的持续认识；情绪是随认知而来的行为如期发生的体验和评价；行动则指个体通过有意识或无意识[61]的语言、动作将这种满足的状态表现出来。如此，在意向冲动的不断重复中，心去主体化了，它消解为有形、无形生产者——身体和意识——的效能，而信心在起作用即引起相关身体、心理状态改变时才被承认。换言之，一种整体的心理或意识观念被行为强制嵌入，它忽视那被称为意志、心灵、灵魂或精神的事物。

然而，这种忽视不仅在根本上是没必要的，它甚至犯了还原主义范畴谬置的错误，因为观察从不取消被观察之物的实在性，它只提供一种解释。"意识在任何地方都一定倾向于选择它获得的一些感觉，而不是其他感觉；而且如果它能在这些感觉缺失的情况下记起它们（无论是多么模糊），它们就一定是欲望的目标。而且，如果它在记忆中能够识别出可能曾经实现这类目标的任何运动释放，并且将这些运动释放和这些目标联系起来，那么这些运动释放就可能反过来作为手段而成为被欲求的对象。这就是意志的发展；而且其实现当然必须是和意识的可能复杂性成比例的。从这个意义上说，即使脊髓也可能有一些意志力，拥有鉴于新的感性经历而努力修正自己行为的能力。因而，所有的神经中枢首先都具有一种基本的功能，即'理智的'行动的功能。"[62]詹姆斯对意

---

60 意识范围"仅指在特定时刻存在的心理过程的总和"。（冯特：《人类与动物心理学讲义》，李维译，北京大学出版社 2013 年版，第 134 页。）

61 "一种欲望被称作'有意识的'，当它伴有一种对将会带来静止的事态的真实信念时；否则，它就称作'无意识的'。所有原始的欲望都是无意识的，并且在人身上，对欲望之意图的信念时常是错误的。这些错误的信念产生继发性的欲望，而继发性的欲望在关于人类欲望的心理学中带来了种种有趣的复杂情形，不过并未根本改变它们与动物的欲望所共同拥有的特征。"（罗素：《罗素文集第 4 卷：心的分析》，贾可春译，商务印书馆 2012 年版，第 67-68 页。）

62 威廉·詹姆斯：《心理学原理》，郭宾译，中国社会科学出版社 2009 年版，第 74 页。

识运作的描述是相对恰当的，行为此时随附[63]意识，而信心可以表达为欲望[64]、意向着的意志。"跃跃欲试"此时被理解为身体行动的倾向，暗示其中的信心不仅没有被取消，它反而成为独立而实在的心理事件。

与之类似，当人们以灵魂[65]这一朴素而神秘的称谓表述心灵的活动时，归属身体的行动被区别开来。甚至，在古代哲人的眼里，身体只能作为次级接受物存在，它只是执行命令的机器。"当灵魂以一种绝非形体的方式知觉到一些它所厌恶或喜爱的命题时，从灵魂占据这些要素这一点，便得出由于生长机能的强或弱而产生的东西来。这是产生在那种以某种同意的方式呈现于灵魂的东西里面，而不是出于那种在形体上面造成印象的东西，因为同意就是一种相信；相反地，跟随着这种相信，有一种由于喜或忧而来的感受，这也是属于灵魂所知觉的对象的，而不是属于偶然来到形体之为形体的东西。"[66]意识的认知部分尤其体现其作为主人的权力，身体的作为只是内在活动的效果及表现。"灵魂具有一些以多种方式相异的活动。有一些是以强与弱相异，另一些则是以快与慢相异。的确，推测的知识是一种在精确和强度方面异于精确的知识的信仰，而理智的直觉是在理解的迅速方面异于精确的知识的。有时候，各种活动也因缺乏和稳定的性态而相异；例如，怀疑异于意见，因为怀疑是来自反面的两个极端的信仰的缺乏，而意见则是一种来自反面的两个极端之一的信仰，例如运动和造成静止的作用。"[67]信心的强弱变化受到认知的影响，而身体只是一种接收器，它仍然处于被动的、潜能的状态。因而，将行为作为心理或意识整体的效果和表现是一种必然，身心一致唯独在全部的生命活动中被心灵[68]接受。

---

63 对于心智健全的成年人而言，伴随心理行为的表象具有一种随附性（εν παρεργω）的特征，这种特征就包含在行为自身中，而且伴随行为的认识也包含在行为中，即感觉、知觉、认识、判断甚至情感都是心理共现的因素。（参见布伦塔诺：《从经验立场出发的心理学》，郝忆春译，商务印书馆 2020 年版，第 167 页。）

64 此处欲望不在情欲的意义上使用。"本质上把欲望视为对待某种想象中的而非实际的事物的态度，是合乎常理的。这某种事物被称为欲望的目标或对象，并且据说就是任何来自欲望的行为的意图。"（罗素：《罗素文集第 4 卷：心的分析》，贾可春译，商务印书馆 2012 年版，第 52 页。）"欲望与理由相关，它包含对象和权重。"（参见 T. M. Scanlon, *What We Owe to Each Other*, Cambridge, Massachusetts & London, England: The Belknap Press of Harvard University Press, 2000, p. 40, 50.）

65 灵魂是心灵（或意识）的神学表述。有关心灵的专题论述，参见本文第 6 章第九节。

66 伊本·西那：《论灵魂》，王太庆译，商务印书馆 2009 年版，第 33 页。

67 伊本·西那：《论灵魂》，王太庆译，商务印书馆 2009 年版，第 35 页。

68 心灵不是与躯体同范畴的实体，它是一种组织方式。（参见赖尔：《心的概念》，徐大建译，商务印书馆 2009 年版，第 4-20 页。）"心灵是实在的；因此它不是实体

就此而言，另一个更加诗意的称呼对意识来说也是合适的。"一个精神，如果要欲求伟大、欲求达至伟大的手段，必定得是怀疑者。不受任何一种信念所束缚，能够自由地观看，这是一种强大……巨大的热情及其存在的根据和权力，比他自己还要更加开明、更加专制地要求他全部的智识来服务；它使人勇往直前；它甚至给他勇气去使用不神圣的手段；它在某种情况下赐予他信念。信念之为手段：很多事情人们只有借助一种信念才能做成。巨大的热情使用、耗用信念，它不臣服于信念之下，——它知道自己是主人。"[69]主体性在生命涌动中自我确证为无限定之精神。

二、信心作为态度

德尔图良认为宗教信心与理性无关，信心在本质上是非理性的，信心和理性的冲突越大，信仰者越能在信心中得荣耀。与之相对，克莱门特（Clement of Alexandria）宣称信心是持续增长、扩展之物，每一分体验的扩充、每一点理念的丰富都意味着信心在广度和宽度上有所增益。[70]信心在此处不与理性冲突，反而藉着理性不断实现自身的潜能，信心和理智是活生生的信仰的要素。在这两种截然相反的观点中，一种怪异的一致感凸显出来，它超越了意见本身，中和了理性和非理性的对立。这感觉不在理性和非理性之外，它是二者共有之物，是某种不同感受中"最直接的"东西，即对神圣的指向。在信心的心理意向结构中，此指向被称为态度；而在现象学中，它是意向面向本身。

具体而言，在语言符号层面，信心意味着"相信……"。"相信……"是一种倾向性的表达，信心由此可被理解为主体对对象有所倾向的自我确认，即意

的。它是一种活动，而非被动的状态。它是历程，而非实物。"（波林：《实验心理学史》，高觉敷译，商务印书馆 2009 年版，第 408 页。）"心灵只能被具体地理解为一套包含有信念、欲望和目的的体系，而这一体系又是在生理天赋与社会环境相互作用下所形成的。"（杜威：《人性与行为：社会心理学导论》，罗跃军译，华东师范大学出版社 2019 年版，前言。）

69 尼采：《尼采著作全集》（第六卷），孙周兴等译，商务印书馆 2015 年版，第 290 页。"对象方面的原因是多么微不足道啊！精神就是激发生机者！在所有关于'拯救'、爱、'福乐'、信仰、真理、'永恒生命'的激动闲谈当中，充斥着何种病态而顽冥的空气呵！"（尼采：《尼采著作全集》（第十二卷），孙周兴译，商务印书馆 2010 年版，第 475 页。）

70 参见 Harry Austryn Wolfson, *The Philosophy of the Church Fathers: Faith, Trinity, Incarnation*, London: Geoffrey Cumberlege, Oxford University Press, 1937, pp. 102-140.

向回转自身[71]；或人们可直接将之理解为主体对对象有所倾向本身。当人们谈及信心时会发现，信心更是一种与信念相关的态度而不是一种情感或情绪。因为当人们宣称"我有信心做某事"时，此命题可被理解为某人有做某事的打算，"我有信心做某事"的意义中包括了对未来事件发生的预备和期许，属于积极的态度类型；而若某人宣称"我做某事感到快乐且试图继续维持这种状态"，人们从中得出的结论只能是感受快乐作为一种目的被主体期望，但快乐的感觉和试图维系这种感觉的意志是分离的。换言之，情感对行动的呼唤是本能的，其态度是潜在的，但信念直接将这种意愿表现了出来。因而蒙塔古宣称相信"是我们对于表现为真或实在的任何命题所采取的一种态度，并且带有按这个命题而行动的倾向"[72]。这样，信心作为态度实际表达了一种预备，被预备者不是情感和情绪而是信念，它与应然范畴接洽。在有意识的作为中，这种区别于情感和情绪的实然性让信心具有了超越心理范畴的功能。

事实上，仅从普通心理学的层面考虑，信心与态度的差异就不可忽视。按照心理学家迈尔斯（David Myers）的说法：态度是个体对某一特定事物、观念或他人，稳固的，由认知、情感和行为倾向三个成分组成的心理倾向，态度中的认识、情感和行为倾向三方面相互之间具有协调一致性。[73]但就信心而言，信心首先是意向活动本身，它是形式，没有对象；且即使有可被对象化的事物，此事物也只能是其自身，因为作为意向活动，意识的回转构成客体之我，而客我作为被预设的虚有之物，最终消解在主我的复写之中。因此，所谓对某人某事"有信心"，并不是自我对外的宣称，而是内部状态的呈现，它在特定的对象方面与心理态度不同。其次，信心的认识倾向并不是一种实在的认识活动。按照普通心理学的解释，当信念唤醒了人们的行为意志时，就会产生人们的行为信心与行为态度，而行为信心与行为态度在意志过程的作用下与相应的目的结合时，就会产生意志行为。其结果是，信心和态度都从信念中转化而来。然而，这种转化是不完全的，即信念只是信心和态度产生的基础，信心和态度

71　信的自我回转有时会极大程度改变对象的本有性质，即自信此刻表达为主体化了的关系事件，其结果是：在藏语中，第三人称判断的动词（tuʔ）被第一人称判断动词（jøʔ）取代。

72　霍尔特等：《新实在论》，伍仁益译，商务印书馆 2013 年版，第 276 页。

73　参见戴维·迈尔斯：《社会心理学》，侯玉波等译，人民邮电出版社 2006 年版，第97-98 页。考察诸种态度理论可以发现：心理学对态度的定义相对恰当，但它不够深入。

中包含信念的要素但并不是信念，它们是人们的信念在意志行为中由于意志过程的作用而产生的分化。所以，信心并非必然与信念相关，它既可以在没有认识对象也没有行动意志的时候出现——宗教体验中尤其如此，也可以不表示某种确定的判断。如普里斯（H. H. Price）所言：信仰根本不是命题性的态度，它更像一种依附于人或至少依附在某存在之上的爱的态度，（信仰者）可能与之有个人性的关联。[74]由此，信心不一定是信念的结果，反而可能是信念的先驱，它点燃信念之火。再次，信心作为实有的情绪或情感显然不是其倾向。因为情感倾向是情感的意向表达，它始终处于未完成的样态，但信心作为情感，总是已完成了的。至于作为情绪的信心，同样不具有倾向性，毕竟情绪就是状态变化本身，它不需要也没有对象；最后，信心与行为的关系紧密。如前文所述，信心与信念都具有行为倾向，信心为行为做了预备，信念则是行为的起始和主导。信心与信念的紧密关系使得人们更希望信心是可以理解的，它不仅是一种情感的抒发和表达。因此，在人的交往中，某人宣称"有信心做某事"，人们更乐意将其理解为某人有做某事的打算，而不是说某人在传递一种"我做某事很快乐"或"做某事对我而言很乏味"的心情或感觉。人的符号—意义交往在根本上由信念之网构成，在信念之网[75]背后，才是情感之网的补充。

这样，信心就不完全属于心理态度，它只在某些方面与心理态度符合。作为一种意向活动，信心包含了一种态度，但远不止于此。

三、信心作为相信、信任

整体性通常为概念分析带来朴素的色彩，这一点表达在信心认知上的结果是：相信而非确信、陈述而非命题成为心灵认知最普遍的内容。[76]对此，赖尔曾作出了杰出的解释。他认为，诸如"知道""相信""渴望""聪明的"和"有幽默感的"这样一类可以限定的素质词所表示的是做多种多样不同的事

---

74 参见 H. H. Price, "Faith and Belief", in *Faith and the Philosophers,* John Hick (ed.), London: Macmillan, 1964, pp. 3-25.

75 参见 W. V. Quine & J. S. Ulliam, *The Web of Belief*, New York: McGraw-Hill, 1978, pp. 39-50.

76 "在相信中，透明根本不构成问题。这正是相信和知识的不同之处：知识的终极目标就是看透自己。对相信来说，不知道（Negativität des Nicht-Wissens）是决定性的。如果确定知道，就丝毫不需要相信了，因为相信是一种介于知道与不知道之间的状态。"（韩炳哲：《暴力拓扑学》，安尼、马琰译，中信出版社 2019 年版，第 144-145 页；亦参见韩炳哲：《透明社会》，吴琼译，中信出版社 2019 年版，第 81-82 页。）

情的能力、倾向或倾向性[77]，它们由于不被唯一的指向限定，从而在日常言说中被广泛使用。更具体的说法是："知道"是一个表示能力的动词[78]，而且是一种特殊的能力动词，这种能力动词用来表示被描述的人能够办成或能够彻底搞清楚一些事情；相反，"相信"是一个表示倾向的动词，而且是一个并不意味着任何事情被办成或者被彻底搞清楚的倾向动词，它不追求那确凿无疑的事物。因而，"信念"可以为"固执的""动摇的""坚定的""不可战胜的""愚蠢的""狂热的""一心一意的""间歇的""热诚的"和"孩子般天真的"这样一些形容词修饰，且这些形容词中有些或全部也适用于修饰"信任"[79]"忠诚""爱好""厌恶""希望""习惯""热忱"和"上瘾"这样的名词。像习惯一样，信念可以根深蒂固、迅速形成，也可以彻底放弃；像党派偏见、献身精神和希望一样，信念可以是盲目的和迷人心窍的；像厌恶和恐惧一样，信念可以不公开承认；像时尚和爱好一样，信念可以有感染力；像忠诚和敌意一样，信念可以为阴谋诡计所造成。别人能力劝或请求一个人不要相信某些事情，这个人也可以成功地或不成功地试图不再相信它们。有时候一个人会真心诚意地说："我不能不信事情是如此这般。"但这些措辞以及它们的否定式，却没有一个可用于"知道"，因为"知道"就是有了把某事彻底弄清楚的装备，而不是倾向于以某些方式来作出举动或作出反应。粗略地说，"相信"与动机词（motive words）属于同一个家族，而"知道"则与技能词（skill words）属于同一个家族。[80]信心因其对倾向（意向、态度）的偏重而被习惯地承认了。

因此，信心认知天然带有自然主义和历史主义的倾向，其典型的表达是，"生命应当引起信赖"[81]。人对秩序的渴求是自然主义的，幼儿在母亲怀里得安慰与人们抽象地追求超验秩序在根本上没有什么不同。"换言之，在完全成人的过程的核心之处，在人性的核心之处，我们发现有一种信赖实在之秩序的

---

[77] 参见赖尔：《心的概念》，徐大建译，商务印书馆 2009 年版，第 143 页。

[78] "存在着形形色色的各种'能够'词，并且在'能够'表达式这个类中还存在着形形色色的各种能力表达式和可能性表达式，其中只有某些能力表达式和可能性表达式是专用于描述人的，但即便就这些表达式而言，也存在着各种各样的类型。"（赖尔：《心的概念》，徐大建译，商务印书馆 2009 年版，第 159 页。）

[79] 信任和信赖是同义的，它们是 trust 的不同译法，都指称那种参杂着情感的确定性的主体间的认知关系。

[80] 参见赖尔：《心的概念》，徐大建译，商务印书馆 2009 年版，第 162 页。

[81] 尼采：《尼采著作全集》（第十三卷），孙周兴译，商务印书馆 2010 年版，第 616 页。

体验"[82]，这体验乃是存在的基础。就此而言，宗教作为秩序化的思想的集合，不仅是伦理的基础，而且首先是信任的基础，这点人们可以从瓜尔迪尼那里学到。"正如我们在儿童时期学语言一样，感到语言中所包含的理解是人们之间信任的最重要部分，所以宗教的形象和比喻是一种诗的语言，它在世界中，在我们存在的意义中产生信任。"[83]海子无论如何都以诗意的语言说明了相信的自然效用："老人栽枣树 / 能占有一小块安眠的地方 / 这是习俗 / 效力在人们的相信中 / 和这个村子一样 / 古老得不会死亡"[84]，历史正是如此进入到自然之中的。就自然和历史来说，信心乃是人的本有之物[85]。

而在社会化层面，信心认知确立了基本的交往秩序。比如马塞尔（Gabriel Marcel）强调人际事务的重要性，其中，人与人彼此之间的信任，本身就是对个人自我的种种界限的超越。[86]在社会科学领域，人们通常仅对信任这一关系展开研究，交互信心的行为表达的重要性不言自明。其中，心理学视之为人格特征和人际现象，经济学把信任看成一种理性选择机制，社会学家宣称信任是社会关系的重要维度，而伦理学[87]从道德角度分析信任问题。总体上，如努特布姆（Bart Nooteboom）所概括的，信任概念包含以下六个层面：（1）超越于自私却又有限制；（2）必然关涉到精神状态和行动类型；（3）基于拥有信息和缺乏信息基础之上；[88]（4）是理性的和情感的；（5）是一种期待但不是一种可

---

82 贝格尔：《天使的传言》，高师宁译，中国人民大学出版社 2003 年版，第 63-64 页。

83 海森伯：《物理学和哲学》，范岱年译，商务印书馆 2009 年版，第 183 页。

84 海子：《栽枣树》，载西川编：《海子诗全集》，作家出版社 2009 年版，第 1104 页。

85 对个体而言，信心意味着："作为有能力的人的标志的真正的自尊，给予他以对自己的意志和能力的自信和建诸于这种自信之上的决断的把握性及实施决断的坚定性。"（弗里德里希·包尔生：《伦理学体系》，何怀宏、廖申白译，商务印书馆 2021 年版，第 593 页。）

86 参见麦奎利：《探索人性》，何光沪、高师宁译，东方出版社 2019 年版，第 59-60 页。

87 比如在规范伦理学中，贝尔（Annette C. Baier）宣称信任应当被视作道德的中心概念。（参见 Annette C. Baier, *Moral Prejudices: Essays on Ethics*, Cambridge, Massachusetts: Harvard University Press, 1994, Chap. 6-9.）而在儒家看来，"朋友信之"（《论语·公冶长》）乃是人之间交往的基础。

88 不能简单认为拥有越多的信息就越容易引起信任。因为"信任是一种信仰的行动，在信息唾手可得的今天，它显得过于陈腐。信息社会让所有的信仰失信。有了信任，人们不必过多地了解对方就可以与其建立起联系。可以快速地轻易获取信息的可能性对信任不利"。（韩炳哲：《在群中：数字媒体时代的大众心理学》，程巍译，中信出版社 2019 年版，第 101 页。）

能性；（6）既是关系的根据又是关系的结果。[89]因而麦奎利对信任的形而上理解是恰当的：信任将人的个体性规定关系化、社会化；并且这也意味着，超越既可以被体验为挣扎，也可以被体验为恩典——它下降到人际关系之中，同时就是上升到超越之中。[90]换言之，一种基本的本体论上的信任，是克服（人生）异化的前提条件，而与之相关的深切的肯定性的信念，则被称为"超越的信念"。信念使人超越自身，它把这样一些景象和思想摆在人的面前，这些景象和思想不让人安居在对熟悉和已知事物的确定之中。其结果是，就人之存在及其信仰而言，对于一种普遍秩序的信念，可能仅仅是对上帝信念的组成部分。[91]类似地，孔汉斯（Hans Küng）的"基本信任"（basic trust）[92]、奥格登（S. M. Ogden）的"基本信心"（basic faith or basic confidence）[93]都将人的信视为一切自我理解和行动之可能的必要前提，而这都与对存在、超验或神圣根本相关，且它至少直接关涉道德和社会秩序。因此，在哲学人类学层面，信任或信赖被直接认定为信心的基本活动[94]，它是"人格、意志、理想在偶然差别中的同一性"[95]。

当然，对信任或信赖的承认并不意味着人们要接受那种与迷信类似的轻信，因为惰性（inertia）的活动场地之一是信任，而怀疑必须有张力、观察、思索。[96]此处需要区别的那种被称为常识信念以及被认为是违反实践理性的轻信的东西：在前者中，理性因其有限而可能得出最合适却与事实相反的结论；

89　参见游泓：《情感与社会关系结构方程模型的建构与验证》，西南交通大学出版社2018年版，第18-19页。不同社会科学对信任的定义，参见此书第16-21页。

90　参见麦奎利：《探索人性》，何光沪、高师宁译，东方出版社2019年版，第59-60页。

91　参见麦奎利：《探索人性》，何光沪、高师宁译，东方出版社2019年版，第166-167、204、260、273页。

92　参见 Hans Küng, "Basic Trust as the Foundation of a Global Ethic", in *Internet Review of Psychiatry*, Vol. 13, 2001, pp. 94-100.

93　参见 Schubert M. Ogden, *Is There Only One True Religion or Are There Many?* Dallas: Southern Methodist University Press, 1992, p. 7.

94　比如，吉登斯（Anthony Giddens）认为，信任是"对一个人或一个系统之可依赖性所持有的信心，在一系列给定的后果或事件中，这种信心表达了对诚实或他人的爱的信念，或者，对抽象原则（技术性知识）之正确性的信念"。（吉登斯：《现代性的后果》，译林出版社2011年版，第30页。）

95　黑格尔：《黑格尔早期神学著作》，贺麟译，商务印书馆2016年版，第493页。

96　参见尼采：《尼采著作全集》（第十二卷），孙周兴译，商务印书馆2010年版，第313页。

而后者却因意志的懒惰而彻底放弃思索。里德（Thomas Reid）拒绝怀疑常识信念的原因是：常识信念的一个支点是相信一些事物作用而另一些事物被作用。其中，权能观念是简单的，它并不是我们通过感官或反省获得的，而是我们通过对其结果的观察才间接认识到的。[97]这种观察出自实践着的理性，即使它有时违背或伤害社会契约、真理和自由。因而，就人的生命结构而言，"相信不可见的理智性力量的普遍倾向如果不是原始本能，至少是人的本性的一般伴随物，它可以被当作那个神性工匠在其作品上设置的一种标志或标记"[98]。所以即使在多数情况下（比如穆斯塔法谈话），相信意味着人相信其并不相信的事物[99]，鲁莽地劝导人去相信也远不如谦逊地提倡人们去怀疑以及自我怀疑要好。相信常常是怀疑，但万万不可以轻易相信：相信一旦确定了自身的外在形式和结果，它就会拒绝再提起其怀疑——不确定——的本质。[100]因此，常识信念总是自我修正的。"对那些由于迷信的偏见的教导而把重点置于错误地方的人们来说，当这导致他们失败，而他们由于稍微的反思而发现自然的过程是有规律的和齐一的时，他们的整个信仰就动摇和坍塌。但是当他们由于更多的反思的教导而懂得这种规律性和齐一性正是设计和最高理智的最有力证明时，他们就复归他们曾经抛弃的那个信念；他们现在就能把那个信念建立在更坚实和更持久的基础之上。"[101]常识信念将轻信当作诱发物或激起物，后者绝难逃过理性的严苛检验程序。

与之相对的结论是，若轻信并不意指真理的获得，轻信及其效用就值得被追求，这尤其适用于不严肃的场合。就此而言，宗教仪式和游戏在形式上大体相似，其活动空间（神圣空间和游戏空间）、心态（虔诚、不稳定、脱轨于日常）和审美体验具有紧密的关联。其中，仪式行为或仪式行为的重要部分，将始终留在游戏范畴内，而在这种表面的隶属关系中，仍能辨识出仪式的神圣性

---

97 参见施尼温德：《自律的发明：近代道德哲学史》，张志平译，上海三联书店 2012 年版，第 496 页。

98 休谟：《宗教的自然史》，曾晓平译，商务印书馆 2014 年版，第 95 页。

99 尼采的幽默批评适合此处。"信任和近乎。——想要刻意向另一个人套近乎的人，通常是对那个人是否拥有对他的信任没有把握。谁能肯定这种信任，谁就不会看重近乎。"（尼采：《尼采全集》（第二卷），杨恒达译，中国人民大学出版社 2011 年版，第 160 页。）

100 参见伏尔泰：《伏尔泰文集第 2 卷：哲学辞典》，王燕生译，商务印书馆 2019 年版，第 418 页。

101 休谟：《宗教的自然史》，曾晓平译，商务印书馆 2014 年版，第 38 页。

质。[102]马雷特（R. R. Marett）在其《宗教入门》（*The Threshold of Religion*）中论述了"初始的轻信"（primitive credulity），他认为，所有原始宗教中都有某种"假装"的成分在起作用。施行巫术的也好，被施巫术的也好，总是同时既知情又受骗；但他甘愿受骗。"野蛮人是好演员，完全沉浸在角色里，就像游戏中的儿童；他也像儿童一样，还是好观众，他清楚地知道那不是'真'狮子，但也会被吼声吓得要死。"[103]人们的集体轻信显然不能被简单解释为权力集团的控制技术，它不仅是文明后期的产物，而且人们并不像排斥后者一样厌恶它。事实上，这种将信将疑在赫伊津哈那里被理解为"游戏的乐趣"，但更为贴切的说法是：微小的信心使得不那么可靠的信念在仪式（游戏）中被坚固。换言之，人们在轻信表演的参与中信以为真了，而这真直接通向超越[104]的维度。

四、信心作为直觉、直观

当似是而非的认知方式被理性排除在外时，直观[105]的活动就被承认为信心的运转。即使极端的理性主义者并不情愿接受直观是认知性的这一事实，他们也无法否定生命理智本有的信赖的现实效果。"一个认知，无论它以何种方式以及通过什么手段与对象发生关系，它与对象直接发生关系所凭借的以及一切思维作为手段所追求的，就是直观。"[106]此时直观功能化了，它在效用中抽象为理解的形式。因而，直观首先被追求永恒和智慧者接受，它被崇奉为知识的最重要来源。"高贵的精灵，现在我可理解你了。我现在找到了一种官能通过它我可以理解这种实在性，也许同时还能理解全部其他的实在性。这官能不是知识；没有一种知识能论证它本身，能证明它本身；每种知识都是假定一个更高的东西为其根据，如此上溯，以至无限。这官能是一种信仰，是对自然而然地呈现给我们的观点的一种志愿信赖，因为只有根据这种观点我们才能完成我们的使命；正是这信仰才对知识表示了赞同，把知识提高到确实可靠与令人信服的程度，而没有这信仰，知识就会是一种单纯的妄想。信仰绝不是知

---

102 参见赫伊津哈：《游戏的人：文化的游戏要素研究》，傅存良译，北京大学出版社 2014 年版，第 20-29 页。

103 赫伊津哈：《游戏的人：文化的游戏要素研究》，傅存良译，北京大学出版社 2014 年版，第 25 页。

104 错谬此时被无知接受了。

105 作为活动，直观等同于直觉。

106 海德格尔：《康德与形而上学》，王庆节译，商务印书馆 2021 年版，第 30 页。

识，而是使知识有效的意志决断。"[107]直观在知识形成之前就限定了其作用范围。[108]

因此，直观不仅不受知识检验，它反而会审查知识的来源。最鲜明不过的就是人们对反直觉知识的敏感，即使这种反对经常被事后证明是理智的错觉。但无论如何，直觉与实验观察、逻辑推理都是并在的：实验观察旨在描述，唯有逻辑能给我们以确定性，它是证明的工具，而直觉是发明的工具。[109]彭加勒谦逊地以麦克斯韦举例说明直觉在才智中的作用。他认为，麦克斯韦在最大程度上具有数学类比的内在感觉，且正因如此，后者才在数学物理学上成就卓著[110]，类比此时被视为直觉的表现。而就其自身而言，彭加勒的成就丝毫不逊色于麦克斯韦，他凭借卓绝的才情在科学、哲学方面做出了无与伦比的贡献。因此，在理性的时代，信心（faith）仍是至高无上的，因为理性是信心的粒子之一，而信心同时作为精神要素、知识的珍宝、来自于神秘源泉的东西被接受。[111]并且，直觉并不是与理性相悖且并被信仰滥用的"不确定"的工具，它在任何时候都保有直观事物之功能。甚至，在实践理性中，人们发现了那被称为理智直觉（或智识直觉）的事物，其中，"智慧是理智直觉的机能"[112]。这样，信心与信念在深刻结合中产生的理性直观就不是单纯的。因为"真正的宗教觉悟并非以思维作基础的抽象知识，也不单纯是盲目的感情，而是自我领悟到存在于知识与意愿的根基中深刻地统一。此即为智识直觉，也就是对于生命的深刻把握"[113]。在心理学中，这种把握被理解为本能与理智[114]的共在。"即使在本能的运作中，理智也服务于本能；并且理智的参与是关键，没有理智本能将

---

107 费希特：《论学者的使命　人的使命》，梁志学、沈真译，商务印书馆 2009 年版，第 156-157 页。

108 对于现量（直观得来的信念），"佛教的要点在于，存在着纯然的感觉活动或直观活动，其后才是感觉判断的追随（vikalpena-anugamyate 随顺分别）。对立的观点则认为存在着确定的以及混乱的现量。而前者包含有感觉判断"。（舍尔巴茨基：《佛教逻辑》，宋立道、舒晓炜译，商务印书馆 1997 年版，第 203 页。）

109 参见彭加勒：《科学的价值》，李醒民译，商务印书馆 2010 年版，第 20 页。

110 参见彭加勒：《科学的价值》，李醒民译，商务印书馆 2010 年版，第 94 页。

111 参见 Arthur Stanley Eddington, *The Philosophy of Physical Science*, London: Cambridge University Press, 1939, pp. 221-222.

112 伊本·西那：《论灵魂》，王太庆译，商务印书馆 2009 年版，第 257 页。

113 西田几多郎：《善的研究》，代丽译，金城出版社有限公司 2020 年版，第 29 页。

114 按照尼采的说法，神学上的"信"与"知"的古老问题，是本能与理智的问题。（参见尼采：《善恶的彼岸》，魏育青等译，华东师范大学出版社 2016 年版，第 126 页。）

不能实现。"[115]由此，直觉与理性同样被视作可靠的认知方式，它们共同构成知识和解释的基础。甚至，彭加勒还把直觉分为两种类型："一是所谓'纯粹直觉'，即'纯粹数的直觉''纯粹逻辑形式的直觉''数学次序的直觉'，这主要是解析家的直觉；二是'可觉察的直觉'即'想象'，这主要是几何学家的直觉。这两种类型的直觉似乎发挥出我们心灵的两种不同的本能，它们像两盏探照灯，引导陌生人来往于数学世界和实在世界。"[116]换言之，作为认识方式的直觉是自洽的，它生成那些可对可错的内容。

然而，直觉的认识神话并不能让人满意。海德格尔的批评是："将认知在判断（思维）中重新释义，这违背康德疑难的关键要义，因为所有的思维活动都只是伺服于直观的。"[117]因此，现代哲人更希望通过精密的语言分析技术化解认知悖论[118]的难题。其结果是，那些在哲学里常常被称作直觉的事物，如今不再被视为能力的——作为无内容的形式，它们成为了信念的、确切的东西。例如在伦理学中，直觉是借以回答某个伦理问题——通常是用一般词项表述的假设的问题 之时的自发信念，这些信念包含一些反思，但尚未形成理论。在语言学中，这种直觉表现为：即使说话人此前从未听到过一个语句，也能毫不犹豫地分辨出这个语句在其语言中是否正确，他时刻在辨别语义的规则。换言之，直觉在很大程度上依赖于所要采纳的是哪种总体观念，在这一点上，宗教直觉与伦理直觉类似。并且，人们不能把反思理解为这样的活动——这种活动把非反思实践所获得的信念替换为知识。[119]由此，宗教直觉更应当被视为有所意涵的对存在的理解，它因有确切的内容在认识层面被承认、保证。

事实上，同样的转变也发生在了神哲学中。雅斯贝尔斯对此的看法是："无条件者作为行动的根据，并非认识的事情，而是信仰的内容。这一论断由以下三个命题构成：第一，无条件性不是如此这般的存在，而是通过无比深刻的反思，从无所不包的深邃处得以澄明的抉择。依靠这种抉择，我才成为自身；第

---

115 威廉·麦独孤：《心理学大纲》，查抒佚、蒋柯译，商务印书馆 2020 年版，第 109 页。爱默生也认为"感觉和最初的理解力，属于一种本能的信仰"。（R. Emerson, *Ralph Waldo Emerson: Selected Prose and Poetry*, R. Cook(ed.), San Francisco: Rinehart, 1969, p. 25.）

116 彭加勒：《科学与假设》，李醒民译，商务印书馆 2021 年版，中译者序 xxiv。

117 海德格尔：《康德与形而上学》，王庆节译，商务印书馆 2021 年版，第 30 页。

118 主要是不以真理为指向的直观保证知识的合理性的问题。

119 参见 B. 威廉斯：《伦理学与哲学的限度》，陈嘉映译，商务印书馆 2018 年版，第 125-132、202 页。

二，无条件性的确仅存在于信仰之中，它形成于信仰之中，仅为洞见到它的信仰而存在；第三，无条件者是在时间当中的，而非时间性的。"[120]道成肉身的实现所依靠的是绝对的、在人间的基督，此时"信仰不是直观，它留存于距离与疑问之中"[121]。换言之，直观在确信内容的前提下作为认知方式才是有效的，它表达为神秘体验和顺从。

这样，直觉作为信心的内涵就有了两重意味：无论是作为基本的认知方式还是确切的、信念的内容，它都归属于意识整体。并且，信心的认知及其内容都支持行动的果效优先于辨明。

五、信心作为情绪、情感

当"我感觉……"自人口中说出时，一种双重的区分在句意层面自然呈现出来：一方面，所感之物作为主体的对象以经验的形式被确立，尽管其表现形式是未定符号"……"，但它一直是语义的中心，此时"我感觉"是修辞性的，它附加了一个次主体；另一方面，可有可无的次主体的添加确实为句意的丰富提供了某种程度的帮助，即它呈现了言说者（次主体）的状态，而这种状态本身暗示着言说者的未来行动及其与被言说对象之间的关系。所以，在主体方面，有关感觉或感受的断言（也包括一些意志性、关系性的命题）根据言说者状态的不同可分为两种：一种是即时的，一种是绵延的。其中，前者由于其形式性可被消解在句意中，即时的感觉不构成实在的语义要素，主体被省略；后者则因对主体的强调，主动生成了一种并行的修饰性语义，它将说明的框架嵌入到语义环境之中。其结果是，当感受作为实有的心理活动发生时，两种类型的语义被吸收到知觉的经验系统中，它们转化为不同类型的心理活动——情绪和情感，并且它们成为感觉现象的载体。"因此当我们相信我们必定会发现，在人的一切行动和努力中感性或情欲是主要的因素时，我们不要吓坏了；要区别开决定意志的根据究竟是单纯的机智打算抑或是真实的道德观念，那是很困难的。"[122]

事实上，情绪和情感本就是不同的概念，归属不同的心理范畴。二者之间的存在差别的重要性在于：若将情感等同于情绪，或将情绪包含在情感之内

---

[120] 参见卡尔·雅斯贝尔斯：《哲学入门：12 篇电台讲演集》，鲁路译，华东师范大学出版社 2020 年版，第 43-45 页。

[121] 卡尔·雅斯贝尔斯：《哲学入门：12 篇电台讲演集》，鲁路译，华东师范大学出版社 2020 年版，第 38 页。

[122] 黑格尔：《黑格尔早期神学著作》，贺麟译，商务印书馆 2016 年版，第 2 页。

（反之亦然），那么意向主体、意向行为和意向对象之间的区别就会被淡化、取消，信心由此被还原为一种纯粹的心理活动。《心理学大辞典》将情绪描述为"有机体反映客观事物与主体需要之间的关系的态度体验"，[123]这一定义显然将情绪纳入了态度理论之中，且认为情绪本质上是有关态度的体验。而普通心理学的态度结构理论认为态度包括认知、情感和行为倾向三个方面，情绪自然也就意味着在认知、情感和行为上的整体体验。鉴于认知的无体验性[124]和行为体验的外在性（即感官体验），在此定义中，作为心理体验的情绪显然要么和情感等同，要么属于情感的一部分。

但情感显然是与情绪不同的，前者对对象、对关系的强调远超后者，且后者对主体的关乎也不构成某种实在的东西。所以，在不同于情感的前提下，情绪只能作为情感的形式部分。并且需注意的是，此处部分与整体的关系是构成性（如灵魂于生命）而非包含性的（如一瓶啤酒和一打啤酒），即情感的存在并不能覆盖住情绪，同时情绪并不作为情感存在的前提。典型的例子是，在因背叛而产生的愤怒中，情绪表现出非情感所有的内疚；而在长久的爱恋中，平和与宁静占据了主导地位，情绪缺席了，它隐匿在情感的常态中。[125]所以，一些普通心理学观点在处理情绪与情感关系时发生了偏离，它们认为：情绪和情感都是"人对客观事物所持的态度体验"，前者倾向个体的基本需求、基本欲望，后者倾向于社会的需求和欲望。然而，如行为主义心理学所说，与其从对象类别的角度区分情感与情绪，不如从情感和情绪的发生过程出发，进行更基本的划分。换言之，情绪、情感共同作为行为反应中的，与生理相关的心理评价部分，其实质性区别就在于：情感是指对行为目标目的的生理评价反应，而情绪是指对行为过程的生理评价反应。麦独孤对此的说法是：原始情绪的特别属性在很大程度上源自于由伴随着本能活动[126]而产生的身体调节所带来的内

---

123 林崇德等编：《心理学大辞典》：上海教育出版社2003年版，第954页。

124 认知若有体验，也是非感觉的，表达为总体的认知程度、认知的流畅度、认知的清晰度等。所以，认知体验可以引起感官体验、心理体验，与二者相关，但不能与之混淆。此处的体验是从感官体验、心理体验的角度出发的，所以认知就是"无体验"的。

125 情绪是心理状态之起伏与变化，轻微而舒缓的变化如温暖感、舒适感，强力而剧烈的变化如愤怒和羞耻。平静不是情绪，也不是情感，只是单纯的对心理状态无变化的描述。

126 本能是活跃的能量，柏格森称之为生命势能（l'élan vital），荣格把它叫作力比多（libido），而更加直白的名称应该是生命能量（vital energy）。在更加严谨的意义

脏感觉印象，詹姆斯—兰格（James-Lange theory）理论基本证实了这一点。但是，在成熟的心智中，原始情绪（或者原始情绪的任何一种结合）的每一次兴奋都涉及意志以及对于意志取得成功或遭到失败的程度和可能性的认知。因此，在人们对原始和混合情绪的实际体验中，它们被派生情绪或感情弄得复杂了；它们被染上了希望、焦虑、愉快、悲哀、惊讶或单一的快乐或痛苦的色彩。换言之，尽管这样的体验和情绪一样是感性的，并且大众语言几乎是互换地使用这两个词语，但在根本上，情感乃是包含了个体去体验与特定对象相关的某些情绪和愿望的一种倾向，是一种指向某个对象的持久性的意志态度，它由对该对象的体验诱发而来。[127]这样，情绪构成的乃是一种即时的感受，在感受中主体永远在场，但主体却并不生成一种存在；而情感构成一种持存的心理活动，后者与对象持久关联，它是一种未定的意向关系。如此，在情绪和情感的辨证中，信心作为心理活动才是实在的。

事实上，与之相关的现象很容易被人察觉。比如，（真正的）声称有信心者和被声称有信心者都会呈现出一种积极的情感状态，人们能够且容易受到这种情绪的感染，演讲中的鼓舞就是如此运作。其中，信心作为情绪是主体意向的内部冲动，它以变化的方式敞开自身，反馈并传达喜悦和期待。因此作为情绪的信心实际上是无对象也无目的的，它是纯然的状态呈现，在心理上表达为关乎自身而非对象的感觉。但这并不意味着信心无法与对象交流，恰恰相反，信心作为一种行为的内在驱动，通常可以引起与自身相关的不一致情绪或与其他主体相关、与自身一致的情绪，如无惧、升高、骄傲、冷静等。[128]相对而言，作为情感的信心强调主体与对象之间的关联，它可以被理解为意向冲动通过意向过程达致对象，并在这一过程完成时建立起主体和对象之间的稳固心理—意向关联的活动。自然，情感因其稳定性要求过程的反复和持续，这直接导致了情感的固化，且这种固化并不能取消主客关系本质上的脆弱性。信心作为一种情感要求对象的反馈和回应，情感的施动方总是渴望对象的回应或

上，麦独孤将之看作通过各种不同的渠道进入有机体的生命能量，这些都是典型的活力论（vitalism）或唯能论（energetics）的看法。（参见威廉·麦独孤：《心理学大纲》，查抒佚、蒋柯译，商务印书馆 2020 年版，第 140 页。）

127 参见威廉·麦独孤：《心理学大纲》，查抒佚、蒋柯译，商务印书馆 2020 年版，第 431-432、511 页。

128 从事实关系和心理体验的角度考虑，布洛赫（Ernst Bloch）将人的情绪分为拒绝（Abwehr）和关注（Zuwendung）两个类，而信任是关注中的一种。（参见布洛赫：《希望的原理》（第一卷），梦海译，上海译文出版社 2012 年版，第 65 页。）

希望事件按预期完成的原因正在此，它无法承受无对象的虚无感。换言之，在一种关系的规定中，情感具有了自身的内容。

这样，信心作为一种心理活动，可被视为情绪或情感的综合。在信心中，有关感觉的言说消解了某种理念或真理的优先性[129]，它通过语义的反向规定将从属的主体转变为主导的。甚至，信念与怀疑可被视作基于同样条件的两种感性状态，它们同样是派生的"情绪"。[130]诸如詹姆斯等心理学家都宣称，信念即情绪的一种。换言之，信心的言说者是意志性的（与信念相关），其情绪和情感也可被理解意志活动的产物，它与感受性的情绪或情感区别开来，后者因无自性而消极。要注意的是，与心理主义的看法不同，被如此理解的情绪或情感是内在的，它们与关系范畴相关，因而不能被视作外在的感受。信心在主体间传递，它们因着心之间的共感（亦作共情）运转。

第三节　信心的整体性质

一、信心作为意志

正如不能将自由意志仅视作人们做出的选择，信心同样不能仅被看作一种生理现象或心理活动。将信心视为人的生理、心理状况之表现的合理之处在：身体或心灵确实是与之对应的现象的综合，信心作为特定活动类型归属其中；但此看法绝不能被视作根本性的规范，内涵和外延的关系在其中被倒置了。因此，将信心定义为简单的身体或心理活动（尤其是身体的行为），不仅犯了经验主义的错误，而且会带来一种行为主义的危险，后者会把人完全置于对象的范畴，而这显然与心的内涵相违背——没有人会认为一种伪装的自信是真的自信，即使是伪装者本人的表演技艺再精湛，它也无法逾越主体的内在界限——心的本有。由此，即使行为主义（心理学）将信心视为多种情绪或心理状态的结合（比如兴奋、进攻欲、满足感）[131]，并试图将之还原为身体反应，

---

129 所以，"对信仰的赞扬常常有种结果：使人们满足于一种僵死的信仰，口头的信仰，记忆的信仰，满足于感情，而不用有善的意向和善的行为"（黑格尔：《黑格尔早期神学著作》，贺麟译，商务印书馆 2016 年版，第 72 页。），这当然可以被视为是一种弊端。

130 参见威廉·麦独孤：《心理学大纲》，查抒佚、蒋柯译，商务印书馆 2020 年版，第 445 页。

131 如肾上腺素、多巴胺和睾酮共同作用于人体。

或视之为人体中某特殊激素的功能表现，信心在根本上仍是内在的。即使分泌了此类激素或移植了这种激素的其他生命体（例如小鼠）虽然具有了类似的身体或心理状态（当然在其他生命体具有心理这一假设成立的条件下），且外在表现为兴奋、活跃、满足等行为，但它们仍与生活意义上或宗教意义上的信心相差甚远，毕竟内在的信心作为主体—身体的现实是超越物质解释的。如富勒（Robert C. Fuller）所言，对生物身体的（进化的、生物学的、心理学的、认知的）的研究可以揭示历史的谜团。在某些情况下，它可以帮助我们识别跨文化的牢固的人类偏见；而在其他情况下，它可以突出一系列个体差异，这些差异可能与各种社会文化进程产生不同的相互作用。[132]心理学的解释是值得借鉴的，但作为解释，它不需要将自身限定在真理性的还原中。

　　而就心的主体性来说，信心显然与某种意志性的自我[133]相关，它揭示了一种自我预设、自我实现的主体化过程。其中，意志（conation）被定义为"心理过程的努力"[134]，而主体则是意志回转自身后的认知抽象。"当意志动作还在酝酿的时候，它叫愿望（Wunsch）；如果成熟了，就叫决心（Entschluß）；但它是否到了这一步，还是行为向自我意识加以证明。"[135]此时，信心作为愿望和决心的中间物[136]存在。而在总体上，承认人的心灵为其唯一原因的那些思想活动被称为意愿（volitiones），人的心灵就其作为产生这些活动的充足原因而言称为意志（voluntas），[137]自我即心灵的概念变体。[138]弗洛伊德把巴甫洛夫的

---

132 参见 Robert C. Fuller, *The Body of Faith: A Biological History of Religion in America*, Chicago & London: University of Chicago Press, 2013.

133 在终极的意义上，这种意志是叔本华和尼采所说的生命意志、权力意志。

134 参见威廉·麦独孤：《心理学大纲》，查抒佚、蒋柯译，商务印书馆 2020 年版，第 327 页。

135 叔本华：《伦理学的两个基本问题》，任立、孟庆时译，商务印书馆 2009 年版，第 53 页。

136 麦独孤表达了不一样的观点，他认为，信心（confidence）是愿望的前瞻性情绪，这种观点显然将愿望视作了目标性的信念。（参见威廉·麦独孤：《心理学大纲》，查抒佚、蒋柯译，商务印书馆 2020 年版，第 419 页。）但愿望本身并不是强制的，它更多表达了态度和意向，目标性的信念更应该被称为决心。

137 参见斯宾诺莎：《笛卡尔哲学原理》，王荫庭、洪汉鼎译，商务印书馆 2009 年版，第 196 页。

138 "我们并不把思想、推理或欲望叫作心灵；而是把那个思维着的、推理着的、具有欲望的东西叫做心灵。"（参见里德（Thomas Reid）《人类智力论文集》（*Essays on the Intellectual Powers of Man*）第一篇第二章，转引自霍尔特等：《新实在论》，伍仁益译，商务印书馆 2013 年版，第 110 页。）

条件反射理论融入精神分析学的本我概念，再结合美国心理学家赫尔有关动机的外诱因与内驱力的观点，将行为动机从内容构成上区分为指本我、自我与超我，因而"自我"可被严格定义为：人们对行为实现的各种可能性的认知或现实事物对基本欲望的吸引力与抑制力的主观感受。本我、自我与超我三者分别对应无条件反射和条件反射、外诱因和外压力、内驱力，其中"本我"对行为的作用只能通过自我与超我实现，所以行为动机又指包含本我的自我与包含本我的超我。在此基础上，将"自我"概念意志化，即将对行为预期可能实现的感知、情绪肯定性地内在转化，自我确证的意志自我就诞生了[139]；在宽泛意义上，这种"意志化"了的自我因其意向和行为的复刻性质即信心本身。这样，信心具有了精神自我的本体即意志自我。

　　当然，此看法最重要之处在它保留了超我的存在，无论将此处的超我看作力比多（libido）本源还是外在权威的象征，超我始终给予意志自我积极（主动的）或消极的（强迫的）驱动力，意志自我也就是反馈性、回应性的。事实上，若人们根据弗洛伊德主义的已有宗教观点进行推断，不难得出以下结论：宗教信心在根本上是父和领袖的权威在子和平民身上的再现，是自我的超我化，儿子替代父亲[140]、平民替代领袖的信心一方面是对父和领袖的权威的认同，另一方面指子和平民对自身的绝对接纳。当两种认同共同作用于自身时，意志自我就以反叛的方式崛起：子和平民对父和领袖的杀害是权威之下的自我认同的唯一后果，它是自我确证自身的行动；而父和领袖的权威并没有在这一行动中消失，反而成就了超我。因此，道德和权威作为超我规范着自我的行动，在解释作为心理的信心时是决定性的。因为意志自我不再凭空提升自身，反而将对自身的认同置于一种与超越相关的关系之中，后者在根本上与自身同一。如科恩（Hermann Cohen）所言，"个人信仰的内在性与具体的教义信念并不相关，反而与个体的道德责任的内在化有所关联"[141]，它将神圣的权能内化为了一种行事的本能。与黑格尔式的绝对精神的自我运动相比，这种自我的

---

139 哲学向来发生于某种基本情绪之中。哲学的把握活动基于某种被感动状态，而这种被感动性又在某种基本情绪中。（参见海德格尔：《形而上学的基本概念：世界—有限性—孤独性》，赵卫国译，商务印书馆 2017 年版，第 12 页。）

140 参见弗洛伊德：《图腾与禁忌》，文良文化译，中央编译出版社 2005 年版，第 137-143 页。

141 Leora Batnitzky, *How Judaism Became a Religion: An Introduction to Modern Jewish Thought*, Princeton & Oxford: Princeton University Press, 2011, p. 57.

确证更容易让人接受，毕竟没有人认为个体意识是绝对的，但个体意识确实有类似绝对精神的作为。所以，精神分析学派对信心，尤其是宗教信心的看法，显然是超越行为主义心理学的，它给予信心更宽广的解释维度。

然而我们仍不能止步于此，因为精神分析学派虽然在某种程度上扩展了信心涉及的范畴，并指出作为心理表现的信心远不是意志自我的独立运作那么简单，但它始终将信心限制在心理学当中，而没有触及信心的本质——它是超越心理的事件。所以，唯有突破心理学的桎梏，才可能在存在范畴、关系范畴甚至本体范畴看到信心的痕迹，毕竟信心是与主体相关的事件，而人之自我只是其主体性承载。因此，反对信心的心理化，最重要的就是反对心理主义，把信心从心理现象中释放出来，正如胡塞尔所做的一样。

按照胡塞尔的说法，一切实在都是通过"意义给与"而存在的，即一切实在在根本上都是"意义统一体"。意义统一体预先设定一个给与意义意识，此意识是绝对自存的，而且不再通过其他意义给与程序得到。[142]在对物质自然界——包括生命现实、人与动物、以感性方式显现的自然以及物理自然——的考察中可以发现，一方面意识是绝对物、超验物，整个心理物理世界都在其中被构成；另一方面，意识是在此在世界内部的一种从属性的实在事件，它通过某种超验的统觉，变成了自然的组成部分。具言之，正如任何超验性统觉的情形一样，在这里也可能本质上采取一种双重态度。按照一种态度，我们把握的目光通过超验的把握作用指向被统觉的对象，而按照另一种态度，它反思地指向纯粹进行把握的意识。因此对我们来说，我们一方面有心理学的态度，按此，我们自然凝聚的目光指向体验，例如指向一种喜悦的体验，即作为人或动物的体验状态。另一方面，我们有作为本质可能性的、与前者相结合的现象学态度，后者在进行反思和排除超验设定时转向绝对物，即纯粹意识，并发现了一种作为绝对体验的意识状态的统觉：因此在上述例子中，这就是作为绝对的现象学材料的喜悦（Freude）情感体验，但它是通过一种使其活跃化的把握功能的中介成立的，这种功能正好是一个"显示"着一个与显现的机体相联结的、某个人的自我主体状态的功能。在某种意义上，"纯粹"体验"存于"心理统觉之内，存于作为人之状态的体验之内；按其特殊本质，它具有一个状态序列的形式，并因此具有其对人自我（Menschen-Ich）和人机体（Menschen-Leiblichkeit）

---

142 参见胡塞尔：《纯粹现象学通论 纯粹现象学和现象学哲学的观念，第一卷》，李幼蒸译，商务印书馆1992年版，第148页。

的意向关系。如果这个有关的体验，在我们的例子中即喜悦感情，失去了此意向形式（而这毕竟是可以设想的），于是它当然就经受着一种改变，但这只是说它因此被简化（vereinfacht）为纯粹意识，而不再有任何自然意义了。[143]

这样，心理意识和心理状态在现象学中就不再拥有类似在自然科学的独断和本源地位，取而代之的是作为意识意向的结构呈现。在这种呈现中，主体被消除了，对应的意向形式被还原为纯粹体验，且任何意识的体验状态都转化为某种具有自身本质的绝对体验流。所谓的心理状态此时指向它们按其被构成的绝对体验的规则，按此规则它们具有意向的、而且在其本身方式超验的形式，即"意识状态"。在心理学意义上的一般心理的东西，心理的个性，心理特质，体验或状态，都是经验的统一体，因此像其他各种类和各层次的现实一样，它们都仅只是意向"构成"的诸统一体——在它们各自的意义上是真正存在着的；可被直观，可被经验，可以经验为根据科学地加以规定的，然而是"纯意向性的"，因此仅只是"相对的"。这样，要是把它们看作是在绝对意义上存在着就是悖谬的。[144]心埋在现象还原中展现了某些超验性的东西。

因此，无论是一般的心理体验，还是偶然和相对的超验心理体验，抑或必然、绝对的超验心理体验，在现象学的层面都是非心理的，属于意向活动之实在。精神分析学派所说的超我作为超验体验的一种，由此可被视作实在的，它与自我之心理体验，本我之潜在体验（藏于肉体）共存于人。自信的超验性在心理学和现象学中都得到了证实，因此自信也就不仅是属人、属主体、属自我的心理体验，它同时是在关系范畴的、本体范畴发生的实在事件。[145]在现象学层面，信心可被视为意向构成的动力，它是超验统觉和意向构成的部分；而作为一种绝对体验流，信心是饱满而充盈的，它无需某种经验的补足，反而主动生产出某种经验的统一体。概言之，信心的超验体验提供了某种解释神圣的可能，那被称为绝对意识的纯粹之在一旦被直觉为某种体验的流动，神圣的流溢就发生了。在交错的体验流的统觉中，被称作信仰的内在关系首先被意向性生成。

---

143 参见胡塞尔：《纯粹现象学通论 纯粹现象学和现象学哲学的观念，第一卷》，李幼蒸译，商务印书馆 1992 年版，第 144-146 页。

144 参见胡塞尔：《纯粹现象学通论 纯粹现象学和现象学哲学的观念，第一卷》，李幼蒸译，商务印书馆 1992 年版，第 146-148 页。

145 我们更倾向于把现象学视作探讨诸现象纯然关系的学问，但按胡塞尔的本意，现象就是本质，因此现象学同样关乎本体范畴。故此处认为自信既属关系范畴，也属本体范畴。

二、信心作为主体

有关事物的心理学描述通常会将此事物的内在性外化为一种普遍的难以言喻：那些被普遍表达的东西看似与每个个体都有紧密的关联，但在根本上，这关联并未深入主体。对信心而言，这种肤浅的联系就是将其简单视作某种情绪或情感，抑或将与信心相关的表述划定在有意向的断言中，它们忽视了信心的生命特征——信心是主体生存状态的确证。所以，任何意义的信任[146]都不能替代信心。心，命之基也。[147]如克万魏格（Jonathan L. Kvanvig）所言，对于（表达情感的）情感性信仰（affective faith）来说，其最基础的要素不是信任，而是价值驱动的探寻（value-driven inquiry）。这意味着，在作为非认知主义（noncognitivism）的信仰中，信任可以作为组成要素被重视[148]，但在更广阔的信心层面，价值、德性或品质才是情感性信仰的持存基础。[149]在一种道德化的言说中，信心成为真正主体性的，而伦理学是存在者的第一哲学。

这样，信心因其主体性被视为隐秘性的，此隐秘不只在心理层面有所表现。具言之，若人将信心视为主体的行动过程或状态的变化，那么信心确实为主体所独有，且与之对应的实在性并不构成根本的规范。此时信心不是可探查的自在之物，其实在性只能从自为的角度被理解。而根据现象学的解释，信心是意向的情绪，它在形式上呈现意向的自我确认。这意味着，意向以自身为对象的回转是内在的活动，它没有与对象或他者进行分有，所以信心无论是作为身体—心理现象还是情绪或情感，抑或是意向态度，在本质上都反对共有和同一化。典型地，受到诸神圣启示的人声称自己拥有的独特领会可以被类型化为升高感、静默感、炽热感等，这些感觉并非不可言说而是无法言尽。至于信心对言说的反对，可以理解为感觉本身的特性，不同人的其他感觉如苦闷、欢愉、

---

146 奥古斯丁的做法是将相信理解为信任，即带认知的赞同（cum assensione cogitare）。

147 如《朱子语类·孟子九·告子上·牛山之木章》载："心之存不存，系乎气之清不清。气清，则良心方存立得；良心既存立得，则事物之来方不惑，如'先立乎其大者，则小者弗能夺也'。"）（黎靖德编：《朱子语类》，王星贤注解，中华书局 1986年版，第 1393 页。

148 如柏格森所说，"其实，信仰的本质就是信任，也可以说信仰本身传达了一种信任。信仰可以帮助我们防卫恐惧，它的本质当然也可以这样来定义，即信仰是对恐惧的一种防卫机制"。（参见柏格森：《生命的意义》，刘霞译，台海出版社 2018 年版，第 35 页。）这种论断显然与孔德的观点类似。

149 参见 Jonathan L. Kvanvig, "The Idea of Faith as Trust: Lessons in Noncognitivist Approaches to Faith", in *Reason and Faith: Themes From Richard Swinburne*, Michael Bergmann & Jeffrey E. Brower (eds.), Oxford: Oxford University Press, 2016, pp. 4-25.

剥离等也难以被纳入到统一的语言体系中。所以，作为主体的信心不能被当作某种特定的实体，它在根本上反对同一，但支持一种主体间的被分享。此处分享指的是主体在认知和感受层面的交通，它与状态上的协频共振无关，后者因对形式的偏重只能被视作主体的表现而非规范。换言之，信心的分享实质上是主体间的交流，诸主体以类比和内化的方式连通其他主体。这样，作为主体之隐秘的信心就是开放的，即使没有一个主体能完整地领会另一主体的信心，诸主体也可以在共感中体会那在人之中和人之外的奥秘性的东西。

　　需要注意的是，在心理学层面，作为意向活动的信心不能与意志或欲望等同。即使"欲望机器有时被视作主体本身，欲望可能被误解为信仰"[150]，但信仰本身与他者相关，它不取消对象和内容的参与。塞尔托（Michel de Certeau）发展了一种"无原则的信仰"（belief without criteria），他认为，信仰的关键在于"（我）想要"（volo），而不在其具体内容。[151]在这个意义上，信仰是解构性的，他者在无规定的意志机器、欲望机器中被确证。通过对利雪（Thérèse de Lisieux）的解读，塞尔托宣称，基督教就是"渴望去信"（desire to believe），因为"在根本上，成为一名信徒等同于想要成为一名信徒。（利雪）在其生命的最后试图对自己的信仰做出解释，她声称自身作为一名基督徒，是因为她'想要去信仰'，这一点在她看来是根本的"[152]。意志和欲望成为信仰的动力，一种对教义的集合或组织权威的假设描述或同意不再作为信仰的规定，塞尔托建立了一种信仰的人类学。[153]然而，这种人类学不能停留在单纯的渴望形式中，如爱的行动一般，它必然要有落脚的地方。所以，与其说成为一名信徒等同于想要成为一名信徒，不如说在想要成为一名基督徒时，基督徒的身份已被潜在预定了。支撑这预定的不是意愿本身，而是渴望背后的深度共情、爱的意志和心的颤动。唯独如此，教义教条及其解释才是不必要的，因为其目的——激发信心和爱——已经在先实现了。

　　事实上，信心不只属于心理学的范畴，它与哲学人类学紧密相关，或者说哲学人类学在更深刻的维度支撑着心理学。如同烦、恼、畏等基本情绪，信心

---

150 W. Y. Evans-Wentz, *Tibetan Yoga and Secret Doctrines: Seven Books of Wisdom of the Great Path*, New York: Oxford University Press, 2000, p. 75.

151 参见 Michel de Certeau, "La Faiblesse de croire", *Esprit*, vol. 5, 1977, pp. 231-245.

152 M. D. Certeau, *The Certeau Reader*, G. Ward (ed.), Oxford: Blackwell, 2000, p. 231.

153 参见 Arthur Bradley, *Negative Theology and Modern French Philosophy*, New York: Routledge, 2004, pp. 75-80.

在存在论上亦是一种原初的经验，它是此在在沉沦中的颤动。"此在首先总已从它自身脱落、即从本真的能自己存在脱落而沉沦于'世界'。共处是靠闲言，好奇与两可来引导的，而沉沦于'世界'就意指消散在这种共处之中。"[154]信心在共处的安定中发现这沉沦的危险，通过一种怀疑和挣扎的牵引，信心成为此在持存的震颤[155]。在更为具体的层面，自信与自卑、确信与怀疑、降心俯首与阳奉阴违这三对信仰的矛盾，分别由感觉（内在感觉和外在感觉）的非确定性、意识（包括理性的和非理性的意识）的非确定性和身体的非确定性（身体的现象学、身体的逆反现象）支撑，它们构成了此在的悖论图景。病理学对自卑、怀疑、阳奉阴违[156]三者的病症描述分别为感官功能缺失[157]、精神分裂和身体畸形，它基于一种稳固的躯体—心灵秩序的解释将能在物或异在物还原为沉沦者，因此病理学在根本上是反非秩序（de-in-order）的，它是一种修补的学说。然而，存在并不需要一种秩序性的还原，它生成秩序本身，而此在恰在这种不确定的生存境况中被唤起。概言之，有关信仰的三重矛盾的解释揭示了人的存在状况，即人始终处于无处可归的回归之中，信心正是那归家的念头。

第四节　信心的宗教内容

一、信心与宗教

从发生学的角度考察信心，信心似乎总与宗教相关。因为无论作为态度、情绪或情感，信心的最初发生都起源于对神圣或权威的回应。根据韦纳尔（Heinz Werner）的说法，《圣经》关于上帝启示的叙述所包含着的不可否认的宗教惊异的"背景"，可以说是一种不可缺乏的回忆，是对于值得信赖的上帝

---

154 海德格尔：《存在与时间：修订译本》，陈嘉映，王庆节译，生活·读书·新知三联书店 2014 年版，第 204 页。

155 "作为墨守成规的生命体验观念的对立面，震颤决不是自我的特殊满足方式；震颤委实没有愉悦可言。确切地说，震颤提醒人们排除自我。而且，由于受到震颤，自我意识到自身局限。"（阿多诺：《美学理论：修订译本》，王柯平译，上海人民出版社 2020 年版，第 360 页。）

156 有趣的是，在某些文化环境中，阳奉阴违不仅不是病征，它还是精明世故、处事圆滑和手段精湛的表现。

157 如狂躁、歇斯底里、抑郁、自闭。可以看出，感觉非确定的病理学特征是来自感觉的，尤其是内感觉，而这经常被误解和混淆为精神疾病。

之缺位的熟悉状态之不可缺少的回忆。[158]由这种回忆的熟悉感生出的惊异和陌生，正是人们称之为信心的事物的母体，信心在自身的扰动中本能地趋近那熟悉之物。所以当人们宣称具有某种信心时，一种优胜的、完成的状态总已被预设了，权威之所以与信心的诞生相关，也是由于其在关系中的优胜使自身具备了些许神圣的特质。这意味着，作为心理状态的信心不是自在的，它必然与他者相关，且信心通过浮现或缘起的方式出现在人与他者的关系中——诸神圣作为最大的他者，以最直接的方式擢升人的信心。

在生存论上，这种人与他者的关系表达为非知而有畏、非己而有恼、非我而有信，对对象认知的变化直接导致主体状态的扭转。因此，畏、恼和信可以说是最为原始的三种宗教情感，它们作为对诸神圣（表现为超然力量、奇异事件等）的直接反应深刻地潜藏在人的生存领会中。当然，信心并非所有情感的起始，因为信心首先是面向他者的颤动，但它同时是自我回归的意向，而自我回归并不生成其他的情绪或情感。换言之，信心在某种程度上由烦（Sorge）奠基，而烦是意向转为情绪和情感的开端，它是无对象的情绪和情感本身。需注意的是，信心在心理学或现象学范畴作为回转自身的意向活动，与其在存在论或关系范畴作为心的颤动并不冲突，因为主体唯独在面向他者时才真正被生成，而生成的震颤只有回转自身才能构成某种独立、自治的事物——主体。所以，心理学上的意向活动是主体不断建构自身的过程，而每一次建构的发生，都意味着他者在此在周遭隐现。

当然，他者并非都是神圣的，所以信心在生活世界并不总与宗教相关。信心在原初发生后成为独立且实有的事件类型，它不需要同样的发生环境，也不需要同样的神圣他者的参与。因此，信心的再次发生可以被视为一种类比，它既是非神圣的他者和他物对神圣他者的类比，[159]也是非宗教之信心对宗教信心的类比。换言之，信心的再次发生建立在对神圣性质的分有之上，权威的人、被圣化的崇拜物、事件完成的圆满性、未知对人类认识的逾越，都因其分有神圣的某些属性被冠以可信对象的称号。与此同时，信心保留了事件发生的形式，且这形式从根本性的、同时发生的颤动外化为关系性的回应，生活中的信

---

158 参见云格尔：《隐喻真理》，载王晓朝、杨熙楠主编：《传统与后现代》，广西师范大学出版社 2006 年版，第 29 页。

159 这里要注意的是，非神圣他者对神圣他者的类比指的是关系上的替代，而不是在本性上的类比。因为非神圣他者的他性不因神圣性增加、也不因神圣性而有所减损。

心由此与隐匿的（最大的）主体相关。但无论如何，宗教信心因其与诸神圣的相关保留了自己的深刻意蕴，也就不能与其他的信心混淆。

此处要注意的是，诸宗教对信心的规定是不严格的。这意味着，宗教中信心的用法不仅是多义的，而且这种多义包含了世俗的层面：它既可以指称特定的情绪、情感状态，又可以表达独特的心灵状况，当然，对信仰行动或教义、教理的期待也包含其中。一个简单的例子是，在佛教中，信心可以专指对所闻之法生起信仰的心，也可指一般意义上的自信、相信。尊者或沙弥开导信士说要对佛法有信心，正是在后者的意义上被使用，它与信士自言敬拜三宝而有信截然不同。所以，虽然宗教的信心固然普遍且重要，但它不必时时刻刻被强调。

总而言之，若某人 A 宣称对自己的宗教奉献行为 D 有信心，那么此断言既说明 A 确信宗教奉献行为 D 能够如其期望的那样给自己带来此世或彼世的报偿，也表明 A 乐于此宗教奉献行为 D 的发生并为其做了预备。与此同时，此断言也在某种程度复现了 A 对神圣的领会，即信心作为态度、情绪或情感呈现在 A 的言语、行动中，它将感受、信念和行动综合在一起。在存在论层面，信心因其颤动既是起始的又是超越的。根据康德的说法，有一种他者的关怀将人们的道德观念或道德原则转变为一种有德性的行动，我们很难将这种关怀仅仅视作道德上的典范，它给人的鼓舞和勇气超越范例证实的意义。"如果应该把最严格地遵循道德法则设想为造成至善（作为目的）的原因，那么，由于人的能力并不足以在造成幸福与配享上一致，因而必须假定一个全能的道德存在者，来作为世界的统治者，使上述状况在他的关怀下发生。这也就是说，道德必然导致宗教。"[160]这样一来，终极的道德信念（绝对命令）与实践理性对诸神圣的需求，在宗教中就表达为宗教信念和宗教信从的一致关系；而信心正是这一致关系的起始点和维系者，它由着人的体会内在、外在地呈现出信仰于人身心的贯通。

二、平静的喜乐与狂迷的幻乐

信心通常以心的感动为起始，心的感动则以情绪为表达。因此，乐感（快乐的感觉）作为心之感动的情绪表达，通常意味着某些真理性的东西得到了潜在的确证。这确证与神圣的分享相关，"诸神，如梵神、因陀罗神，只是品尝

---

160 康德：《单纯理性限度内的宗教》，李秋零译，中国人民大学出版社 2003 年版，中译本导言第 20 页。

到了一点点无限的梵之喜乐，按照相应的比例，他们就享受到了他们得到的那点喜乐"[161]。人在次一级的层面分享这无限之乐，诸神圣在感受、领会的愉悦中被印证。然而，并非所有的乐感都可看作心之感动的表征，由此而来的感动的心同样与信心无关，它是单纯表象性、情绪性的。平静的喜乐与狂迷的幻乐，二者都是乐感的情绪，但却有着截然不同的特征和内容。

　　一方面，平静的喜乐是深层次的。其深刻性体现在虽然它在人的心灵中留下了神圣的痕迹，但这痕迹只作为人追寻的指引，不会使人深陷其中。深刻之为深刻，就在于它的恒久与张力——它烙印在人的生命中，不再需要对自身进行复写与挪用。与之相较，狂迷的幻乐是表面的。其表面性既体现为肉体与心理感受的易逝，又体现为此感觉的轻易再来，二者的根基都在单纯的存在范畴，神圣的恒久于此处缺席。所以，狂迷的幻乐通常只停留在情绪的表层，如漩涡一般，渴求情绪本身的再现和激动。愈是狂乱、愈是虚幻，它最终迷失在肉体的苦痛和冷漠之中。因而，在宗教修行中，平静的喜乐往往作为终极的体验远胜于狂迷的幻乐等其他乐感（肉身之欲乐、道德之爱乐等），后者作为修行过程的磨难或低级阶段，成为被超越的对象。《智慧瑜伽》载："作为在世解脱的瑜伽士，在跨越幻觉之洋，杀死激情和厌恶之怪后，与和平合一，并居于只来自觉悟自我的喜乐之中。"[162]平静的喜乐应作为狂迷的幻乐的深层核心被追求。印度教视梵为有形、无形世界之主，并给与其各种称呼。其中，梵作为信仰之道，可被称为"阿难陀"（anandam）相，即喜乐。《尼理心呵奥义》载："（梵）为'主宰'，遍漫，常为炽耀，无无明，无业果，破除自我之缚，永恒不二，为'阿难陀'相，为宇宙万物之安立处，唯'真'尽除无明，黑暗，痴惑之我也。"[163]数论派和胜论派认为喜乐为三德之一，人之生活和信仰便建立其上。换言之，喜乐即生活界、存在范畴之本体。《梵经》强调个人通过个我潜在能力的获得[164]，达到"喜乐"的理想境界，这便是自我解脱，即梵与阿特曼的合一。

---

161 商羯罗：《智慧瑜伽：商羯罗的〈自我知识〉》，瓦斯米·尼哈拉南达英译，王志成汉译并释论，四川人民出版社 2018 年版，第 178 页。

162 商羯罗：《智慧瑜伽：商羯罗的〈自我知识〉》，瓦斯米·尼哈拉南达英译，王志成汉译并释论，四川人民出版社 2018 年版，第 166 页。

163 《五十奥义书》，徐梵澄译，中国社会科学出版社 1995 年版，第 1078 页。

164 （完美的）信心的状态也被描述为超意识的生命现象，即神圣灵魂所拥有的稳固的"存在全知极乐"。（参见阿罗宾多：《神圣的人生引论》，秦林译，光明日报出版社 2010 年版，第 231 页。）

值得一提的是，如古希腊、罗马宗教中的酒神精神，其本质亦是在狂欢之中寻求一种深层次的同乐[165]。人在狂迷中与神圣者交通，希冀得到的是一种拯救和擢升。所以，只停留在幻乐和欲乐表层的信众，严格来说，其信仰是失败的——这些不以神圣为指向的宗教仪式或活动，最终只是肉体的迷乱而已。如尼采所言："醉境中的古希腊人和醉境中的野蛮人之间，当然隔着一道不可逾越的鸿沟。在古代世界的各个地区（这里不谈现代世界），从罗马到巴比伦，我们都能够指出酒神节的存在，其类型之于希腊酒神节，至多如同从公山羊借得名称和标志的长胡须萨提儿之于酒神自己。几乎在所有的地方，这些节日的核心都是一种癫狂的性放纵，它的浪潮冲决每个家庭及其庄严规矩；天性中最凶猛的野兽径直脱开缰绳，乃至肉欲与暴行令人憎恶地相混合，我始终视之为真正的'妖女的淫药'。"[166]同样的道理适用于原始宗教和其他追求（灵性）感受的宗教或教派（如印度教性乐派和佛教密宗），若感受本身胜过与神圣者的交通，抑或将感受本身（通常是极致的感受）视作与神圣者的交通，那么所谓"人神之交""乐色双空"最终只能是情绪和欲望的泡影。此处，对这种感受性的追求不是必要的（除非信众的崇拜对象是欲乐之神等），人神交通的多元性已将狂欢的幻乐对情绪的占据取消了。

另一方面，平静的喜乐与狂迷的幻乐在本质层面具有不同的规定，即乐感以平静作为自我超越的规定，同时以狂迷作为自身记号的表征。所以，所谓两种类型的快乐或幸福，不过是神圣是否在场的结果：乐感以自身为追求就是情绪的自我狂迷，乐感以神圣为目标便是超越后的平静——"圣爱就其内在本性而言是永恒的喜乐"[167]。具体言之，乐感的自我迷恋导致情绪以自我指向，从而固化为一种肉体和心理的记忆和追求。而乐感一旦无法以情绪、感觉的方式

---

165 "人们之所以要有一种信仰，是因为信仰'带来极乐'：凡不能为我们'带来极乐'者，人们就不把它视为真实的。一种 pudendum（可耻行为）。"（尼采：《尼采著作全集》（第十三卷），孙周兴译，商务印书馆 2010 年版，第 629 页。）

166 尼采：《悲剧的诞生》，周国平译，北京十月文艺出版社 2019 年版，第 57 页。当然，希腊精神同时具有完全不同的一面。"对自己的信心、已走上正确道路且未被那些四处游荡的人所走的众多岔道小径引入歧途的信念，是某种伟大的、无上的和近乎成神的东西——坚定不移。希腊人将心灵的这种持久稳定状态叫做'灵魂的完美状态'（euthymia，德谟克利特对此做过论述），塞涅卡将之称为'宁静'。"（塞内卡：《哲学的治疗：塞涅卡伦理文选之二》，吴欲波译，中国社会科学出版社 2018 年版，第 37 页。）

167 斯瓦米·帕拉伯瓦南达：《爱的瑜伽：〈拿拉达虔信经〉及其权威解释》，王志成、富瑜译，四川人民出版社 2018 年版，第 37 页。

显现自身，便会消弭在存在之中。其结果是，狂迷的幻乐总在本我和自我中生成，它渴求着自身存在的持久；而若以乐感为背景或指向进行了自我超越，那么它的原初规定就被打破——实存之现象不再是乐感的本质，它转而成为一种神圣现象的生成。平静的喜乐总在超我之中在场，作为神圣之下的现象实存，它解构着原有的规定[168]。所以，平静的含义实际上不只是情绪的不作为或不发生（藏），它更多表达为情绪的内化或解构——情绪此时消失在对神圣的感觉体悟中（忘）。平静的喜乐的深刻性根植于此：它作为乐感的超越以乐之名规定自身（很大程度上是因为所有负面情绪都已消失），并且在根底上是所有情绪自我超越的神圣背景（十架神学、殉道者的无痛苦都可以此为解释）。于是，平静和喜乐成为超越的，作为人格化的信仰的情绪表征，它们与怜悯、慈爱相关。毕竟，"爱的本质就是平静和至上喜乐"[169]。

三、发愿与口头表白

信仰的行动以信心为起始，信心可分为心的感动和心的顺从。于前者而言，心因体悟神圣而受触动，一种恩典之光主动进入主体中，这是信心的接受；于后者而言，心随神圣的指引迈入对灵性的追求，此即信心的能动。在外在信仰中，心的感动具化为人日常状态的瓦解——既可是得擢升的喜悦、见异景的惊讶，亦可是要悔改的崩溃，抑或说方言等其他异于平常的行为。与之相较，心的顺从表现为人出于热情和理智的发愿、倾听信者的教导、重思信仰的言论等。此时，信仰的行动由接受转为能动，由感动转为顺从。需注意的是，未完成转换者并非弃绝了信仰，而是感动的对象并未与顺从的对象一致，心的感动似种子般，流转徘徊在末那识之中。

进而言之，此处发愿亦可分为两种。其一是小愿，它以入教宣誓、守教听法、祈求祷告等一系列信仰个体的自我见证和意愿求取（为个别他人而发愿亦是如此）为内容。其二是宏愿，信仰者因受神圣者的感动，融身信仰之道中，发大誓愿成全他者，至身死道消而止。两种誓愿同样出于心的感动和顺从，其

---

168 "爱的神秘体验者们绝不甘心只通过意愿、理智和一般的情感去信仰神，而要在人的本性的最深处，在那些官能还没有分离的源头处，直接体验到与神相爱而完全结合为一的至味。"（吕斯布鲁克：《精神的婚恋》，张祥龙译，商务印书馆 2012 年版，译者导言 ix-x。）

169 斯瓦米·帕拉伯瓦南达：《爱的瑜伽：〈拿拉达虔信经〉及其权威解释》，王志成、富瑜译，四川人民出版社 2018 年版，第 204 页。

主要差别就在誓愿的内容。因此，新教徒决志入教时宣称自己永信上帝、绝不背叛，与净土宗信众发宏愿至极乐净土得不退转回入此界度化众生，在形式范畴没有区别。但在灵性的感召方面，（真正）发宏愿者比发小愿者更富神圣性。佛对阿难说："复次阿难：彼佛刹中，所有现在，未来，一切菩萨，皆当究竟一生补处。唯除大愿，入生死界，为度群生，作师子吼。擐大甲胄，以宏誓功德而自庄严。虽生五浊恶世，示现同彼，直至成佛，不受恶趣。生生之处，常识宿命。"[170]在菩提萨埵之道，得菩萨果位者，的确比受度群生分享更多神圣性。被钉十字架的耶稣曾言："要爱你们的仇敌，为那迫害你们的祷告。这样，你们就可以作天父的儿女了。因为他叫太阳照好人，也照坏人；降雨给义人，也给不义的人。"[171]道成肉身的恩典与真理，便是基督宗教中最大的誓愿之一。这样，发愿既是个体的信仰的行动，亦是神圣者在信仰之道中自我意志的显明。

至于口头表白，存在两种类型，其类型化与发生情境相关。一方面，口头表白可以是私人化的。此处私人化指人神交流的私密、隐微，它发生在信仰个体与神圣者之间，纵使他人在场，也只从旁见证或作宗教背景。换言之，由信心、信念而来的口头之言，是神圣之道于个别身体之中的流转，诸神圣与身体刹那相通，非常态的经验凝聚为纯粹的身体现象，它最终以踪迹的形态留存。与之相较，随后而至的宗教之道中的口头表白，本质上是对这种神圣临在感觉的回忆。信众在其内部或与非信众谈论这种纪念性的事件，直接构成了神圣在言语上的复述、在身体上的忆起。所以，另一方面，口头表白作为直接的信仰言说，在商谈的层面，使个体人社会化、契约化。在宗教实践中，口头表白为个人的信心寻求见证，在他者面前，心的坚定转为信念的约定。在此基础上，个人的发愿随着口头表白凝固成不可回转的公共契约，隐秘的内在信仰开始转化成实在的外在信仰。由此，口头表白成为宗教之道的有力起始。

四、说方言

信心的接受与能动，在神恩（属灵的恩赐）中体现为人能力的扩展，包括说方言（说语言）和讲先知话（作先知讲道）等行为。信心的非常态[172]，作为

---

170 鸠摩罗什等：《佛教十三经》，中华书局 2010 年版，第 32 页。
171 《马太福音》5：44-45。
172 包括发生在个体信众身上的医病奇迹等。

神圣之道于人之中的表徵，以异常的方式提醒人与诸神圣直接交通的逾越和危险。因此，信心的非常态既不能持久，也不带有一种必然性，它的发生是一种偶然，且这偶然可能缺乏对应行为的说明。其中，信心擢升[173]带来人的状态转变，并不全然意味着一种责任和职能，因为"那说方言的，不是对人说，而是对上帝说，因为没有人听得懂；他是藉着圣灵说各样的奥秘。但作先知讲道的，是对人说，要造就、安慰、劝勉人"[174]。所以，说方言作为个体性的人神相通事件，主要以信心之接受的状态出现，它无需得到职能和责任的扩展。与之相对，讲先知话作为一种职能和责任的要求需要启示的公众化，如此一来，心的能动才能行于教会之中。"说方言的，是造就自己；作先知讲道的，是造就教会。"[175]因此，属灵教派（圣洁运动、灵恩派、五旬宗）追求圣洁的行动，实际上僭越了信心的边界，个体化的信心接受不能与传道者的信心能动等同。

　　事实上，讲先知话不仅需要心的感动和接受，它更要求理智的参与。言谈在理性的功用中发生，它才能沟通并引导全体信众。毕竟"你们也是如此；若用舌头说听不懂的信息，怎能知道所说的是什么呢？你们就是向空气说话了。世上有许多种语言，却没有一样是无意思的"[176]。无意义的语言在传道时不仅没有相通的功效，反而因个体的极端差异，沦为群魔乱舞的记号。所以，由信心产生的异常行为尤要与心智或信念结合，正如保罗在与哥林多教会的通信中论及如何善用神恩时所说，"我若用方言祷告，是我的灵在祷告；但我的理智没有效果。我应该怎么做呢？我要用灵祷告，也要用理智祷告；我要用灵歌唱，也要用理智歌唱"[177]。理智的歌唱是信念对信心的顺从，它预告着信心在信从中的显现和发生。

　　除此之外，作为一种区分的标记，说方言和讲先知话等异常行为与一般的信仰的行动（如祈祷、圣礼、事工等）的差别不是根本性的——二者作为信心表达的征徵，并不取消一般的信仰的行动的神圣性。具体言之，语言之恩和先知之恩的区分是以个体的身份为对象的，它所辨别的只是信徒（非信徒）个体的信仰状态。"这样看来，说方言不是为信的人作标记，而是为不信的人；作

---

173 有关信心擢升这一心灵状态的全面描述，可参见威尔伯：《性、生态、灵性》，李明等译，中国人民大学出版社 2008 年版，第 287-336 页。

174 《哥林多前书》14：2-3。

175 《哥林多前书》14：4。

176 《哥林多前书》14：9-10。

177 《哥林多前书》14：14-15。

先知讲道不是为不信的人作标记，而是为信的人。所以，全教会聚在一处的时候，若都说方言，偶然有不通方言的或是不信的人进来，岂不会说你们疯了吗？若个个都作先知讲道，偶然有不信的或是不懂方言的人进来，就被众人劝戒，被众人审问，他心里的隐情被显露出来，就必将脸伏地，敬拜上帝，宣告说：'上帝真的是在你们中间了。'"[178]于是，说语言（说方言）和讲先知话被纳入到信仰的行动这一整体中，它们承载着区别信仰状态和引导信仰转变的功能。在这个意义上，始于信心之激发的异常的信仰行为是一般的信仰的行动的有力发端，它成为最引人注目的外在信仰的行动。由此，语言之恩和先知之恩（包括医治之恩）成为信心强大的记号之一。

五、信心的侧重

尽管外在信仰由信心、信念和信从构成，但不同信众基于自身的生命体验的差异，通常在信仰实践中偏重信心、信念或信从中的某一种。因此，不同教派的宗教领袖往往更强调自身领会和体悟最深刻的信仰要素。这种带有个人倾向的选择，事实上也是宗派分离或分立的基本原因之一。基督新教强调的"唯独因信称义"的教义，虽诞生于理念纷争之下，却也深受个体生命经验的影响。比如信心与信念的深度互通和微妙联系就在卫斯理（John Wesley）的信心论中展现得淋漓尽致——对卫斯理个人而言，苦苦追寻的救赎信念之坚定最终在表达为炽热温暖的信心中实现。

根据卫斯理的说法，悔改是宗教的门廊（porch），信心（faith）是宗教的门（door），爱（或圣洁）则是宗教自身。无论是悔改还是信心或爱，都是上帝的恩赐（gift），也是人得救的源泉。"你们得救是本乎恩，也因着信；这并不是出于自己，而是上帝所赐的。"[179]这样，信心就成为持守神圣的看护，人经由悔改、迈步其中，并最终在基督中去爱。但是，于卫斯理而言，这一论断的内涵并非单一的。根据他的门廊比喻可知，在悔改之前必然存在先在的引导，若这引导是原始的或朦胧的道德感召，那么此时的 faith 的内涵就不是信心而是信念。因此，在奥尔德斯格特经验[180]之前，卫斯理确实认为 faith 是理智的

---

178 《哥林多前书》14：22-25。

179 《以弗所书》2：8。

180 卫斯理在 1738 年 5 月 24 日下午 8 时 45 分参加奥尔德斯格特（Aldersgate）街的小聚会时经历了奇妙的心里火热的经验。他在其日志里坦白说："我感到我的心莫名地暖了起来。我觉得我确实信靠基督。唯独基督为救恩，我得到保证，他已除

同意（intellectual assent），它表达为合理的证据，即唯有理性上得到满足，人才能进行合理的信仰的行动。[181]然而，奥尔德斯格特以后，卫斯理认为 faith 是完全的信赖（trust）、完全依赖基督的宝血、完全依从救赎者，即信心是生命的基督。[182]这一转折的发生暗示了此时的先在引导直接与灵性感受相关——突然到来的、迥然不同的生命体验促使人发生悔改，此后人的理智才到来。于是，在引导阶段完成的部分信心延续到宗教之门的 faith 中，这 faith 便是融合了神圣感受、对基督的确信并以完全顺服为主的整全的信仰。其最高典范，正是历史上的基督。所以，卫斯理强调正如义认化（称义，justification）是因信而得的，成圣也从信心开始，且信心要用行为表现。即信心的本质虽是内在的，但信心的见证（evidence）是社会性的行动。这样，循道宗"唯独因信称义"的教导，具有经验主义和神秘主义的特质，即个人的宗教体验，真实流露人与神之间的独特真实关系。因而它事实上完成了从信心到信从的飞跃，信念作为后在的人的回应，已然归于人心的完全倚靠中。

六、信心与震颤

作为诸神圣临在的内在感受，信心不仅开启一种人神关系，它同样作用于主体本身。其结果是，信仰者的身体与灵魂发生了双重震颤，此时人的惯常状态直接被打破，一种超越之物直接倾注在人之中——身体因桎梏被打破而颤抖，内心因荣耀的临泽而狂喜，人在颤栗中陷入灵性的沉默。在注重修炼的传统中，这种沉默的身体性信心由先在的经验开启，身体对技巧、方法的探索以及对处境的适应将人的行为内化为一种存在物的优先，神圣的言说由此在身体场域中发生。心的揭示随之成为身体领悟的一部分（通常是作为更高的层面），在无身、无念、无心中，神圣突然涌现。换言之，身而非心，以灵性震颤的方式开启信仰之道，身体由此是沉默的信心的承载者。

就此而言，贵格会（Quaker）以震颤者（quaker）为自己命名，其意正在说明以人之身心直接承纳上帝的恩泽与启示最能体会神圣。[183]因此，贵格会所

去我的罪，甚至是我的罪，将我从罪与死的律中拯救出来。"正是有此经验，人们才认为卫斯理深受路德神学和摩拉维亚敬虔主义的强烈影响，他亲身经历了重生。

181 参见 Wesley John, *The Complete Works of John Wesley, Volume 01: Journals 1735-1745*, Albany, OR: Books for the Ages, 1996, 1997. pp. 52-55.

182 参见 Wesley John, *The Complete Works of John Wesley, Volume 01: Journals 1735-1745*, Albany, OR: Books for the Ages, 1996, 1997. pp. 183-185.

183 究其名称由来，一种说法是其建立者乔治·福克斯（George Fox）在一次宗教裁判

说的每个人的"内心灵光"（inner light）实际上就是"敏感的心"，这心为神圣所感，它是信仰的"种子"（seed）和基督的灵（Spirit）。"上帝之光在众人里面"（the light of God is in every single person）、"人被光带领，与神和好"（a person who lets their life be guided by that light will achieve a full relationship with God）的教义由此而来，人的信心作为人神相通的表征，同时连通着他者与灵魂、身体。所以，在贵格会成员的信仰实践中，信念和信从成为信心的辅臣，它们共同寻求心的再次觉醒；信心不再仅是外在信仰的起点，它首先是目的。与一般的喜乐不同，信心带来的震颤是极致的身心体会或感受，它以体会或感受本身为主体[184]，不再作为自我的中介或情绪的承受者。这意味着，震颤的发生总是伴随界限的崩溃和重建且这一事件难以重复，毕竟于人而言，身心秩序的解构和建构都是绝对重大的生命事件，是根本性的差异规定。因此，追求信心震颤的重复是危险的，敏感的心会由此变得滞钝甚至迷失，信心震颤留下的深刻痕迹也会失去意义。所以，当如听佛语者所做，"欢喜奉行"[185]，足矣。

在具体的宗教实践中，信心之颤动具有净化的效果，它以向神圣的趋近拔除世俗的尘污。这意味着，唯独心的震颤使污垢沉落，明镜作为心的处所才得信仰之光的照耀。[186]在悲剧中，卡塔西斯（κάθαρση，即净化）具有调节情感、加深体验双重功能，它与悲剧精神在故事中的再现相关。一方面，悲剧通过引发怜悯和恐惧使某些情感得到疏泄（净化），其中宣泄带来愉悦的慰藉，这是

时，警告法官将在上帝面前颤抖，另外的人则认为该名字与身体的颤抖或是贵格会的宗教经验有关。

184 "对艺术作出合乎情理的反应，是一种关切感（Betroffenheit）。关切感是由伟大的作品激发出来的。关切感不是接受者的某种受到压抑并由于艺术作用而浮到表面的情绪，而是片刻间的窘迫感，更确切地说，那是一种震颤（Erschütterung）。在此片刻间，接受者凝神观照作品，忘却自身存在，发现审美意象所体现的真理性具有真正可以知解的可能性。个人与作品关系中的这种直接性（在该词最好意义上），是一种调解功能，或者说是当机立断的包容性体验。该体验于瞬刻间凝聚到一起，为达此目的，需要调动的是整个意识，而不是单方面的激情和反应。体验艺术的真假，不单单是主体的'生命体验'所能涵盖的：这种体验还标志着客观性渗入到主观意识之中。即便在主观反应最为强烈之际，客观性也对审美体验起一种调解作用。"（阿多诺：《美学理论：修订译本》，王柯平译，上海人民出版社 2020 年版，第 359 页。）

185 "诸比丘闻佛所说，欢喜奉行"。逾越的信从为信仰结构收尾。

186 与之相较，信从的洁净功能通过戒律和仪式表现在方方面面，食物、住所在规范的信仰实践中，被印上神圣的烙印。

悲剧快感的来源（之一）；另一方面，悲剧通过展现自身发生的内部机制揭示被遮蔽的至善、真理或神圣，它通过向内的沉静压制浮躁，并在对愉悦表象的远离中，高举与神圣关联的情绪或情感。在这个意义上，美学和宗教是一致的，它们都旨在澄明或领会那被遮蔽的终极之物，而这一事件恰好在对现成物的背离或超越中发生。无论是重构还是更新，信心都开启了某种后现代的进程，主体在面向他者的颤栗中被坚定了。

第六章 认知层面的具化：作为信念的信仰

后现代的哲学家尤其喜欢将信仰称作信念，这种带有技术趣味的处理方式很大程度上是受到了分析哲学和新实在论的影响。在古老的传统中，人们习惯将信念的内容称作信仰，信念的意涵而非信念本身为人们长期探求。但就信仰的真理而言，这种认识方式是不完全的，观念或意见的无限制和内在矛盾必然不能直接揭示信仰的内容。于是，人们诉诸更严谨、精确的判断和命题，希望通过有效的证明，获得有关信仰的知识。宗教信仰自然转化为宗教信念，这是理性最喜爱，最容易得到大众广泛承认的认知形式。但在根本上，信念并不是被严格限定、无法变更的命题，它是生命认知的意向与态度，同心灵、意识的想象、情感紧密关联。甚至信念也是生理性的，它在直接影响人的作为的同时，为人的身体行动所限定。由此，宗教信念构筑了整个宗教意识的体系，它笼括并引导全部个体的思想及身心的行动。

第一节 信念的概念及含义

一、信念的概念

前文已提及，信乃人言，而信念是心所属，从信从念，所以从本意上讲，信念是常思之人言。[1]与信心类似，信念是一个偏重词，它以念为主，即信念

---

[1] 念，常思也。《方言》曰："念，思也。"又曰："念，常思也。"许云："怀，念思也。"《左传》引《夏书》曰："念兹在兹，释兹在兹，名言兹在兹，允出兹在兹，惟帝念功。"（许慎：《说文解字注》，段玉裁注，凤凰出版社2007年版，第877页。）

更强调念而非信。作为一个词语，它是信基础上的念，是对人言的思。因此，信念之信既可是作为实物的信物，又可是生存论范畴的言说。而就后者来讲，语言作为人的基本生存样式，显然包括理解、言说和书写。这样，信念的基本含义有二：其一为思念之信物，其二为信任之考虑。《太平广记·李咸》载："王生取所封书开视之，乃是寄书与家人，叙以辞诀，衣物为信念"[2]，说的正是前者；而《南史·范晔传》记："大将军府史仲承祖，义康旧所信念，屡衔命下都，亦潜结腹心，规有异志"[3]，却是使用了后一种含义。所以，信念是偏重于"念"的信，亦即人们统称的观念。基于此，信念一词的含义得到了逐步的引申：它作为动词可以表达信任，作为名词可以指称坚信不移的想法以及对某人或某事信任、有信心或信赖的一种心理状态等。换言之，信念作为实体，是情感、认知和意志的有机统一。

事实上，正如"信心"一词在其他语言中有类似汉语的用法一样，"信念"同样如此，前文提到过的 faith 就是一个典型例证。一方面，faith 意味着信任（trust），即对某人、某物、某计划的高度自信；另一方面，faith 也表示一种宗教信念（religious / religion belief），人对掌控其命运的超自然力量或（诸）权威产生了强烈的信赖。所以，虽然我们将 faith 译为信心而非信念，但这是出于语义区别的考虑，它本身仍具有多种含义。[4]这些含义在词语的日常使用中具有了更多的意味。

当然，与 faith 相较，belief 在这方面更具代表性。因为 belief 作为名词指称信念，其动词形式 believe 更有信任、信仰、料想等诸多含义，这些含义与汉语语境中的"信念"相当。具体言之，belief 作为信念的两种内涵如下：一、信念指任何具有真值的认知内容；二、信念指带有自信的模糊观念。此处有关信念的两种理解都建立在信念是意见的基础之上，区别在于，前者更强调信念与真理的关系，即它将信念作为有真值的断言；后者侧重信念与情绪之间的关系，它不关注信念是否与真理符合。[5]换言之，belief 对观念实有性的侧重，正

---

2 李昉等编：《太平广记》，中华书局 1961 年版，第 2678 页。

3 李延寿：《南史》，台湾商务印书馆影印文渊阁《四库全书》本，第 0265 册，第 498 页。

4 在德语中，der Glaube 既有信念又有信心的含义，它被整体理解为信仰；而 Überzeugung 一词可以专指信念。

5 对信仰最常见的误解是将之视作一种明证性程度薄弱的认知行为（an act of knowledge）。（参见保罗·蒂利希：《信仰的动力》，钱雪松译，中国轻工业出版社 2019 年版，第 36 页。）

是人们将其译为"信念"的原因，它本身可以与宗教没有关联，或者至少说，belief 的大部分呈现是世俗的。例如在柏拉图的《国家篇》中，人的思想就被分为两个部分，其中 δόξα（opinion）代表了小的部分，而 επιστήμη（knowledge）代表了大的部分。δόξα 被进一步区分为 εικασία（imagination）和 πίστη（belief），信念在这个意义上仅是认知性思想的一个方面。然而，一旦将信念的此两种含义置于其动词（believe）用法之下，其具体内涵就会有所改变，名词化的 belief 在用法上得到一定程度的扩展。一般而言，believe 有 5 种常见用法，它们分别是："认为某事、某物为真""认为某事、某物与真实性相关""对某事、某物做出决断""对某事、某物有信心""遵循某一（些）信条、有宗教信心、成为信徒"等。其中，前三者直接与信念相关，而后两者带有宗教的意味。这样，belief 就不仅指人的观念，而且涉及到宗教中的观念或宗教教义、信条等，其词源是宗教性的，信念始终被神圣关照着。

然而即便如此，有关信念的讨论也没有获得可喜的成果。尤其在后现代的背景下，信念在诸宗教的交流和对话中更显复杂，且跨学科的宗教研究加剧了这一状况。贝尔（Catherine Bell）在《信念：一种分类空白和"学科问题"》（*Belief: A Classificatory Lacuna and Disciplinary "Problem"*）一文中介绍了信念（belief）概念在词典编纂时遇到的难题：信念不仅难以被确定地划分在某一范畴（比如宗教现象或信仰等），而且不同领域的学者对此概念的定义差距甚大。更进一步，不同宗教对信念的理解在内容上相差甚远，这直接导致信念内涵的复杂和相悖，作为一个批判性的概念，信念如何在定义上取得一致的同意，直接反映出此领域当前研究的关注和侧重。[6]典型表现是，在有关宗教的人类学的研究中，不同学者对待信念的态度可能完全不同，如拉图尔（Bruno Latour）就认为，"信念不是心灵的状态，而是人的关系的结果"[7]。这一观点是主流的，持此看法的学者认为在研究对象的实在性方面，信念远不如仪式稳定、可靠，因此对仪式分析的信任应该超过信念。其结果是，信念直接被转化或化约为可见社会关系的再现，个人的信念被排斥出宗教研究的范畴。然而，另一些学者却不同意这样的做法，他们认为将信念这一宗教的核心命题边缘

---

6 参见 Catherine Bell, "Belief: A Classificatory Lacuna and Disciplinary 'Problem'", in *Introducing Religion: Essays in Honor of Jonathan Z. Smith*, Willi Braun & Russell T. McCutcheon (eds.), London & New York: Routledge, 2008, pp. 85-99.

7 Bruno Latour, *On the Modern Cult of the Factish Gods*, Durham, NC: Duke University Press, 2010, p. 2.

化是难以接受的，毕竟信念在宗教中起着至关重要的作用。例如弗思（Raymond Firth）将信念作为研究主题，其理论预设是，宗教信念在内容、形式和表达方面与个体确保自身与关系总体保持身体和社会的一致的企图相关。因此，个体的信念系统足以作为研究对象，并呈现在其概念内涵、人格整体和社会功能中，个人信念的结构与宗教信念的结构保持一致。[8]由此，信念作为人的关系本身抑或人的关系的结果直接区分了人类学有关信念研究的两重路径。

所以，解释信念这一事件是后现代宗教研究中的重要标志，它直接关乎神圣的诠释。如库比特所言，"'信念'是一种混乱的心灵状态。教会基督教从未被严肃地相信过，或许永远也不会。因为你不能理解的基于权威的对奥秘的信念是不清晰的信念。只有当我们停止相信并解除旧的宗教语言，我们才开始清楚地理解清晰的、全新的耶稣的伦理信息是什么。这一信息是如此之新，以至于只能用神话化的、虔诚的、神秘的形式来吸收和呈现。以前是这样，现在还是这样。教会基督教中的真理已被聪敏地、深深地埋葬了，以至于只有旧宗教的死亡和消解才能使它最后重见天日。'我曾说你们是神'，这是《圣经》中的话语，但是直到现在，我们才能够严肃地对待它"[9]。与之类似，库克（Rav Kook）发展了一种否定的犹太神学，他宣称，在异端信仰的背后，在当前信仰的背后，有一种超越于肯定神学的信仰的内容将在未决且无限的未来中被呈现。换言之，信仰之道是涌流的，神圣从未停止自我的呈现，乌托邦的信仰、超信仰的信仰、无信仰的信仰都被蕴含在未显明的信仰之道中。[10]在一种基于否定的再诠释中，信念的含义不断被更新。

二、信念的含义

除此之外，考察"信念"在不同宗教中的原初表达（文字和概念）也有助于人们进行理解。以犹太教而非天主教为例阐释信仰在信念层面的含义，并不是因为后者缺乏信念或信念的表达不够强烈，而是因为前者在起源上首先确定了信念的基础地位——律法（即托拉，指导）作为人应当接受的最直白的教

8　参见 Raymond Firth, *Religion : A Humanist Interpretation*, London & New York: Routledge, 1995, pp. 14-17.

9　唐·库比特：《神学的奇异回归：基督教在后现代思想中的变迁》，王志成等译，社会科学文献出版社 2013 年版，第 16 页。

10　参见 Elliot R. Wolfson, "Secrecy, Apophasis, and Atheistic Faith in the Teachings of Rav Kook", in *Negative Theology as Jewish Modernity*, Michael Fagenblat (ed.), Bloomington: Indiana University Press, 2017, pp. 131-160.

导，在观念层面是真理性的。所以，即使看上去犹太教与天主教或伊斯兰教相比并不注重信念——当然这是一种误解，很大程度上因为后两者的圣典的内容更多，但事实上对信念的强调早已铭刻在其历史中。摩西和民众受的律法都是神圣的符号性言说，在接受的角度，它们是文本化的信念；犹太教视之为人神连结标记的上帝与以色列民族订立的特殊的约，在形式上也是信念而非信心或信从，它以确切的内容显明了自身。换言之，信仰自身具备两种基本的形式：其一是我信任某人，但我不能为自己对他的信任提供充分的理由；其二是我承认某事物是真实的，但我同样不能为这一承认提供充分的理由。这两种信仰的原则，即接受和承认的原则（可）分别对应着两种犹太教和基督教两种宗教传统，尤其是后者与古希腊传统息息相关。不同信仰的类型差异直接导致其内容的不同，它们内在地关联在一起。[11]

更进一步，从词源学上看，希伯来文中的"信"的原词是 אמן，它有支持、坚定、忠心、可靠、确信、信仰等意，通常被译为"信""信靠""信服""信任""信实"等。其衍生词נאמן有真正的、实有的、信仰的、荣耀的等含义，אמונה则被译为"信实""信仰"。除此之外，有服从含义的动词אחר则可译为"信从"，它本身具有追随（after）、另一个（other）之义，其中以追随者身份出现的他人最终成为信仰的主体。如帕库达（Bachya Ibn Pakuda）所说，在总体上，犹太信仰是一种建立在理性、启示和传统之上的伟大的精神性真理。[12]

事实上，希伯来语词אמן和希腊语词πιστεύειν都预设了上帝的存在在个人的信仰行为之中，神圣此时对象化为信仰的内容。[13]即信念是信仰的原初表达，这一表达的形式是人与神的相遇，而人与神的相遇在存在范畴以言谈交往的样态出现，于是信念被分为实体性的信义、教条以及认为某种宣称为真这一类型的思想事件。亚伯拉罕是最初的领受着，也是最初的交往者，他的信念在与上帝的言谈中诞生。"耶和华的话又临到他，说：'这人不会继承你，你本身所生的才会继承你。'于是耶和华带他到外面，说：'你向天观看，去数星星，你能数得清吗？'又对他说：'你的后裔将要如此。'亚伯兰信耶和华，耶和华就

---

11 参见 Martin Buber, *Two Types of Faith*, Petra Kamecke (trans.), New York: Syracuse University Press, 2003, pp. 7-12.此外，哲学性的信仰和基于启示的信仰的区分可参见 David Novak, *Jewish-Christian Dialogue: A Jewish Justification*, New York & Oxford: Oxford University Press, 1989, p. 113.

12 参见 Bachya ben Joseph ibn Paquda, *Duties of the Heart*, New York: Feldheim Publishers, 1996.

13 迈蒙尼德的十三条信仰原则总括了犹太信仰的主要内容。

以此算他为义。"[14] 此处亚伯拉罕所信的就是耶和华对他说的话，对应的信念的含义即认为耶和华所说的话为真，且耶和华有那大能使这一宣称实现。同样的事情发生在普通信众之中，"亚伦将耶和华对摩西所说的一切话述说了一遍，又在百姓眼前行了那些神迹，百姓就信了。他们听见耶和华眷顾以色列人，鉴察他们的困苦，就低头敬拜"[15]。这里百姓所信的是亚伦所说的话，他（她）们认同这些话语的真理性，这些话随即构成了他们的宗教信念。至于亚伦所行的神迹，是支撑其话语并使百姓的眼和心信服的证据，它们为信念的效用做了见证。这样，信念的两重基本含义在历史性的记述中得到了说明。

在神学层面，有关犹太教信念的讨论也可做出类型上的划分。比如斐洛（Philo Judeaus）大概是最早将信仰看作（证据难以企及的）信念（或判断）的宗教哲学家，在他看来，约翰福音关乎的不是美德，而是如何藉着信仰得获逻各斯。[16]此处，信仰作为一种事件，呈现出与怜悯一样的德性，但在根本上它指称这样一种关系：通过理智的认知、确证和接受，上帝（及神圣）被真正显现出来。犹太教的这种将信仰而非理性视作通往上帝的道路的传统被延续了下来，如迈蒙尼德证明了理性与信仰的一致性，即沉醉在上帝的智性之爱中意味着理性建立在信仰的基础上。哈列维（Judah Halevi）的观点略有不同，他认为信仰的根基在理性，信仰不能独立于理性存在。此外，犹太神秘主义者纳贺曼尼德（Nachmanides，即 Moses ben Nachman，*kabbalah* 的先锋人物）宣称，信仰中的理性要素不能否定未知的神秘事物，否则这信仰便是不真实的，因为信仰的任务之一便是从人的心中根除每一个邪恶的信念，而神秘学预设的未知实体正是阻止理性自我高举的重要途径之一。[17]由此，理性与信仰的互动在差别中生成了一个开放的传统。[18]

---

14 《创世记》15：4-6。

15 《出埃及记》4：30-31。

16 Folker Siegert, "Philo and the New Testament", in *The Cambridge Companion to Philo*, Adam Kamesar (ed.), New York: Cambridge University Press, 2009, p. 175.

17 参见 Albert H. Friedlander, "Judaism ", in *Judaism and Christianity*, Leslie Houlden (ed.), London: Taylor & Francis Books Ltd, 1991, pp. 56-58.

18 基督教中也存在如此传统。例如（伪）狄奥尼修斯声称："理性与信心乃是相互连接。"（（伪）狄奥尼修斯：《神秘神学》，包利民译，商务印书馆 2012 年版，中译本导言xii。）库萨的尼古拉如此表述其观点："我们的灵魂在多大程度上信仰，其力量就能在多大程度上向上升华到理性的完善。"（库萨的尼古拉：《论隐秘的上帝》，李秋零译，商务印书馆 2012 年版，第 35 页。）此乃隐秘上帝的启显。而黑格尔对侧重信心的信仰的评价是："所谓信仰是一种生动的、迫使人行动的、伴有

与之相对，犹太思想中同样有非理性的传统。[19]例如，斯坦伯格（Milton Steinberg）宣称，人唯独以信仰为根基才能接受上帝的存在，而逻辑并无此功用。[20]在根本上，上帝是神秘的他者，他者使其他的一切相对化；而意愿接受

感情的信念。这样的话太不确定了，我们从中听不到多少东西。"（黑格尔：《黑格尔早期神学著作》，贺麟译，商务印书馆2016年版，第303页。）它太缺少理性的参与了。

19 在其他宗教中，这种传统也是普遍的。例如波纳文图拉如此进行信仰的告白："我们罪的污垢因十字架上的被钉者、基督的血而洗净，因此我们通过他发出祈祷的呻吟。也正因如此，我首先恳请读者不要固执地以为：只要诵读无须恩膏，只要思辨无须热忱，只要研究无须惊异，只要慎思无须欣喜，只要勤奋无须虔诚，只要认识无须爱慕，只要理解无须谦卑，只要努力无须神圣的恩典，只要明辨无须启示的神圣智慧对他们就已足够了；相反，首要的毋宁在于：依靠神圣的恩典，谦卑而虔敬，痛悔而热忱，为喜油所涂抹并爱慕渴望神圣的智慧，愿意推崇、惊异上帝并品尝到他的甘甜。我以为，沉思意谓着只须擦拭并磨光我们心灵的镜子，外在的镜子少有甚至毫无补益。因此，上帝的人，请首先留意你良心的不安，然后再举目仰视闪耀在镜子上的智慧的光芒，以免从凝望智慧的光芒中堕入更深的黑暗的深渊。"（波纳文图拉：《中世纪的心灵之旅：波纳文图拉神哲学著作选》，溥林译，华夏出版社2003年版，第124页。）

与此同时，歌德反对一种心理或道德层面过度的、无法适当估价的反省，它毁坏而不是让信心和信念更坚定、可靠。"是的，我们可以说，那种要反省自身的倾向是一种病状，它来源于缺少自我信赖。而且，反省绝不会去掉这个缺点——它只会加强这个缺点；自我反省就类似于那个挖出树根来看看它们是不是健全的园丁的行为那样无意义。"（弗里德里希·包尔生：《伦理学体系》，何怀宏、廖申白译，商务印书馆2021年版，第595页。）

泰戈尔则揭示了印度教的传统。"在我们内心有某种希望，它总是走在我们目前狭隘的经验前面；它是我们无限之中的永恒的信念；它永远不会把我们任何的无能当作一种永久的事实接受下来；它从不限制自己的活动范围；它敢于承认人与神的统一；而且它的狂热的梦想每天都在变为现实。"（泰戈尔：《人生的亲证》，宫静译，商务印书馆2009年版，第31页。）"在我们国家危险来自相反的方面，我们的偏爱是内心世界，我们以轻蔑的态度甘愿抛弃权力和势力的扩张，我们只愿意用冥想，从整体上亲证梵的完美性，绝不愿意在与宇宙的交流中，认识梵的进化方面。这就是为什么在我们的探求者中间，我们常常发现精神的陶醉和它必然导致堕落的原因。他们的信仰可能会承认没有法则的束缚，他们的想象力无拘无束地翱翔，他们的行为鄙弃理性所提供的任何说明，他们的理性枉费心机地试图离开梵的创造行为而见到梵，从而使理性本身成为枯石，而他们的心在试图将梵禁闭在自己流露的感情中时，却迷失在放荡销魂的狂喜中，由于他们忽视了法则的束缚和对外部世界的行动要求，从而在内心也失去了维持人类精神力量和品性的判断标准。"（泰戈尔：《人生的亲证》，宫静译，商务印书馆2009年版，第79页。）

20 参见 Ronald H. Isaacs, *Every Person's Guide to Jewish Philosophy and Philosophers*, Northvale, New Jersey: Jason Aronson, Inc., 1999, p. 178.

如此的相对化可能是人将所遇的他者视作终极真实的唯一的真正保证。[21]所以，非理性主义的主要目的是扩展狭义上的理性——逻辑和证明——的边界，它寻求一种与无限之物的命题综合。"可以肯定的是，信仰的内在区域不能仅仅被理解为相信某事物是真的，而是一种存在的构成。"[22]如莱博维茨（Yeshayahu Leibowitz）所言，"宗教信仰并非一种结论，它反而是由人做出的一种评价性的决定，并且这种决定与其他所有决定一样并非由是所得信息而来的结果，而是一种人对自身的允诺。换言之，信仰不是一种认知的形式，它是意识的一种意动的要素"[23]。这种意动在现象学层面将心、念、行都囊括其中，此即信念的认知态度之综合。

基于此，犹太教中表达为"信从"和"信心"的"信"也要得到强调，它们可自信念中生成。[24]因为对（真正的）自身信念的服从乃是自我持存的基本要求，"他们却不听从，竟硬着颈项，像他们祖先一样，不信服耶和华——他们的上帝。他们厌弃他的律例，和他与他们列祖所立的约，以及他劝戒他们的话，去随从虚无的神明，自己成为虚妄，效法周围的列国，就是耶和华嘱咐他们不可效法的"[25]。此处百姓的作为即对信从的反叛，他们不仅背弃了耶和华的律法和众先知传下的信念，而且公然违背了耶和华与他们列祖所立的约，转而"信从"虚无的神（异教神），这是最切实的罪孽。至于信心，同样由"信"的话语表达出来。约伯说："我知道，你万事都能做；你的计划不能拦阻。谁无知使你的旨意隐藏呢？因此我说的，我不明白；这些事太奇妙，是我不知道的。求你听我，我要说话；我问你，求你让我知道。"[26]这些祈祷和忏悔的话语彰显了其信心的不足，而约伯正是在坚定了自己的信念之后，重拾了自己的信

---

21 参见 Stanley Samartha, *Courage for Dialogue*, New York: Mary Knoll, 1982, pp. 151-153.

22 Martin Buber, *Two Types of Faith*, Petra Kamecke (trans.), New York: Syracuse University Press, 2003, p. 11.

23 Yeshayahu Leibowitz, *Judaism, Human Values, and the Jewish State*, Eliezer Goldman, Yoram Navon, Zvi Jacobson, Gershon Levi, Raphael Levy (trans.), Cambridge, Massachusetts and London: Harvard University Press, 1995, p. 37.

24 这意味着，断定非宗教性的组织极为简单：无信心的宗教组织出于玩乐、讽刺的目的，无信从的宗教组织基本是骗子集团，而缺乏信念的宗教也只是巫术中躯体的迷乱和癫狂。它们所谋求的东西与宗教神圣在根本上并不相关，即使在形式上，也多有缺乏。

25 《列王纪下》17：14-15。

26 《约伯记》42：2-4。

心。"这样，约伯年纪老迈，日子满足而死。"[27]由此，信从与信心在某种程度上与信念合一。

正如马丁·布伯所言："当我信的时候，我的整个存在都参与其中，我全部的本质都进入了这一过程，这一事件之所以能够发生仅仅是因为信仰的关系是我整个存在的关系。"[28]信仰关系本身是无条件的，它是宗教之存在的主体。信念的诸多含义由此清晰：它在认识层面表示实有的意见或观念，在知觉层面表示意志情绪，在事件—关系范畴表示念的意向或态度，在本体范畴表示念的本真状态即全然真理或非真理的面向。因此，所谓的宗教信念在根本上就是，主体凭理性对诸神圣或神圣（性）的再次确认。作为外在信仰的形式，信念在不同范畴的行动中呈现不同的内涵。

第二节　信念的诸种表现

一、信念作为意见或观念

在心理学中，感觉（sensation）通常具有比信念高得多的地位。很多心理学家（尤其是生理心理学家，他们与神经生理学家类似）刻意回避使用信念一词，他们宣称，信念远不如感觉和观念（idea）精确、更具科学性。然而，事实是，"被激情激起的信念的构想"[29]必然与感觉或观念的接受有关，后者作为心理要素运作既不独立也不纯粹，它们受到情感（包括情绪）、理智以及意志的影响。即由于无法避免事件发生的倾向性和整体性，感觉或观念必定与主体、对象以及效果或目的相关联。结果是，"意志和信念作为心理学现象的两个名称，意味着诸对象和主体之间存在特定联系"[30]，这些关系由观察得来的可观事实以及认知表象构成。"感受状态与感受活动因此是根本不同的：前者属于内容和显现，后者属于接受它们的功能。"[31]二者共同产生那被称为信念的东西。

27　《约伯记》42：17。

28　Martin Buber, *Two Types of Faith*, Petra Kamecke (trans.), New York: Syracuse University Press, 2003, p. 8.

29　William James, *The Principles of Psychology*, New York: Henry Holt & Co., 1890, p. 309.

30　William James, *The Principles of Psychology*, New York: Henry Holt & Co., 1890, p. 321.

31　舍勒：《伦理学中的形式主义与质料的价值伦理学》，倪梁康译，商务印书馆2011年版，第380页。

因而，在严格的心理学表述中，信念的确是"实在的感觉"（the sense of reality）[32]。感觉既不是可观察的，也不是不可观察的，将观察与感觉区别开来是一种范畴错误——进行观察本就蕴有感觉[33]。穆勒（John Stuart Mill）的看法是："一种感觉只包含自身；而对一种感觉的记忆（它只是复本与再现）却包含着对这种感觉在过去实际存在着的设定与信念；一种期待包含着一种多少有点肯定的信念，即，一种感觉或它所直接指涉的其它感受在将来也会存在。"[34]由此，信念的诞生即感觉的历史。

事实上，有历史的感觉作为生命事件本就是心理活动的逻辑原子，它是认知世界的基本物。所以，洛克才宣称观念[35]是心的单元，而人若能将某时的意识分为种种成分，则其所得的便为观念。观念的源流有二：感觉和反省。其中，（由感觉而来的）单纯观念混合成复杂观念，这乃是反省所显示出来的一种心的操作。联想心理学[36]将这一过程称为联想[37]，同时信念被描述、解释为"不可分割的联想"的持续状态，它意指诸观念在意识中的相续不断（比如"杯子"和"易碎"观念）。换言之，信念是观念不断联结的生成物，它欠缺一种自治的实在性[38]，其存在方式是语用的；而语法规则则是感觉（及经验）的历史本身。

---

32 William James, *The Principles of Psychology*, New York: Henry Holt & Co., 1890, p. 286.

33 参见赖尔：《心的概念》，徐大建译，商务印书馆 2009 年版，第 253 页。

34 布伦塔诺：《从经验立场出发的心理学》，郝忆春译，商务印书馆 2020 年版，第 146 页。

35 沃德于 1918 年在《心理学》的首章即定其表象的界说等于洛克的观念。在休谟的用法中，观念（idea）与意象（image）同义，印象（impression）则等同今日所称的感觉和知觉。符茨堡学派以此种观念为"无象思维"。有些意动心理学家也似以"意动"或"机能"为等值的东西。现代格式塔学派的实验的现象论者则以这些观念为现象。铁钦纳认为，人在意识中不能直接找到这种观念，便欲以"意义"一词称一般人所称的观念，因为意义虽不存在于心内，却直接隐含在心的概念之内。（参见波林：《实验心理学史》，高觉敷译，商务印书馆 2009 年版，第 208 页。）

36 心理学的联想主义学派主要包括德国的赫尔巴特（Johann Friedrich Herbart）和英国的休谟、穆勒父子以及贝恩（Alexander Bain）。

37 在这点上，黑格尔受益匪浅。"信仰是二律背反所赖以联合起来的那种联合物如何在我们表象之中存在的方式。联合是一种活动，这种活动，经过反思，成为客体，就是被相信的东西，或信仰物。换言之，联合这一观念，其存在方式就是被信仰或相信：联合和存在有同等的意义。但在根本上，存在只能被信仰，信仰却以存在为前提——因而人们能说'有某种东西存在，但并不因此必然意味着我信仰它'。"（黑格尔：《黑格尔早期神学著作》，贺麟译，商务印书馆 2016 年版，第 489-491 页。）

38 各种各样的（旧）实在论持相反的观点，它们宣称理念的实在是自治的，但这种

在更具体的层面，休谟将联想的法则规定为三个：相似律、时空接近律和因果律[39]，后来他将因果律还原为接近律，因此实则仅有两个法则。詹姆士·穆勒（James Mill）在1843年主张三个法则：类似律、接近律和强度律；后在1865年提出联想的四法则：类似律、接近律、频因律和不可分律，并且宣称心理现象的法则有时近于力学的法则，有时近于化学的法则。这样，观念的语法就与其语用难舍难分，罗素将之归为心的实在。"某个经验E（比如这样的经验，即在我们称之为'看见一只猫'的东西中的视觉核心）在我以前的历史中通常被某些其他经验紧密地伴随。因此，通过习惯法则，经验E现在被休谟称之为'观念'的东西所伴随。但是，我更愿意将这些'观念'称为'期待'，它们可能纯粹是身体的状态。不管怎么说，我们以后开始分析信念时会发现，这些期待应该称为'信念'。因而，尽管感觉核心不属于认识，其作为信念的联想伴随物必须归类于认识（包括涵盖在此题目之下的可能错误的信念）。假如这种观点显得奇怪，那是因为我们倾向于以过分唯理智论的方式思考信念。"[40]在根本上，"信念，乃是由于和一个现前印象相关而被产生出生动的观念"[41]，其内在是心之活泼。较正确地来说，它宁是人性中感觉部分的一种活动，而不是认识部分的一种活动，并且这种思想活动绝不单纯。[42]

所以，罗素认为"信念"这一个语词应该用几个语词来代替：首先是知觉、记忆、期待；紧接着是习惯推论——休谟认为它与因果关系相关联；最后是逻辑学家所认可或指责的故意推理。[43]与之相较，蒙塔古的说法更加全面："我们可把我们的观念与信念（beliefs）追溯到这些来源中的一个或多个：（1）旁

说法多是诗意的或神学的表达。比如马可·奥勒留的说法是："你所持的信条乃是有生命的。除非那与它们相应的表象（phantasia）熄灭了，不然它们怎么会消亡？但不断把这表象的火焰扇旺，是你可以做到的（epi soi）。"（《沉思录》，7-2。荻野弘之：《马可·奥勒留〈沉思录〉：精神堡垒》，周翔译，生活·读书·新知三联书店2021年版，第145页。）

39　冯特认为心理的因果只是心灵生长或发展的原则，心理因果律的通则还包括其他法则，最重要的为心理合成（psychic resultants）的法则或创造综合（creative synthesis）的原则，此即所谓"心理化学"。（参见波林：《实验心理学史》，高觉敷译，商务印书馆2009年版，第408-412页。）

40　罗素：《意义与真理的探究》，贾可春译，商务印书馆2012年版，第141页。

41　休谟：《人性论》，关文运译，商务印书馆1980年版，第115页。

42　参见休谟：《人性论》，关文运译，商务印书馆1980年版，第210-211页。

43　罗素：《意义与真理的探究》，贾可春译，商务印书馆2012年版，第242页。"至少有三种信念，即记忆、期待以及单纯的同意。"（罗素：《罗素文集第4卷：心的分析》，贾可春译，商务印书馆2012年版，第224页。）

人的见证；（2）直觉，这至少局部地建立在种种本能、情感、欲望之上；（3）以种种普遍原理为据的抽象推论；（4）感觉经验；（5）具有成效的实际活动。人们可以把在事实上也已经把每个这种泉源当作断定哲学真理的主要标准；因而跟这五种信念泉源相应的有下列五种类型的逻辑学说：（1）权威主义；（2）神秘主义；（3）理性论；（4）经验论；（5）实用主义。"[44]观念及其感觉符合物——信念——此时被理智全面接受了。

至此，普通心理学对信念的泛化理解才是行得通的。"信念指人们对自己的想法观念及其意识行为倾向的强烈的、坚定不疑的确信与信任"[45]，这是在以语用效果描述发生过程之性相。信念是一种在智力水平上的信心，怀疑则是在同样水平上对明确提出的观点的犹豫或焦虑。信念会随着智力的发展而逐渐长成为信心，信念和观念之间并没有清晰的界线，[46]这是有关信念的一般解释。如此观点正是普通心理学对待身体和行为的态度。当然，在最日常的语言中，信念也可以作为有内容的观念存在，它在根本上是人的想法。即使作为心理状态，信念也与意向活动对自身内容及形式的确证相关。即若将信念视作行为过程，它可被分为信念认知、信念体验与人格倾向三个部分，这些部分分别对应信念的起始、信念的进程、信念的结果。[47]按照蒂利希的说法，"作为人格中涵容一切又居中定夺之行为，信仰有其'出神之性'（ecstatic）。它既超越了各种非理性的无意识的驱使，也超越了理性化意识的各种结构"[48]。某人持有某一信念，意味着此人的心理状态变化以明晰念头的持有为起始，经由特定观念的引导，产生独特的意志情绪，并最终形成独属此人的人格特征。所以，当某人宣称自己有某种信念时，人们惯于将此人的宣称视作此人独有的意见、观点和看法而非真理，它是类似信心的未来行为的预备。

与此同时，信念也经常是命题性的：当且仅当某人认定某判断（事物、事件）是事实或者必将成为事实，某人才拥有对某事物、事件的信念。这种情况下，宗教信念就是对宗教及其相关事物的判断、观点或看法，它具有一般信念

44 参见蒙塔古：《认识的途径》，吴士栋译，商务印书馆 2012 年版，第 6 页。

45 林崇德等编：《心理学大辞典》：上海教育出版社 2003 年版，第 1431 页。

46 参见威廉·麦独孤：《心理学大纲》，查抒侠、蒋柯译，商务印书馆 2020 年版，第447 页。

47 如此区分的原因在，认知可以被理解为生物电信号的传递，而感觉则是接受信号后的机体反馈。

48 保罗·蒂利希：《信仰的动力》，钱雪松译，中国轻工业出版社 2019 年版，第 8 页。

所具有的多样性和差异性；且在真理层面，它可能与之相违背。然而，宗教观念并没有放弃那种趋近真理的尝试，事实上，信仰之道的整全及其对神圣智慧的追求使得后现代况状中的宗教的内在规定更为严格而不是相反。典型的例子是，文学、艺术、科学中的虚拟的宗教即使实在化了，具有对应的现实形式，它们仍然是无根的：对克苏鲁的崇拜是神秘化、情绪化的且缺乏信念的支撑，尚未有人能在此世界使用绝地巫师的原力，而飞天意面神（或驾驶不明飞行物的神）仅是一种讽刺性的科学假设。[49]弃绝真理的意见唯独在想象中获得自洽的性质。

当然，信念作为意见不仅具有内容及其对应的意义，在形式上，它是意向确证自身的标志。所以，信念的动词含义是意志性的，它不能被限制在意见或观念这类静止的实体中。换言之，宗教信念不能仅被视作既有的宗教观点、想法或教义，它更是信仰参与的强烈意志，信心与信从在信念的作用中不断被重复、生成。詹姆士在《多元的宇宙》中如此描述信仰阶梯的心理过程："你们心里总会出现（不管是怎么来的）一个关于世界的概念。你们问，这个概念是否是真的？你们说，它在有些地方很可能是真的，因为它并不自相矛盾。你们继续说，它甚至在此时此地可能是真的。你们立刻就感到，它的确算得上是真的，如果它果真是真的，那就太好了，它应当是真的。你心里有说服力的某个东西接着就低声地对你说，它必定是真的；然后——最后的结果是——你下了判断：它必须被认为是真的；对你说来，它必须好像是真的。而且你这样的推断可能在确定的特殊事例里是使得这个概念最后成为确实是真的一种手段。"[50]紧接着，詹姆士评价说："这个过程里没有一个步骤合乎逻辑，可是这正是一元论者和多元论者都用来坚持他们的见解的方式。这是生命超过逻辑，这是理论推理在得到结论以后寻找诸多论点的实用推理。我们有些人就是用这种方法坚持那种未完成的多元论的宇宙；其他的一些人就是用这一种方法坚持那种永远完备的永恒的宇宙。"[51]信念如此使自身完备、恰当，心与行动用生命、实用的逻辑补全了理性的推断，道德让概念获

---

49 分别参见 David McConeghy, "Facing the Monsters: Otherness in H. P. Lovecraft's Cthulhu Mythos and Guillermo del Toro's *Pacific Rimand Hellboy*", in *Religions*, vol. 11, 2020; Adam Possamai, *Religion and Popular Culture: A Hyper-Real Testament*, Brussels: P. I. E. Peter Lang, 2005, pp. 71-79.

50 威廉·詹姆士：《多元的宇宙》，吴棠译，商务印书馆1999年版，第179页。

51 威廉·詹姆士：《多元的宇宙》，吴棠译，商务印书馆1999年版，第179-180页。

得了真理的认同。在一定程度上，这是信仰在信念层面的飞跃，其中信念在生命的动力中超越了自身。

二、信念作为判断、命题

若观念可被视为信念的同义词，则如下推论应当被接受。"认识论必须按照一定的顺序安排我们的所有信念：这既包括那些我们对之感到确信的信念，也包括那些在我们看来只有或大或小的可能性的信念。这种安排必须从那些经过反思之后不需要任何支持论证就让我们觉得可靠的那些信念开始，而且这种安排必须揭示这样一种推论（主要不是严格的逻辑意义上的推论）的性质，而我们就是由之从这些信念获得派生信念的。那些不需要任何支持论证就显得可信的关于事实的陈述，可以称作'基本命题'。这些基本命题与某些可以称之为'经验'的非语词现象相联系。这种联系的本质是认识论的基本问题之一。"[52]

而在意见或观念的基础上，那让人感到确信的信念即是命题，命题可被视作一种有真值的判断。按照古典哲学家的观点（如柏拉图），意见或观念与真理的区分在于前者不一定为真甚至不需要为真，但后者却是永恒的起始或参照。这意味着，唯有可判定真值的意见或观念才称得上信念，且信念本身具有真理的面向，它期待着后者的审判。斯坎伦（Thomas Michael Scanlon）的观点是："一个判断能算作关于某个主题的深思熟虑的判断，仅仅被有信心地持有是不够的，它还应该必须是：当我在达成这类判断所要求的良好条件下考虑这一问题时，对我来说看起来明显为真的东西。"[53]而按照沙甘（Ethan H. Shagan）的说法，"现代信念指称的是这种观念：信念是个人判断的同义词，且因此现代的主体根据他们自己对一个命题是否可信的理解来选择信或不信。简言之，这是自主的判断"[54]。现代的分析哲学家（如艾耶尔等人）在很大程度上沿袭了古希腊的传统，他们认为无法判定真值的意见或观念都称不上信念，因此宗教中的信仰宣称和伦理学的道德判断都是无意义的，即使它们具有某些实用功能，对社会秩序和人类生活产生了重大影响。换言之，宗教信念在根本上难

---

52 罗素：《意义与真理的探究》，贾可春译，商务印书馆 2012 年版，第 11 页。

53 托马斯·M. 斯坎伦：《实在地看理由》，吴童立、金梁译，科学出版社 2021 年版，第 89-90 页。

54 Ethan H. Shagan, *The Birth of Modern Belief: Faith and Judgment From the Middle Ages to the Enlightenment*, Princeton: Princeton University Press, 2018, p. 6.

以成立，需要被认真对待的是那些被称为宗教意见或观念的东西，而它们本身与永恒的真理没有关系。

更进一步，根据逻辑实证主义的说法，信念本身是判断，而所有的判断都有真值，真理性在此是辨别信念真伪的标准。[55]这意味着，对逻辑实证主义而言，从属于知识范畴的命题或信念[56]需要与其他语言实践和生活事件区分开来，即永恒的真理要驱逐实用的真理，后者是语用而非语义的。可以想见的是，对信念的终极解释要求拒绝含义层面的任何模糊特征，因而波普尔试图去除科学和逻辑术语中的"信念"以及"理性的信念"，它们在起源上与心理主义相关。[57]早期的卡尔纳普也持有同样的观点：归纳逻辑并不将含糊的、不可确证的信念置于核心，即使它也不排除这些卓有成效的非理性因素的影响。[58]与此同时，拉卡托斯（Imre Lakatos）也宣称："科学的特征不是理性的信念而是命题的理性取代"[59]，这一传承自波普尔的观念使得综合得来的信念不再习惯性地可靠，它只有在归纳保证的情况下才是合理的。换言之，科学或逻辑层面的纯粹信念永远对经验和证明（证否）开放，甚至"不相信的信念"也是如此，归纳逻辑重视一切实质的内容和形式，而来源却只是一种历史。

然而，根据奎因（Willard Van Orman Quine）的看法，信念体系是知识的基本单位，而不是知识范畴的一部分，它在根本上是经验的，一种经验主义[60]的解释要取代那种唯独实证的固谬。所以，他将信念体系比喻为一张信念之网（web of beliefs），在一个以信念编织而成的知识系统中，核心部分的理论（例

---

55 此处需注意，信念在逻辑实证主义传统中并不等于语句或陈述，因为信念总可以表达为"我认为……"，此处的……就是判断的内容。

56 命题知识意味着：他们必须相信他们的判断；这些判断必须是真的；他们获得信念之为真必须是由他们的探究方式来保证的；信念必须"追踪真相"。（参见 B. 威廉斯：《伦理学与哲学的限度》，陈嘉映译，商务印书馆 2018 年版，第 190 页。）

57 参见卡尔·波普尔：《科学发现的逻辑》，查汝强等译，中国美术学院出版社 2007 年版，第 7-8、125-127、187-188 页。

58 参见 R. Carnap, *Logical Foundations of Probability*, Chicago University Press, 1950, pp. 37-51.

59 拉卡托斯：《数学、科学和认识论》，林夏水等译，商务印书馆 2020 年版，第 348 页。

60 奎因的哲学立场是经验主义（empiricism）与自然主义（naturalism），但他的经验主义不同于以洛克、休谟为首的英国经验主义，后者以感觉与料（sense data）、印象（impression）与观念（idea）作为人类知识的最基础单位，以此建立一套经验论；奎因则认为科学的经验观察与理论面向都同样重要，他认为经验论的基本单位应该是众多的信念体系（systems of beliefs）。

如基础算法）在网的中央位置，它连系着众多其他部分。其中，非核心的理论的出错都可以修补，这不是信念体系的合适判准，要判别信念体系的最终基础是对世界的解释能力，即它的解释是否足够简单与精准。典型的例子是，古希腊神学与现代物理学都对世界的现象作出各自的解释，因此它们是同等层级的理论体系；问题不在于无法观察的荷马众神存在与否，而是对于解释我们从世界观察到的物象方面，现代物理学于解释能力、精简度与精准度上比古希腊神学优胜，因此人们应该相信现代物理学才是更好的信念体系。奎因这种理论可以归作可谬论（fallibilism），即认为信念无法证成信念为真理，亦因此，一个信念体系之内的任一个别信念都是可以修正的。[61]这样，信念并非与永恒的真理绝对相关，而与信念之网的整体解释能力同构，实用在此成为解释的功能。所以，没有真值或真值无法断定的信念也在信念之网中，它们构成了生活和研究的观念整体。

此外，仅就判断本身来说，它也不拒绝形式上的信仰。因为"每一个判断中都隐藏着整个完全而深刻的对主语与谓语或者原因与结果的信仰；而后一种信仰（即断言每一种结果都是行动，每一种行动都是以行动者为前提的）甚至是前一种信仰的个案，以至于前一种信仰就作为基本信仰剩了下来，那就是：有主语"[62]。"判断意味着处置自己的并非外部对象的内在反应"[63]，由主语确定的主体性反对那种彻底的对象化，谓词与真理都成为相继之物。"判断意味着处置自己的并非外部对象的内在反应"[64]，这种内在的一致性使得判断和行动之间毫无间隔，信念的意志薄弱（akrasia of belief）[65]此时被拒绝了。换言之，若有确足证据支持信念 P，那么 P 一定会被承认并转化为对应的行动。

由此，宗教观念的合理性得到了说明：作为一种影响现实的意见或观念，宗教信念最起码与实用的真理[66]相关，且宗教信念是人类信念整体的一个不可

---

61 奎因的理论与波普尔相似，都承认"可错性"在科学、哲学中的基础地位。
62 尼采：《尼采著作全集》（第十二卷），孙周兴译，商务印书馆 2010 年版，第 120 页。
63 舍尔巴茨基：《佛教逻辑》，宋立道、舒晓炜译，商务印书馆 1997 年版，第 256 页。
64 舍尔巴茨基：《佛教逻辑》，宋立道、舒晓炜译，商务印书馆 1997 年版，第 256 页。
65 参见 Susan Hurley, *Natural Reasons*, Oxford: Oxford University Press, 1989, pp. 130-135.
66 日常生活需要对信念的确证，实用精神不仅不排斥科学，也不排斥宗教，人们需要的是合理的解释。对传教者和改教者来说尤其如此，此时，实践理性将信念开放于证明。与之相关的故事可参见沙甘：《现代信仰的诞生：从中世纪到启蒙运动的信仰与判断》，唐建清译，社会科学文献出版社 2020 年版，第 186-192 页。）就

或缺的部分。迪昂对此的看法是："什么是一个形而上学体系？什么是一种宗教信仰？它是就一种对客观实在的判断，是在断定或者否认某一真实的存在是拥有还是不拥有某种属性。像'人是自由的''灵魂是不朽的''教皇在信仰问题上是不会错的'这些判断，都是一些形而上学的命题或者是一些宗教的信条，它们全都断言某些客观实在具有某些属性"[67]，这些判断最终与知识或真理相关。当然，即使在知识层面，宗教信念具有实在地位这一观点也得到了辩护，其中宗教知识的真理性与科学的知识真理性并无二致，它们都基于理性的恰当功能得到了保证——宗教信念是恰当地起作用的认知过程或官能，它在有利于认知能力活动的认知环境中，按照一种成功地导向真信念的设计方案产生。[68]如伊文思-普理查德（Edward Evan Evans-Pritchard）所言，"信念必须根据两个原则被判定：作为命题，它们对于可观察实体要么真要么假；作为行动的理由，对于行动而言它们要么是一致的要么是不一致的"[69]。实用的真理在行动层面将宗教与伦理[70]紧密联系在一起，它将诸神圣对人的关照呈现为具体而多样的道德指导，且这指导在臻于至善的过程中将信念文本化为身体和灵魂的符号。

三、信念作为证明

小穆勒（John Stuart Mill）在评价大穆勒（James Mill）的《人类心理现象分析》时宣称："一种判断与其他形式的言谈之间的特性差异在于，判断不仅把一个特定的对象带到心灵中，而且它也断定有关这个对象的某种东西；判断

个体而言，如魏宁格所说："从我的角度出发，信仰包含着赠予，我把我赠予我所相信的判断，信仰的对象存在于逻辑之外，对逻辑我自己只能相信。因此，对于'荒诞'，只能以相信的态度，不能以知识的态度予以肯定。"（魏宁格：《最后的事情》，温仁百译，译林出版社 2014 年版，第 148 页。）

67　皮埃尔·迪昂：《物理理论的目的与结构》，张来举译，中国书籍出版社 1995 年版，第 315 页。

68　参见普兰丁格：《基督教信念的知识地位》，邢涛涛等译，北京大学出版社 2004 年版，第 179 页。

69　Edward E. Evans-Pritchard, *Witchcraft, Oracles, and Magic Among the Azande*, Oxford: Oxford University Press, 1976, p. 159.

70　伦理信念并不等同于知识或确定性，它的来源可能或部分是决断。伦理信念，像任何形式的信从（being convinced）一样，必定包含受动的一面，在某种意义上，必定是它贲临你。它的最佳表达大概是社会性的信心。（参见 B. 威廉斯：《伦理学与哲学的限度》，陈嘉映译，商务印书馆 2018 年版，第 224-226 页。）此处"信从"译为"正被确信者"更为恰当。

不但引起某种观念序列的表象，也引起观念序列之中的信念，这种信念显示着这种序列是一种实际上存在着的事实。"[71]此处，对观念序列的追求就是那被称为（习惯或本能）认知的事件，而对信念序列的追求则是证明。

因而，不难看出，（对于基督教而言，）有关信仰证明的争论自教父时代就已兴起。根据沃尔夫森（Harry Austryn Wolfson）的总结，于德尔图良和奥利金而言，信仰意味着仅基于权威便接受圣经的教导；于亚历山大的克莱门特（Clement of Alexandria）和奥古斯丁而言，信仰意味着接受圣经的教导，或者基于权威，或者基于合理证明的真理。在有关简单信仰的价值与理性论证信仰的价值之间的关系这一问题上，德尔图良认为如果理性论证先于信仰，那么它削弱了信仰的价值，反之则不然；对亚历山大的克莱门特来说，简单的信仰和证明的信仰总是具有同等的价值；对奥利金来说，证明的信仰总是比简单的信仰具有更大的价值。[72]但无论如何，呈现为信念的信仰都是有价值的，即使它们得来方式的不同会造成一定程度的区分，这种区分的目的并不在减弱或消解信念的合理性。恰恰相反，无论是简单的信仰还是证明的信仰，它们都追求一种深刻的认知，这种认知能最大程度理解、体会神圣本身及其呈现。[73]

所以，现代思想家对这一问题的争论承古而来，区别只在支持这些观点的证据越来越丰富。比如迪莫斯（Raphael Demos）宣称信仰根本与证据无关，[74]林贝克将之具体解释为，未具体化的信仰关系才是信仰的本真状态，而任何将信仰知识化（理性主义传统和经验主义传统）的尝试都是徒劳的。究其根源，根于神圣的信仰具有超越的特性[75]，这直接决定了它不被外在的或内在的证据

---

71 布伦塔诺：《从经验立场出发的心理学》，郝忆春译，商务印书馆 2020 年版，第 247 页。

72 参见 Harry Austryn Wolfson, *The Philosophy of the Church Fathers: Faith, Trinity, Incarnation*, London: Geoffrey Cumberlege, Oxford University Press, 1937, pp. 137-138. 更多详细论述参见本书第 102-140 页。

73 "有关上帝存在的信念并不是严格地经验上的。存在诸多理由去相信祂存在，并且如此这般的信念并非完全的臆想。"（John Rawls, *A Brief Inquiry into the Meaning of Sin and Faith: With "on My Religion"*, Thomas Nagel (ed.), Cambridge, Massachusetts & London, England: Harvard University Press, 2010, p. 113.）

74 Raphael Demos, "Are Religious Dogmas Cognitive and Meaningful?", in *Academic Freedom, Logic, and Religion*, Morton White (ed.), Philadelphia: University of Pennsylvania Press, 1953, p. 37.

75 "善者，吾善之；不善者，吾亦善之；德善。信者，吾信之；不信者，吾亦信之；德信。"老子：《道德真经》，载《道藏》第 11 册，文物出版社、上海书店、天津古籍出版社 1988 年版，第 478 页。

所证实或确保，反而在人与神圣的对话、交流中，信仰的涵义才具有特定的、解释的价值。换言之，对林贝克来说，基督教中有关超越者的知识是不需要证明的，它的解释比证明更有效力。[76]与之相反，詹姆士宣称，我们生下来就被允许且有义务基于我们应当可见之物形成信念，且在许多情况中，不可见就是不充分的。[77]克利福德（William Kingdon Clifford）也认为，无论在何处，某人基于不充分的证据相信某事物都总是错误的。[78]这些谬见违背了人的理性认知的本能，而这种本能是信念存在的结构—功能基础。所以，对于宗教证明的支持者而言，无论是基于经验的还是基于逻辑的证明都与理性相关，且理性为各种解释提供了不同的方法论支撑。[79]与宣称宗教信念不存在的逻辑实证主义者相较，这些学者更关注何种证明方法更有效。当然，逻辑实证主义者的批评和语言游戏说理论确实揭示了一种宗教观念固有的缺点，即它习惯于封闭自身。这种信仰的闭环（the closed circle of faith）指的是，与信仰相关的命题无法在信仰之外获得证明，这直接导致信仰被封闭在自身的符号话语和意义体系中，科学对信仰的排斥有很大一部分来在于此。[80]所以，对他者的接受与被他者接受都应该在信念的层面有所表达，二者息息相关。在证明中，被他者接受（主要表达为信念）不仅是接受他者（主要表达为感受、领会、理解）的结果，而且作为接受他者的前提被预设在交往的行动中。

　　概言之，基于宗教信念的证明是被承认的，但它对信众而言并不必要[81]，

76　参见 Lindbeck, George, *The Nature of Doctrine: Religion and Theology in a Post-liberal Age*, London: SPCK; Philadelphia Westminster Press, 1984.

77　参见 W. James, "The Will to Believe", in *The Will to Believe and Other Essays in Popular Philosophy*, New York: Longmans, Green & Co, 1907, pp.1-31.

78　参见 Clifford, "The Ethics of Belief", in *Lectures and Essays*, S. Pollock (ed.), London: Palgrave Macmillan, 1879, pp. 177-187.

79　有关有神论信仰的证明，可参见 O. K. Bouwsma, *Without Proof or Evidence: Essays of O. K. Bouwsma*, J. L. Craft & R. Hustwit (eds.), Lincoln: University of Nebraska Press, 1984.比如在十六、十七世纪，特定思想家在神学人论领域所持的信念与他们在科学领域所作的方法论规定之间仍然可以建立起重要联系，典型人物如笛卡尔。（参见哈里森：《人的堕落与科学的基础》，张卜天译，商务印书馆 2021 年版，第 9-12 页。）

80　然而按照托兰斯（T. F. Torrance）的说法，在神学与科学观念之间有一种对神学和科学来说具有最为深远意义的隐藏着的交流或交通，在那里，可以发现它们两者具有一些深刻的相互关系。（参见 T. F. Torrance, *Reality and Scientific Theology*, Edinburgh: Scottish Academic Press, 1985, pp.ix-x.）

81　黑尔（Richard Mervyn Hare）发明的 blik 概念指明了这一点：对每个个体而言，信仰乃是个体对自身经验的不可证实又不可证伪的解释。（参见 R. M. Hare, *Essays on Religion and Education*, Oxford: Clarendon Press, 1992.）

也没有对经验证实产生全面的优胜。事实上，在有关信仰的信念证明和经验证实之间，存在一种信仰的归纳（faith in induction），它指的是个体在并未拥有相同的宗教感受或信念时通过观察得出结论的状况。在根本上，信仰的归纳是一种理智的类比，它与宗教行为的预测相关；在实践方面，它是一种共情的尝试，无信仰或异信仰者藉此理解他人。与宗教经验的切身体会和宗教信念的逻辑认定不同，这种弱化的证明形式在日常生活层面将信仰理解为道德范畴的先天综合判断，它是人的基本生活形式中的一种。在理性的支撑下，这种综合的信仰证明将信念与经验纳入人类理解的整体范畴之中。

当然，人们的确没有必要将一种宗教的信念证明与科学证明等同，按照卡普托的观点，明白人（phronimos）是很难具有真正的信仰的。[82]因为对他们来说，信仰在根本上是概率的游戏[83]，即明白人只会相信证据和真理，概率越大、证据越充分的命题和事件在他们看来越值得相信。[84]然而，信仰只有在不可能

---

82 Phronimos，保罗用这词（明白人）来指哥林多教会的人，亚里士多称之为实践智慧者。

83 有关信仰程度的描述可以参见贝叶斯主义的"置信度"概念，即使这一规则并未取得所有人的同意。具言之，贝叶斯的规则是：如果 t1 早于 t2，理性要求 N——N 在时刻 t1 对 p 的置信度是 c（p），对 q 的置信度是 c（q），并且条件式的置信度 c（p|q）表示条件 q 成立时 p 的置信度，并且在时刻 t1 和 t2 之间 N 只习得并确信了 q，那么 N 在时刻 t2 对 p 的置信度就是 c（p）c（p|q）/c（q）。（参见约翰·布鲁姆：《推理得来的理性》，荣立武译，科学出版社 2021 年版，第 252-253 页。）

84 我们首先应该注意，在我们的语言中，信念（Belief）一词的使用正在变化：先前它表示依据某一外部权威被视为某种确定的和确凿的东西；现在，它日益增长地表示依据与概率或多或少充分协调给予一个陈述的信任。用法的变化标志着确信的基础从未批判的信念向被权衡的概率逐渐转移。我们已涉及的准则如下：1. 在不可能运用人的理性的地方，也就是不可能批判和研究的地方，相信在此处不仅是无益的，而且是反社会的。于是，信念被视为知识的附属物：在需要决断的场合被视为行动的向导，其概率不像相对于知识那样是压倒之势的。在我们不能推理的领域去相信是反社会的，因为共同经验表明，这样的信念损害在我们能够推理的领域中的行为。2. 只有当推理是从已知的事物到在类似环境中具有相似性质的未知事物时，我们才可以推断我们无法用直接感觉经验证实的东西。因此，我们不能推断在有限意识的物理环境之外的"无限的"意识；我们不能推断月球上的人，不管月中人与我们自己在本性上多么相像，因为月球上的物理环境不像我们在此处找到的人所处的环境，如此等等。3. 我们可以推断传说之真，当它的内容与人们目前的经验具有相似的特性和连续性时，当存在着合理的根据假定它的源泉在于人们了解事实并报告他们了解的东西时。威灵顿（Wellington）和布吕歇尔（Blücher）打胜了滑铁卢战役，这个传说满足必要的条件，而卡尔大帝和蝰蛇的奇迹则不满足无论哪个条件。4. 虽然在微小的生活行动中，在迅速作决定是重要的场合，在微弱的证据上推断和在很小的概率权衡上相信是合理的，但是把建

中成为信仰，在概率不被考虑之处，它才真正存在。作为一种神圣的现象，信仰显然超越了经验的边界。[85]当人们真正将概率理解为一种界限时，那在界限两旁的事物而不是界限本身才是信念的意义，它暗示着在可见物背后存在不可见或未见的深刻之物。

四、信念作为知识

　　新信念的不断生产成就了知识整体，而这一过程可以被如此描述。"所有推理，其本质都是依据心智中已有的信念形成判断或新信念的过程。如果这些既有信念是真实的并且推理过程是正确的，那么，新信念也将是真实的，并将成为一个有效的行动指南。"[86]在性质上，行动指南与知识的索引表基本同等。所以教士和哲人对待信念与知识的态度同信念与证明类似，因为在根本上，可以被证明的信念构成知识的基础。希克在《信仰与知识》一文中将信仰作为假定的知识模型，目的正是了解它怎样被构成以及如何与认知和相信总体相关。[87]普兰丁格用保证（Warrant）来代替证明，这种保证通过"恰当功能""设计蓝图""认知环境"和"朝向真理"四个方面的规定确保了基督教信念的知识地位。所以，将宗教信念视作知识的基础、要素或部分都意味着一种独立的宗教知识被生成，且由于这些信念已得到证明，它们构成的知识具有逻辑上的在先合理性。基于此，宗教信念及其意味的综合（即宗教信仰）与知识保持一致。

　　然而，这种信念与知识的等同并不能被理解为内容和逻辑形式上的同一；与之相反，宗教信念作为得到保证的知识恰恰是因为其功能结构及目的指向与其他类型的知识相符合。在人类历史中，信仰作为知识在功能层面是启蒙

　　立在不充足的证据基础上的信念作为行为的持久标准，也是违背社会的真正利益的。这个准则暗示，接受基于不充分证据的信念作为行为的惯常指导，必然导致对个人在重要的生活决定方面的责任缺乏恰当的领悟。我们没有权利在七时相信，出租马车八时将在停车场上，即使我在八时半赶火车对其他事情至关重要。（参见皮尔逊：《科学的规范》，李醒民译，商务印书馆 2012 年版，第 60-62 页。）原译者选择将此段引文中的 Belief 译为"信仰"，笔者将之改为"信念"。

85　参见 John D. Caputo, "The Experience of God and the Axiology of the Impossible", in *Religion After Metaphysics*, Mark A. Wrathall (ed.), Cambridge: Cambridge University Press, 2004, pp. 123-145.当然，一种渐进的超越获得了更多人的支持："盯着那所有可感事物的基质以外的地方，心灵经过理智世界到达理智世界以外的地方。"（斐洛：《论〈创世记〉：寓意的解释》，王晓朝、戴伟清译，商务印书馆 2012 年版，第 40 页。）

86　威廉·麦独孤：《心理学大纲》，查抒侠、蒋柯译，商务印书馆 2020 年版，第 490 页。

87　参见 John Hick, *Faith and Knowledge*, Ithaca: Cornell University Press, 1966. p. 1.

的。根据梅洛-庞蒂的"原初信仰"（primordial faith）概念可知，原初信仰曾在先占有并表达人类知识的普遍和最基本的结构。因此，历史无论其进程还是学科，都足以被理性地描述为行动中的人类信仰——其进程更显主动，而作为学科更多地表达批判性反思。[88]但在科学兴盛的当代，知识类型划分的扩展使得那种信仰与知识在内容上的交错减少，无法被经验证实的宗教知识更多寻求在认知逻辑上的一致性。在这个意义上，科学和信仰的划界正区别了不同类型的知识的效用，宗教知识显然更关注心灵的解释。

事实上，信仰与知识的差别早已被预设在二者的相互承认之中。根本上，信仰或信心可以作为知识的来源，[89]而知识使信仰变得更容易，是信仰进入人的心和意识。[90]并且，在普通心理学将心理层面的信念划分为认知、体验和人格倾向时，信念就已具有了信心的部分含义，它于知识整体而言是起始性的。这种关系在基督教中表述为"敬畏耶和华是知识的开端；愚妄人藐视智慧和训诲"[91]。与之相对，珀金斯（William Perkins）认为，信仰是全部知识的起始，而非一种感觉或经验，它由上帝的灵的光照所创。在知识之后，才有意志、经验和情感跟随，即信义是宗教情感的基础。[92]此处信念不仅是知识的同义词，它同时占据了信仰含义的主体，一种理念似的信念成为了神圣知识的组成部分，它奠定了被综合的信仰的基础。所以，（根据印度教教理，）新的知识形式是被接受的，这意味着科学知识和宗教知识并不相悖，其他形式甚至未知形式的知识也不被排斥，只要其不在根本上违背神圣对知识的规定——知识是被呈现的、现象性的道。[93]换言之，神圣的信念开启一切世间的知识。

当然，这种观点很难获得多数人的认同。毕竟珀金斯的看法与新柏拉图主义一脉相承，它对灵智的强调会取消身体的共在，而这显然是正统教会不愿看

88　参见 Maurice Merleau-Ponty, *Phenomenology of Perception*, Colin Smith (trans.), London & New York: Routledge, 2002.

89　参见 David J. Kalupahana, *A History of Buddhist Philosophy: Continuities and Discontinuities*, Honolulu: University Of Hawaii Press, 1992, p. 31.

90　参见 R. M. Khomeini, *Islam and Revolution: Writings and Declarations of Imam Khomeini*, H. Algar (trans.), Berkeley: Mizan Press. 1981, p. 376.

91　《箴言》1：7。

92　参见 Raymond A. Blacketer, "William Perkins", in *The Pietist Theologians: An Introduction to Theology in the Seventeenth and Eighteenth Centuries*, Carter Lindberg (ed.), Malden: Wiley-Blackwell, 2005, p. 44.

93　参见 Richard P. Cimino, *Mystical Science and Practical Religion: Muslim, Hindu, and Sikh Discourse on Science and Technology*, London: Lexington Books, 2014, pp. 21-38.

到的。根据教会的教导，身体和灵魂在信仰中各司其职，它们构成了感受、领会、理解、解释等不同的信仰类型，理性和知识仅是其一。而根据奥卡姆的宣称，信仰不能是知识的事件，一个人必须信仰不是因为（because of）理性，而是尽管（in spite of）理性存在。信仰和理性不是互补的，它们互相对立。[94]显而易见，"尽管"一词暗示了某些理性的优越，这种优越被科学知识继承，它代表着经验的确定、逻辑的完满、抽象的可印证、真理的永恒等；但它毕竟不是信仰，而这才是信仰之为信仰的原因。同样的道理适用于其他信仰的要素：尽管感觉、知觉和知识在某些方面比信仰优越，但它们毕竟不是信仰。信仰是不可见之物，它应当耗尽在视野之中，因此视野终止信仰。"信望爱中爱是最大的，因为其他两者被废止时爱仍存在——一个人不能宣称相信其已知的事物，也不能盼望其已有之物，（但能爱已爱之人或事物）。"[95]信仰的边界在生命的解释中得到扩展。

总而言之，信念作为知识在根本上是解释性的，它与人的历史性理解相关。一如布尔特曼所说，基督教的知识是在神圣恩典之下的人对自身的理解，一种在信仰中的存在性的自身的理解，[96]这种理解自然生出知识性辩护的要求，后者不在人的认知之外。霍奇斯（Herbert Arthur Hodges）赞同布尔特曼的观点，他认为我们因存在性的决定去相信，且对上帝的接受不是一种对存在事实的确定，而是一种信仰。[97]"上帝存在"与人的存在境况有关，人没必要也不可能对此做出经验的或超验的辩护。伍德布里奇（Frederick James Eugene Woodbridge）将这类知识性辩护总结为"为了超自然信仰对人的拯救以及人们对幸福的追求进行辩护"[98]，因为信仰在根本上是对人而非自然或诸神圣的。由此，信念容纳并解释了知识，而非相反。如海德格尔所说，真理的本质是为

94　参见 Pierre Alféri, *Guillaume d'Ockham: Le singulier*, Paris: Éditions de Minuit, 1989, pp. 458-59.

95　John Locke, *John Locke: Writings on Religion*, Victor Nuovo (ed.), New York: Oxford University Press, 2002, p. 37.与此同时，佩潘（Guillaume Pepin）宣称，信是精神大厦的第一根基，且它在信望爱这神学三德中是为首的。Guillaume Pepin, *Sermones Quadraginta de Destructione Ninive*, Paris: Claude Chevallon, 1527, p. 267.

96　参见 Rudolf Karl Bultmann, *Theologie des Neuen Testaments*, Tübingen: Mohr Siebeck, 1953, p. 323.

97　参见 H. A. Hodges, *God Beyond Knowledge*, W. D. Hudson (ed.), London: Macmillan, 1979, pp. 40-42.

98　参见 Frederick J. E. Woodbridge, *An Essay on Nature*, New York: Columbia University Press, 1940, pp. 280-283, 334-335.

存有之自行遮蔽的澄明，相对地，知识是持守于这种澄明遮蔽之中的事物。信仰意味着持以为真，其广泛含义是赞同，[99]信念在未被考虑采纳的层面即是敞开的知识。

五、信念作为真理

当知识与真理的逻辑关系被主体性的解释消解时，人们便再不能将真理视为终极的客观之物。这种神秘而不言自明的东西被永恒地置于观念或判断的整体中，于是"一切信仰都是一种持以为真（Für-wahr-halten）"[100]。费希特的说法是："我希望自己是独立的，所以我把我自己视为独立的。而这样一种以愿为真的做法就是信仰。因此，我们的哲学是以一种信仰为出发点，并且知道这一点。"[101]其后果是，"我不想让自己随心所欲，要用理性根据来强迫别人接受这信仰；在这样一种计划遭到失败时，我也不会感到惊讶。我采取我的思维方式，首先是为了我自己，并不是为了别人，我也仅仅是想在我自己面前证明这样做是一种方式正确"[102]。因而，对真理来说，信念确实是比谎言更危险的敌人，[103]它以自身替代而不是试图遮蔽或扭曲真理。那被承认为"真理"的东西在根本上是被接受的信念，所以人们常将没有依据的精神原则的习惯称作信仰。[104]在一个单一的一致的系统中，信念间的和谐只被"对真理的无私的爱"所感动的那些人近似地达到[105]，因而解释关系此时胜过其内容，真理乃是一种多余物。甚至，那些与真理等同的知识也被放弃：知识指向真理，却绝不是真理。

故而，真理知识的神话被打破了。且即使真理的内容可以被视为知识，它的内涵也胜不过其形式。因为在根本上，信念乃是生成之物，知识和真理都

---

99 参见海德格尔：《哲学论稿：从本有而来》，孙周兴译，商务印书馆 2016 年版，第 441-442 页。

100 尼采：《尼采著作全集》（第十二卷），孙周兴译，商务印书馆 2010 年版，第 401 页。

101 费希特：《伦理学体系》，梁志学、李理译，商务印书馆 2009 年版，第 27 页。

102 费希特：《论学者的使命 人的使命》，梁志学、沈真译，商务印书馆 2009 年版，第 157 页。

103 参见尼采：《尼采全集》（第二卷），杨恒达译，中国人民大学出版社 2011 年版，第 211 页。

104 参见尼采：《尼采全集》（第二卷），杨恒达译，中国人民大学出版社 2011 年版，第 126 页。

105 参见威廉·麦独孤：《心理学大纲》，查抒佚、蒋柯译，商务印书馆 2020 年版，第 508 页。

在不断被构成，它们以理论效用的方式存在，这直接导致真理理论[106]的条件化——而"信念就是相信在某一个知识点上占有绝对真理"[107]。

　　　相信这一点，其前提就是：绝对真理是存在的；同样，达到绝对真理的完美方法已经找到；最后，有信念的每一个人都在利用那些完美的方法。列举的所有这三种前提马上证明，有信念的人不是有科学思维的人；他站在我们面前，理论上还处于天真无邪的年代，不管他在其他方面会有多么成熟，终究是个孩子。但是几千年生活在那种稚气的假设中，从中流溢出最强大的人类力量源泉。无数为信念而牺牲的人认为他们是为绝对真理而作出牺牲的。他们全都错了：也许还从来没有一个人为真理牺牲过；至少他的信仰的教条主义表达会是不科学或半科学的。不过，实际上人们想要有理是因为他们认为不得不有理。让人夺走自己的信仰，这也许意味着对他的永恒的幸福产生怀疑。在这样一件有着极端重要性的事情中，"意志"可是太可以听得到的理智的提示者。任何方面的任何一位信仰者的假设是不可能受到反驳的；即使反对的理由表明为非常强烈，他们一般地诋毁理性，也许甚至将"因为它荒谬，所以我相信它"（credo quia absurdum est）树立为极端狂热信仰的旗帜。这不是使历史如此充满暴力的观念之争，而是对观念的信仰之争，也就是说，信念之争。要是所有那些如此看重自己信念，为信念作出各种牺牲，毫不吝惜荣誉、肉体和生命来为信念服务的人只把他们一半的力量奉献于调查他们凭什么要执著于这个或那个信念，他们是从什么途径达到这样的信念的，那么人类历史看上去就会有多么温和！还会有多少东西要被认识！对异教徒的各种迫害中所有那些残酷的场面，在我们看来是可以避免的，有两个理由：其一是因为宗教裁判所的审讯官们首先会在审讯官中间进

---

106 "真理"的四种理论是：I. 用"有保证的可断言性"代替"真理"的理论。这种理论为杜威博士及其学派所主张。II. 用"可能性"代替"真理"的理论。这种理论为赖欣巴赫教授所主张。III. 把"真理"定义为"融贯"的理论。这种理论为黑格尔派以及某些逻辑实证主义者所主张。IV. 真理的符合论。根据这种理论，基本命题的真依赖于它们与某种现象之间的关系，而其他命题的真则依赖于它们与基本命题之间的句法关系。（参见罗素：《意义与真理的探究》，贾可春译，商务印书馆 2012 年版，第 341 页。）

107 尼采：《尼采全集》（第二卷），杨恒达译，中国人民大学出版社 2011 年版，第 236 页。

行审讯，会超越那种要捍卫绝对真理的狂妄；其二是因为异教徒们自己在调查之后，不会再给予所有宗教教派和"正教"的信条之类如此毫无根据的那一套以进一步的关注。[108]

这样，群体的真理在根本上就是一种会谈；而其最终追求则是在一致同意中发现并接受那被自己拒斥的信条及其理由。[109]

当然，真理的绝对性并非就此消失不见，只不过它从一个形上的、永恒的范畴去到了更加实在的、效用的范畴。"道德赞同的特有情感是不可分离地与一个信念结合在一起的，这个信念——潜含的或显明的——就是：被赞许的那项行为'真的'是正当的，亦即只要不犯错误，它就不可能被其他人的心灵所拒绝。"[110]尼采对此的解释是："好意的、乐于助人的、善良的信念，绝对不是为了从这些信念出发的利益的缘故而获得成功的：而是因为它们乃是丰富心灵的状态，这些心灵能发送，能承荷自身的作为生命丰富感的价值。"[111]这意味着，真理的绝对性可体现为主体的认知和道德行动的天然倾向，它绝不预先设立某种终极假象，而是将人的生命意志具现在所行所感之中。

六、信念作为理性

当人们将知识视为信念及其解释的功能或构成物时，知识本身就不再是现成的，它失去了理念般的实在性和先在地位。知识的获取由此成为被揭示物的显现过程，后者不再被预设在未知中，所谓去蔽此时也只是一种理解的生成，它不依附于某种本体的想象。"首先，一些句子意味着被观察到的事实。我们已经考虑了这种情况是如何发生的。其次，一些被观察到的事实是信念。在该信念持有者的身上，一个信念根本不涉及任何语词；但是，只要有适当的词汇，发现一个意味着被感知的事实——即我有如此这般的一个信念——的句子总是可能的。假如这个句子是以'我相信……'（I believe that……）开始

---

108 尼采：《尼采全集》（第二卷），杨恒达译，中国人民大学出版社 2011 年版，第 236-237 页。

109 "有一定理由的相互怀疑取代了有一定理由的相互信任。出现了对以群体为基础的真理的要求：即局内人要求有自己的抵御局外人谬误的真理，局外人也要求有自己的抵御局内人谬误的真理。"（默顿：《科学社会学：理论与经验研究》，鲁旭东译、林聚任译，商务印书馆 2003 年版，第 138 页。）这就是局内人信条和局外人信条，它体现了社会性信念的自我性和对抗性。

110 亨利·西季威克：《伦理学方法》，廖申白译，商务印书馆 2020 年版，第 56 页。

111 尼采：《尼采著作全集》（第十二卷），孙周兴译，商务印书馆 2010 年版，第 604 页。

的，那么在'我相信'（I believe that）这几个词的后面是意味着一个命题的句子，而且这个命题据说就是我所相信的东西。完全同样的说法也适用于怀疑、愿望等等。"[112]在这个意义上，信念的可靠保证只能是理性本身，它取消了那种理念与分有的遥远关系，对可信性的感知和对真理的相信完全是同一种行动。[113]而信仰与知识同出一源，如伯格（William George De Burgh）所言，信仰并非宗教意识的特质，反而是一切理性生活的首要前提。在根本上，信仰与理性的对立与人类自身的有限相关，它们都是对上帝启示的回应。[114]这意味着，对于伯格来说，理性、直觉和信仰在知识获取中是联合的，这种联合将具化的各种各样的感受、领会、理解、解释综合为知识的整体。

这样，信仰在根本上与理性相关。在整体层面，信仰不只是感觉，它同样具有认知的因素。事实上，由于信仰根植于一种特殊类型的内在经验，所以它所要求的理性基础程度更高，而这种理性需要超越科学的原则并与世界的终极规则一致。因而，怀特海将如今信仰的时代称为（更加）理性主义的时代。[115]对此，克莱顿（Philip Clayton）宣称，理性行为中的信念必须向回应开放，即主体必须进入对信念的理性讨论，接受并回应它们如何立足主体之间的批评的指示。理性的认识论前提是所有信念（或信念的集合）都显示出比其对手更少的对反对的接受，理性的讨论接受一种解释的根基性。换言之，争论是理性信念的必要品质，信念在一些解释和更好地解释中作出内容上的改变。更进一步，基督教信念在根本上是解释性的，所有的理论性的基督教信念都有对材料进行解释的特性，而那些实践性的基督教信念——与什么是我们该做或必须做抑或结果是善的相关——则直接指向信仰的行动。[116]这样，理性参与的日常生活中的观念的沟通在宗教范畴与其他范畴并没有什么根本的区别，信念之网将人的宗教生活、伦理生活甚至科技生活关联在一起。

---

112 罗素：《意义与真理的探究》，贾可春译，商务印书馆 2012 年版，第 209 页。

113 参见 Edward T. Oakes, *Pattern of Redemption: The Theology of Hans Urs von Balthasar*, New York: Continuum Intl Pub Group, 1994, p. 141.

114 参见 W. G. de Burgh, "Review of E. Gilson, God and Philosophy", *Mind*, vol. 51, 1942, pp.275-80.; W. G. de Burgh, *The Legacy of the Ancient World*, Harmondsworth: Penguin Books, 1955, p. 527 n. 1.; W. G. de Burgh, *The Life of Reason*, London: Macdonald & Evans. 1949, p. 89.

115 参见 Muhammad Iqbāl, *The Reconstruction of Religious Thought in Islam*, Stanford, CA: Stanford University Press, 2013, pp. 1-2.

116 参见 Philip Clayton, *Explanation From Physics to Theology: An Essay in Rationality and Religion*, New Haven: Yale University Press, 1989, pp. 134-138.

尤为重要的是，理性的开放在诸宗教中必须始终被强调。这意味着，宗教中的理性必须首先是最公共、最普遍的，它应该为人类整体共有；在这之后，个体理性的解释才能被群体接受、推崇，且它必须接受合理的反对理解。究其根源，对信仰某一方面的极端推崇或独断是宗教原教旨主义产生的根源之一，它拒斥理性带来的主体间的商议：一旦某些被放大或偏爱的信仰的性质得到提升，控制和战争便在所难免，这与因对信仰有不同理解而产生的教派的分化或学派的分化有很大差异，后者始终将理性放在最为重要或至少同样重要的位置。明显的例子是，阿赫塔尔（Shabbir Akhtar）有关伊斯兰原教旨主义的论断包含了三个基本环：由于宗教必须具有一种内在的好战忿怒的性情，原教旨主义因其自身存在；伊斯兰是信仰和权能统一的事业；对宗教的理性沉思的终点必然是信仰，因为理性无法走得更远。[117]信仰逻辑在论证层面——即理性作为预设方法——的断裂，导致了这一结果的发生。事实上，基督教、印度教、锡克教、犹太教和伊斯兰教的原教旨主义（或基要主义）都共享这一逻辑链，它们都忽视了性情需要被管理、事业是社会性的、信仰寻求理解这一现代社会的基本规则；而按照当前的社会规则，原教旨主义显然难以取得一致同意。所以，如洛克所言，"如果神圣的信仰和属人的信仰有什么不同之处，那么它一定在同意、反对的行动或理由之中。这行动在各处都是相同的，而反对使其不再神圣"[118]。信念的运作在根本上支持这种修辞、辩论中的理性的澄清。换言之，辨明的理性真正将有效的宗教信念和无效的宗教信念区别开来，后者在对人类理性的开放、可错及其对事实真理、严谨逻辑和主体交往的本性的违背中失去了被理解的价值。由此，理性终结了信念的独断。在广义上，观念（或意见）、命题与判断、证明、知识、真理都由理性生成。

七、信念作为意向与态度

阿萨德（Talal Asad）发现，在十七世纪，人们更倾向于将信仰界定为对特定命题集合的同意。[119]其中，十七世纪下半叶的改革宗思想家更是乐于将信

---

117 参见 S. Akhtar, *Be Careful With Muhammad the Salman Rushdie Affair*, London: Bellew, 1989, pp. 95-106.

118 John Locke, *John Locke: Writings on Religion*, Victor Nuovo (ed.), New York: Oxford University Press, 2002, p. 37.对魔鬼来说，当它们运作与神性相关的信仰时，这信仰仍然不是神圣的，尽管它们相信并颤栗着。

119 参见 T. Asad, *Genealogies of Religion: Discipline and Reasons of Power in Christianity and Islam*, Baltimore, Md.: Johns Hopkins University Press, 1993, pp. 40-41.

仰和信念还原为认知的行动而非关系性的品德。例如斯蒂林弗利特（Edward Stillingfleet）宣称信仰是一种心灵的、理性的、弥散的行动，一种基于证据的同意，或使心灵得以同意的理性[120]；而洛克也认为信仰是"同意命题"，宗教信仰是"基于最高理性的同意"[121]。斯蒂林弗利特和洛克的观点属于认知主义，此类看法将信仰视作一种认知过程，它要求人通过遵从理性来制约和调节意见。[122]与此相对，在非认知主义中，克莱格（J. S. Clegg）宣称信仰是某种特定的态度和情感状态，奥迪（Robert Audi）和舍伦贝格认为信仰是是一种特殊的信任，波伊曼（Louis Pojman）和塞申斯（William Lad Sessions）认为信仰与盼望相关，布查克（Lara Buchak）将之视作某种特定类型的偏爱，克万维格（Jonathan Kvanvig）和坦南特（Frederick Robert Tennant）将之描绘成一种指向特定行动模式的实践性的允诺或倾向。[123]这些观点以各种理由补足信仰的其他方面，它们试图说明，在理性之外，信仰仍然决定着某些重要的东西。

---

120 参见 Edward Stillingfleet, *Rational Account of the Grounds of the Protestant Religion*, Vol. 1, London: Forgotten Books, 1644, pp. 417-461.这种观点被罗尔斯继承了下来，罗尔斯认为"信仰是一种持有特定的、或真或假的命题的认知态度"。（John Rawls, *A Brief Inquiry Into the Meaning of Sin and Faith: With "on My Religion"*, Thomas Nagel (ed.), Cambridge, Massachusetts & London, England: Harvard University Press, 2010, p. 124.）

121 Locke, John, *Essay Concerning Human Understanding*, London: William Tegg, 1698, p. 44.

122 其他典型的信仰认知主义的观点可见阿尔斯通、霍华德-斯奈德（Daniel Howard-Snyder）和普兰丁格等人的著作。参见 William P. Alston, "Belief Acceptance, and Religious Faith", in *Faith, Freedom, and Rationality: Philosophy of Religion Today*, Jeff Jordan & Daniel Howard-Snyder (eds.), MD: Rowman & Littlefield, 1996, pp. 3-27.; Daniel Howard-Snyder, "Propositional Faith: What It Is and What It Is not", *American Philosophical Quarterly*, vol. 50, 2013, pp. 357-372; Alvin Plantinga, *Warranted Christian Belief*, Oxford: Oxford University Press, 2000.

123 参见 J. S. Clegg, "Faith", *American Philosophical Quarterly,* vol. 16 , 1979, pp. 225-232; Robert Audi, "Faith, Faithfulness and Virtue", *Faith and Philosophy*, vol. 28, 2011, pp. 294-309; John L. Schellenberg, *The Will to Imagine: A Justification of Skeptical Religion*, Ithaca, NY: Cornell University Press, 2009. ; Louis Pojman, "Faith Without Belief?", *Faith and Philosophy*, vol. 3, 1986, pp. 157-76; William Lad Sessions,*The Concept of Faith: A Philosophical Investigation*, Ithaca, NY: Cornell University Press, 1994. ; Lara Buchak, "Can It Be Rational to Have Faith?", in *Probability in the Philosophy of Religion*, Jake Chandler & Victoria S. Harrison (eds.), Oxford: Oxford University Press, 2012, pp. 225-46.; Jonathan L. Kvanvig, "Affective Theism and People of Faith", *Midwest Studies in Philosophy*, vol. 37, 2013, pp. 109-28.;Frederick R. Tennant, *The Nature of Belief*, London: Centenary Press, 1943.

事实上，将信仰视为关系性品德的最大特征是信仰者自身的规定和属性（甚至是根本的）在信仰这一事件中发生了转移或改变，因此作为交托的信仰可以使人与神圣直接关联；但认知主义否认这一事件的简单性，即若没有对神圣的明确认知和深刻体会，这种直接性只会走向歧途，而不是走向神圣本身。所以在后者看来，态度、情感、意志、行动对信念来说更多作为一种证据存在，在理智之外没有什么是神圣的。然而，非认知主义揭示了这样的一个事实：理性本身并不与认知等同，且理性对意见的制约和调节不是一种取代而是一种维护，它改变不了信念的基本结构。[124]因此，信念可以作为态度、情感、意志、行动被理解。[125]至少在特征的符合中，这种理解是自洽的。

根据布伦塔诺的说法，在总体上，"每一心理现象都被一种东西所标识，中世纪经院哲学家称这种东西为关于一个对象的意向的（即心理的）内存在，我们也可以将之称为——虽然还有些模棱两可——关涉一种内容、指涉一个对象（这里不应被理解为一种实物），或将之称为一种内在对象性（immanent Gegenstandlichkeit）"[126]。认知主义对命题的同意基于这样一种意向，非认知主义对神圣者的情感期待[127]同样如此，它们在根本上都是态度[128]。斯坎伦的看法是：判断敏感的态度（judgement-sensitive）[129]具有预备确证相关信念的倾向，而一种对判断不敏感的态度（non judgement-sensitive）可以被理解为那种

---

124 "理性会给我们信心、明显性、坚定性以及清楚明晰与果断确定的判断"，（列夫·舍斯托夫：《在约伯的天平上》（《舍斯托夫文集》第 8 卷），董友等译，商务印书馆 2019 年版，第 335 页），它区别于信念本身。

125 更进一步，"理性行为者的诸种态度如信念、意图、希望、恐惧以及崇拜、尊敬、蔑视和忿怒等都要求标准规范意义层面的理由"。（T. M. Scanlon, *What We Owe to Each Other*, Cambridge, Massachusetts & London, England: The Belknap Press of Harvard University Press, 2000, p. 20.）

126 布伦塔诺：《从经验立场出发的心理学》，郝忆春译，商务印书馆 2020 年版，第 105 页。

127 "专注于或意向于神就意味着去从精神上看到神。爱和深情也属于这种意向，因为没有深情地去知晓和看见神就没有滋味（smake（smaect）；savor, taste），也没有帮助和益处。"（吕斯布鲁克：《精神的婚恋》，张祥龙译，商务印书馆 2012 年版，第 43 页。）

128 "态度：神经活动的方向性原则，例如定势，心向（Einstellung），决定趋势，任务（Aufgabe），和态度这类动力学实体的神经基础，也遇到了类似的困难。替态度下定义是困难的。"（波林：《实验心理学史》，高觉敷译，商务印书馆 2009 年版，第 836 页。）

129 T. M. Scanlon, *What We Owe to Each Other*, Cambridge, Massachusetts & London, England: The Belknap Press of Harvard University Press, 2000, p. 21.

注重自身的意向，它回转向主体的感觉和情绪。即态度和信念都与判断有关，但这种相关性并未达成共识。例如，情感论者认为道德判断所表达的是非认知性（non-cognitive）的态度而非信念。这种态度具有叙述的形式，因而与认知性的判断类似。但在根本上，态度是主体性的，其主体性会取消判断真值的客观性。

事实上，在逻辑学中，信念要么通常被看成是一种针对思想或命题的态度（弗雷格），要么被看成是一种针对句子的态度（蒯因），[130]这态度指向某种表达的"同一"。"一个非重言式的句子是通过它与它的使用者的某些状态之间的某种关系而变得有含义的。这些状态就是种种'相信'行为，并且是该语句所'表达'的同一种信念的诸实例。"[131]并且，"对作为相信者的一种状态的信念的分析，并不涉及'真的'与'假的'这些概念；尽管我们关心主观方面的信念，但是我们仅需考虑'表达'其使用者的状态的句子"[132]。换言之，无论如何，信念作为与内容相关的态度，总是通过意涵与它之外的事物——人——相关联。即要么是人与命题、真值，要么是人与句子、意义，它们之间具有一种主动的、由意向拓展的关系。甚至，对每一个命题而言，只要它被相信、质疑或否定，就有四个要素被区别出来：主体、述谓表达、它们之间（无论任何形式）的关系——这些构成信念的对象——以及我们的心灵将命题视为整体所采取的精神态度（psychic attitude）。其中，心灵将命题视为整体所采取的精神态度即信念本身，[133]元伦理学的研究[134]极为看重这一点。而认知主义对理性看法的改变证实了这一宣称：如果一种情境下你的认知态度和另一种情境下你的认知态度是一样的，那么你在一种情境下的理性程度和你在另一种情境下的理性程度也是一样的。这一指导性原则同样是"理性随附于心灵"，只不过认

---

130 参见达米特：《弗雷格：语言哲学》，黄敏译，商务印书馆2019年版，第533页。

131 罗素：《意义与真理的探究》，贾可春译，商务印书馆2012年版，第193页。

132 罗素：《意义与真理的探究》，贾可春译，商务印书馆2012年版，第193页。

133 参见 William James, *The Principles of Psychology*, New York: Henry Holt & Co., 1890, p. 287. 广泛意义上，"信仰是整个人的行为，是头脑、意志和心灵的行为。信仰是敏感，是理解，是参与，是依附；不是一劳永逸的某种东西，而是可得可失的一种态度"。（海舍尔：《觅人的上帝：犹太教哲学》，郭鹏、吴正选译，山东大学出版社2003年版，第143页。）

134 比如韦奇伍德（Ralph Wedgwood）、马克·施罗德（Mark Schroeder）、格赖斯（Paul Grice）、赫尔姆（Bennett W. helm）、斯坎伦、吉伯德（Allan Gibbard）、布鲁姆、芬利（Stephen Finlay）、阿帕利（Nomy Arplay）、蒂莫西·施罗德（Timothy Schroeder）、格特（Joshua Gert）等人的著作。

知主义把这个随附性的基础变得更窄了。[135]即认知态度生产信念，而信念同时把心灵中的其他意向包含在自身之中。

与此同时，在现象学的视角中，信念也在关系范畴与意向一致。因为"判断只是一种尚未被充实的意向意义。一旦这种意向意义被充实了，那么判断就不再是一种预期的意指，而是作为一个真实的判断，'本身'在那里，它通过与事物的契合而得到认可"[136]。按照胡塞尔的说法，"存在特性和信念特性构成意向的对应层级。当我们现在寻找新的特性时首先就会注意到，存在特性是与我们先前讨论的那类显然完全不同的特性联合在一起的。与存在样式有相关性联系的意向作用特性——'信念（Doxa 或 Glaube）的特性'——在直观表象中，例如在常态知觉中作为'觉识行为'真实地被包含的知觉信念，以及更准确些说，例如知觉确定性；与知觉确定性相对应的是存在特性，即'现实的'存在的特性，它作为意向对象相关项属于显现的'客体'"[137]。换言之，信念特性就是意向在知觉确定性方面的根本的、差异性的规定。而在更具体的方面，信念特性又有两种样态，它按意向性的层级与原信念[138]相关涉，并且它要求一种多重目光方向的可能性，这些可能性一般属于高层级的意向性的本质。一方面，人们可以（例如）在存于或然性意识中（在猜想中）时注视什么是或然所是的东西；而另一方面我们却能注视着或然性本身，即注视具有由推测意向作用给与它的特性的意向对象客体。这个"客体"连带其意义组成和或然性特性，在第二次目光朝向中作为存在被给与：故与此客体相关的意识即为

---

135 参见约翰·布鲁姆：《推理得来的理性》，荣立武译，科学出版社 2021 年版，第 221 页。

136 苏珊·巴什拉：《胡塞尔的逻辑学：〈形式逻辑与先验逻辑〉研究》，张浩军译，华东师范大学出版社 2021 年版，第 40 页。

137 胡塞尔：《纯粹现象学通论 纯粹现象学和现象学哲学的观念，第一卷》，李幼蒸译，商务印书馆 1992 年版，第 258 页。

138 胡塞尔认为，"信念确定性在严格意义上即信念本身。实际上按我们的分析，它在行为复合体中有一极其显著的特殊地位，这些行为都可在信念的名称下——或'判断'的名称下，如人们经常地恨不确切地所说的那样，——被理解。我们需要一个适当的词，它可表示这个特殊地位，并消除传统上把确定性与其它信念样式等同的一切记忆。我们引入了原信念（Urglaube）或原信念（Urdoxa）一词，我们提出的有关一切'信念样态'的意向性关涉，均可由此词确切地表示。我们还要补充说，我们将用这后一个词（或用'信念的样态'）表示一切基于原信念的意向性变体，甚至表示在以下分析中将要提出的那些新的变体。"（胡塞尔：《纯粹现象学通论 纯粹现象学和现象学哲学的观念，第一卷》，李幼蒸译，商务印书馆 1992 年版，第 260-261 页。）

在未变样的意义上的信念本身。[139]所以，作为信念的意向性因其处于目光之中，引导了意向对象客体的被给予，并赋予后者存在的特性。这样，信念就是一种意向，在存在范畴表达为心理态度的实有，宗教信念也因此把握神圣的存在特性。阿奎那强调信仰在明证性上的缺失必须通过意志活动予以补足，[140]正是通过意向将对象带入存在之中。由此，信念是动力性的，它拒斥主客二元的认知结构。

第三节　信念的整体性质

一、信念作为心灵

态度理论对认识论的最人贡献是，它不再采取那种分裂的解释方式分析信念。而在之前，信念要么被限定为命题的内容，要么被还原为认知的过程。此种分析方式的优势在于它可以将信念、信心（有时包括信从）结合在一起，维特根斯坦对"相信命题"的论述正表明了这一点：那被称为"逻辑原子"的正是保有"相信命题"这一事件，而不是其保有者或被保有的命题本身。"但是很清楚的是'A 相信 p'，'A 思考 p'，'A 说 p'是''p'说 p'的形式：而这里我们所处理的并不是事实和客体的同格，而是依据其客体的同格的诸事实的同格。这也表明：灵魂——主体等等——如象现代肤浅的心理学所理解的，——乃是无稽之谈。复合的灵魂就不再是灵魂了。"[141]换言之，"维特根斯坦的论点是'A 相信 p'并不是 p 的一个函项，而是 A 用以表示 p 命题或身体状况的那些字的函项，这种身体状况（不管是什么）构成其相信"[142]。由此，相信命题复归到"信"的生理的、心理的或逻辑的事件中，而单独的命题的语义内容不包括信心与信念自身。

事实上，一旦信念切实地发挥作用，人们就不得不承认它附属于某种具有

---

139 参见胡塞尔：《纯粹现象学通论 纯粹现象学和现象学哲学的观念，第一卷》，李幼蒸译，商务印书馆 1992 年版，第 261 页。

140 参见保罗·蒂利希：《信仰的动力》，钱雪松译，中国轻工业出版社 2019 年版，第 41 页。

141 维特根斯坦：《逻辑哲学论》，郭英译，商务印书馆 1985 年版，第 76 页。"其中，那发生的东西，即事实，就是原子事实的存在（das Bestehen von Sachverhalten）。原子事实就是各客体的（事物[Sache]，物）的结合。"（维特根斯坦：《逻辑哲学论》，郭英译，商务印书馆 1985 年版，第 22 页）。

142 罗素：《我的哲学的发展》，温锡增译，商务印书馆 2009 年版，第 115 页。

主体性的东西[143]。比如布鲁姆认为："一个信念通过一个心灵过程能够导致一个意图。"[144]布鲁姆的论证核心是自制原则，其涵义是，理性要求你意图去做你相信[145]你应当去做的事情。[146]其中，理性随附于心灵，心灵则是不可还原的、被直觉到的、作为理性来源的先验综合之物，它与知、情、意都相关，有时被称为灵魂[147]。与此同时，意图作为一种信念态度[148]，是动机性、倾向性的事件，即使是清晰的推理也不能在态度缺乏的情况下得出结论。在此基础上，相信乃是预备性确认，其对象即信念的内容可分为前提态度和结论态度，它们构成因果关系。这种因果关系基于规范的、有所属的、非定性的和前景式的"核心的应当"，后者不产生严格的道德责任。[149]换言之，理性在根本上由推理得来，而推理就是对人的有意识的态度内容进行一个受规则控制的运算。[150]这样，理性就不代表逻辑推理（及理性）与实践推理（及理性）相隔绝，在根本上，自制推理即一般意义上的"信仰"的核心过程，它最终使（主要有关道德，但不限于此的）行动发生。

---

143 信念在心灵之中，信念是心灵的现象。（参见薛定谔：《自然与希腊人；科学与人文主义》，张卜天译，商务印书馆 2020 年版，第 29 页。）信念是认知实在的心灵状态或功能。（参见 William James, *The Principles of Psychology*, New York: Henry Holt & Co., 1890, p. 283.）

144 约翰·布鲁姆：《推理得来的理性》，荣立武译，科学出版社 2021 年版，第 400 页。尼采对意图的看法同样具有启发性。"异常坚固的因果性信仰给予我们的，并不是有关各个过程前后相继的伟大习惯，而是我们的无能，除了根据意图来解释某个发生之事，我们不能对之作不同的解释。这乃是对作为唯一作用者的生命体和思维者的信仰——对意志、意图的信仰——，即相信：一切发生事件都是一种行动，一切行动都是以一个行动者为前提的。"（尼采：《尼采著作全集》（第十二卷），孙周兴译，商务印书馆 2010 年版，第 120 页。）

145 此处"相信"仅指一种认知上的关联，并不是整个"相信"事件。

146 约翰·布鲁姆：《推理得来的理性》，荣立武译，科学出版社 2021 年版，第 6 页。

147 比如波纳文图拉认为人的心灵（灵魂）有六种能力，即感觉（sensus）、想象（imaginatio）、知性（ratio）、理性（intellectus）、悟性（intelligentia），以及心灵的顶峰（apex mentis），即良心的闪现（synderesis scintilla）。对这六种能力的描述相应于心灵向上帝上升的六个不同的层次。（参见波纳文图拉：《中世纪的心灵之旅：波纳文图拉神哲学著作选》，溥林译，华夏出版社 2003 年版，第 17 页。）

148 态度尤其与实践理性、实践推理相关，它可以被理解为心灵（《说文》将之称作"心思"）之意向、情状、度量。

149 参见约翰·布鲁姆：《推理得来的理性》，荣立武译，科学出版社 2021 年版，第 61、201、310、380 页。此外，吉尔伯特·哈曼（G. Harman）认为，信念是一种倾向，它不需要在心灵中占据任何空间或位置。（参见本书第 211 页。）

150 参见约翰·布鲁姆：《推理得来的理性》，荣立武译，科学出版社 2021 年版，第 320 页。

布鲁姆对信念与行动的解释[151]是极为出色的，但人们也不必因此同意他对心灵的全部看法。有关心灵，布鲁姆是康德主义的，更合理的解释则来自赖尔：心灵不是与躯体同范畴的实体，它是一种组织方式[152]；更具体地说，人们的活动的风格和做法就是他们的心灵的活动样态。[153]因而，信念的相续即相信的发生，且相信着的心灵绝离不开信念的实在内容，信念即某种心灵状态[154]。"含义的心理学理论有如下述：有一些可以称之为'相信'的状态，这些状态并不必然包含语词。两种相信的状态可以以某种方式关联在一起，以致我们称它们为同一个信念的两个实例。在一个拥有适当的语言习惯的人身上，作为一个特定信念的实例的一种状态，是一种他可以在其中说出某个语句的状态。当某个语句的说出是某个信念的一个实例时，该语句据说就'表达'了那个信念。一个说出的语句是'有含义的'，当存在一个它所'表达'的可能的信念时。一个听到的句子'S'可以被相信、被拒绝或者被怀疑。假如被相信，听者的信念就由同一个句子'S'所'表达'；假如被拒绝，听者的不相信就由'并非S'这个句子所'表达'；假如被怀疑，听者的怀疑就由'可能S'这个句子所表达。一个听到的句子'S'是有含义的，假如它能引起由'S''并非S'和'可能S'所'表达'的三种状态中的任何一种时。当我们只是说'S'是有含义的时，我们意味着它具有这后一种类型的含义。"[155]真和假主要应用于信念，并且只是在派生的意义上应用于"表达"信念的句子，即真假乃是信念的谓词。[156]

---

151 斯坎伦对此的看法是：信念不能保证行动。"信念不能解释行动，或者说，不能使行动如同在人们接受有理由的结论时通常所做的那样成为合乎理性或不合理性的。"（托马斯·M. 斯坎伦：《实在地看理由》，吴童立、金梁译，科学出版社2021年版，第18页。）但人们不需要这种保证，信念作为动力（态度）及描述就足够了。

152 参见赖尔：《心的概念》，徐大建译，商务印书馆2009年版，第4-20页。

153 参见赖尔：《心的概念》，徐大建译，商务印书馆2009年版，第64页。

154 参见罗素：《意义与真理的探究》，贾可春译，商务印书馆2012年版，第203页。

155 罗素：《意义与真理的探究》，贾可春译，商务印书馆2012年版，第225页。

156 参见罗素：《意义与真理的探究》，贾可春译，商务印书馆2012年版，第250、266页。类似的观点如下。"信念本质上是前语言的。"（罗素：《意义与真理的探究》，贾可春译，商务印书馆2012年版，第290页。）"人的信念是那些并非纯粹文字性的信念，纯粹文字性的信念并不在持有者的心灵中。"（参见罗素：《意义与真理的探究》，贾可春译，商务印书馆2012年版，第208-209页。）"我们断定'信念'是心灵与身体的某种状况，而且它并不必然涉及语词。一个人A可能处于一种以'A相信即将有一声巨大的爆炸'这些语词所描述的状况之中。当A处于这状况中时，它可能导致他使用'A相信即将有一声巨大的爆炸'这些语词。一个句子'p'是有含义的，当能够有一种由'A相信p'这些语词所描述的心灵与身体的

至于信念与对象或客观事物的联系，或说命题与真理之间的融贯，则是通过"似是而非的变项"达成的。[157]一个陈述句"表达"一种信念；一个特定信念可以由数目上不确定的许多行为来表达，而它只是这样的行为之一。如果这个句子不包含似是而非的变项，它一定仅仅提及当前呈现给信念持有者的那些事物。若是这样，它与某些事物之间能够拥有一种特别的因果关系；而这些事物使它成了一个"描述经验的语句"。如果它拥有这种特别的关系，这个句子（以及它所表达的信念）就被称作"真的"；假如不拥有此种关系，它就被称作"假的"。[158]即"当我的信念的文字表达不包含似是而非的变项时，所表达的东西与所指示的东西是相同的"[159]。这样，句子与事实的符合就被纳入到相信或信念的整体进程中，它们以认知态度之效用的形式与情感期待共同构成心的活动。

二、信念具有快感、想象

信念与信心的交错不仅体现在认知态度方面[160]，当人们言称一个判断时，在信念外部同样会激发某种对应的身体的感受，这就是信念的快感。意识到所

状态时。听到句子'p'是相信'p'这种状态的一个可能的原因。一个听到的句子是有含义的，当它能够成为这样的原因时。"（罗素：《意义与真理的探究》，贾可春译，商务印书馆2012年版，第222页。）"信仰的形式化特征：应该记住，在这种联系中，知识是一个复合观念，它是由真理和信仰组合而成的。信仰，作为一种心理现象，无论所信仰的对象为真还是为假都是一回事。因此，我现在正在讨论的观点所遇到的第一个困难就是区分开真假信仰，区分开知识和谬误。"（罗素：《莱布尼茨哲学的批评性解释》，段德智等译，商务印书馆2000年版，第221页。）"从严格的心理学的立场看，区分真信念和假信念，知识和谬误是不可能的。作为一种心理现象，信念是可以由它的内容区分开来的，但却不是由那种内容的真理或错误区分开来的。因此，在讨论到知识即相信一个真命题时，我们预先假定了它既是真理也是信念。因此这种探讨是混合的，是后于关于真理的哲学讨论和关于信念的心理学讨论这二者的。"（罗素：《莱布尼茨哲学的批评性解释》，段德智等译，商务印书馆2000年版，第195-196页。）

157 "一般说来，我们可以说：当我处于一种相信的状态时，在这种相信行为中似乎指称了某种别的事物的那个方面，实际上并非真的指称那种事物：它是通过似是而非的变项发挥作用的。"（罗素：《意义与真理的探究》，贾可春译，商务印书馆2012年版，第260页。）

158 参见罗素：《意义与真理的探究》，贾可春译，商务印书馆2012年版，第261页。

159 罗素：《意义与真理的探究》，贾可春译，商务印书馆2012年版，第260页。

160 其结果是，"信念是一个对命题或观点的信心"。（威廉·麦独孤：《心理学大纲》，查抒侠、蒋柯译，商务印书馆2020年版，第450页。）

发生的事情为模仿的或非真实的正是此类快感产生的前提，这类快感具有一个特定的认知维度，它因之不同于大多数快感，甚至是那些最强烈的快感。可以肯定的是，性快感中的一部分来自和恰当的对象或至少是恰当的一类对象发生关系的信念，但先前相信为真的信念被证明是错时是否依旧会有快感留下仍未可知。人们已经知道的是，有一些信念是产生某些口腹快感的前提：当实际吃到和相信吃到的东西一致时才会有快感；而一旦人们发现信念有误[161]，人口的食物立即就会变味。在这里，人们并不一定要品尝出实际的差异，因为饮食的快感至少在人类中，远比单纯的味觉要复杂，正如古德曼（Henry Nelson Goodmam）在一个类似的例子中曾指出的那样，所知的不同最终将导致味道的不同。即便不是如此，在饮食的快感中，人们毕竟不会仅限于关心味道的差别，信念作为背景在饮食的快感中同样扮演着一个重要角色。[162]

　　同样，当人们声称自己或对他人有信心时，那种力量感、俯视感，被托起、被坚定的感觉都与信念带来的快感相关，它被建立在正确的关系之上。一旦这关系被错置，例如对自身的预估来自一种欺骗且这种欺骗被拆穿，那么信心会迅速沉降，即使补救措施再完美，这种感受的愉悦也被错过了。按照丹托的说法，"模仿中产生的快感和幻想中产生的快感在性质上是比较接近的，幻想者很清楚给他快乐的是这幻想，也很清楚自己不会被骗得相信这一切是真的"[163]，真实的信念带来一种信的愉悦。而就模仿来说，这种对（各种意义上的相对的）真实的复刻或趋近，俨然将某种愉悦的感受预设在固定的对象中，模仿因之是寻求快感的运动。

　　基于此，人们将一种接受想象作用的允诺的行为称为"诗性的信仰"（poetic faith）[164]，即使他们已知此想象的内容是幻想性的、不可能的，但这想象事件

---

161 比如，一个普通人被告知他吃的是人肉或虫子，即便其口感鲜美无比。

162 参见阿瑟·C.丹托：《寻常物的嬗变：一种关于艺术的哲学》，陈岸瑛译，江苏人民出版社 2012 年版，第 18 页。

163 阿瑟·C.丹托：《寻常物的嬗变：一种关于艺术的哲学》，陈岸瑛译，江苏人民出版社 2012 年版，第 19 页。

164 按照维科的说法，诗性的信仰带有可信的不可能性。即当诗人根据自己的观念把事物所没有的整个存在赋予它们时，由于心灵被给予了物体，所以它是不可能的；而就想象出它的人而言，它是可信的。（参见维科：《维科著作选》，利昂·庞帕编，陆晓禾译，商务印书馆 1997 年版，第 199 页）同样，在德·桑蒂斯看来，信仰无疑是诗性的。"信仰逝世了，诗歌死亡了"；"但说得确切些，信仰和诗是不会死亡的；说它们死亡了，指的是它们存在的一种特殊方式。今天，信仰是从信念中产

真实发生了。有时这种行为又被称为"诚实的虚伪"(honest hypocrisy)，人们沉浸在剧场创造的话语情境中，神圣感和道德感一样，随着观看者的体验、态度、选择在不同舞台中的变换而发生改变。进而言之，虽然这种与想象、剧场相关的临时的信仰是文学性的、修辞性的，但它确实影响着主体的行为；与那种有信念而无行动（或反其道而行）的信仰不同，后者是不完整、虚伪或错谬的，而它的存在只是虚浮，体现出一种临时的特性。需要注意的是，此二者都与出于其他目的、别有用心的入教者、改教改宗者不同，这些人的信仰在根本上是悬置或不信的，他们是诚实的功利主义者。诗性的信仰者以信仰引导行动，而不信者则诉诸于其他原则。

对此，塞尔托的看法是，"信仰不同于想象，它将时间性引入到与他人的关系中。信仰必须被视为一种实践形式，而不仅仅是一种再现"[165]，因为它并不把获得模仿或想象的快感作为目的，即使这种感受伴随信仰的发生而产生。事实上，信仰与想象的根本相关体现在两个方面：一方面，在反思理性未明之时，想象就已居于感知、解释、情感、意志和行动之中[166]；另一方面，想象在其艺术性中寻求着迷而非强迫、萦绕而非总结、怦然心动而非转弯抹角。[167]

生的，诗是从沉思中闪烁出的火花：它们没有死亡，只是被改变了。"（克罗齐：《美学的历史》，王天清译，商务印书馆 2018 年版，第 216-217 页。）而帕拉韦奇诺用很大气力坚持想象或幻想创造性的非理性。他写道："对美的追求者来讲，为验证他的认识，人们推论不出他认识的东西事实上是否如他在心灵中想象的东西；也推论不出他是否通过类似的观念或活跃的直觉努力以审辨的行为来估价它的存在。但美的鉴赏作为美，不是由这样审辨的行为产生出来的，而是由视觉和活跃的直觉产生出来的，它能够停留在我们心中，消除掉信仰的欺骗。"（克罗齐：《美学的历史》，王天清译，商务印书馆 2018 年版，第 48 页。）换言之，在诗性的信仰中，想象与相信并置（fingunt simul creduntque）。

165 参见 Pierre Bourdieu, "Genèse et Structure du Champ Religieux," in *Revue Francaise de Sociologie,* 12(1971):318.

166 这种状况不仅属于成熟个体，未成熟的生命更是如此。比如婴儿的认知发展出了第三个世界或虚假的世界，它既不内在现实，也非外在现实。这是一个过渡的世界，婴儿可以通过想象的技术，"魔幻般"地操控客体。这一认知形式虽在成熟个体中不被承认，但其社会模式被广泛保留：宗教信仰和艺术是人类无须对现实和幻想进行彻底区分的领域。（参见温妮科特：《人类本性》，卢林等译，北京大学医学出版社 2019 年版，第 118-120 页。）皮亚杰和坎贝尔也对儿童认知与巫术神话做了研究，相关内容可参见威尔伯：《性、生态、灵性》，李明等译，中国人民大学出版社 2008 年版，第 210-257 页。

167 参见 James P. Mackey, *Modern Theology: A Sense of Direction*, Oxford & New York: Oxford University Press, 1987, pp. 28-29.

"神圣和信仰总是趋于交叠，诗意想象和信仰也这样。它们以根本的游戏习性及象征的表达方式渗透历史，哲学、科学或神学的观点尽皆如此。所以，即使在现代文明中，拟人化也丝毫未退缩为不得不容忍的、不时采用的单纯文学技巧，且人们对古人半开玩笑的蔑视也不过是自嘲罢了。"[168]在历史想象的行动中，神圣向我们靠近，而想象始终与理性共在。在信念的快感和信心的感受中，一种理智的愉悦与神圣的直观联结在一起。

三、信念作为情绪、情感

在信念具有快感的前提之下宣称信念可被视为情绪或情感[169]是非常自然的。因为信念与信心密切相关，二者都来自主体意向的自我确认，并且在信念产生时，确实伴有情绪上的波动。柏格森对此的说法是，"完全可以说我们以冲动的热情在某些问题上坚持自己的主张，这种热情表明我们的理智也有它的本能，但是如果这种本能不是我们一切观念所共同具有的一种动力，也就是说，如果不是我们一切观念的互相渗透，那么，它是什么呢？我们心中最牢固的信仰正是我们感觉对它们最难以做出说明的信仰。我们为信仰辩护时所提出的种种理由很少是让我们接受信仰的缘由。在某种意义上，可以说我们接受信仰并没有任何理由，因为在我们看来它们之所以珍贵，是由于它们与我们所有的其他观念的色彩相称，是由于我们一开始就在它们之中看出了我们自己的一些方面"[170]。所以，若有人说信念类似于知识而不类似于对人的信任、对事业的热忱或对于吸烟的上瘾，因为它是"命题性的"；那么这种说法虽然不完全错，却过于狭隘了。[171]信念的来源决定了它具有情感的形式。

具体而言，信念与情感的直接关系首先在于信念总是期待性的。这意味如果某一宣称与真理（或主体认为的真理）无关或相悖，那么主体便会产生失望

---

168 参见赫伊津哈：《游戏的人：文化的游戏要素研究》，傅存良译，北京大学出版社2014年版，第190页。C.S. 路易斯对此的看法是："神学之诗性来自于信，而非相反。"（C.S. 路易斯：《荣耀之重：暨其他演讲》，邓军海译注，华东师范大学出版社2016年版，第134页。）

169 在大的层面，对理性与情感两分的排斥在赫尔姆那里表达为"情感理性"（emotional reason）。（参见 Bennett Helm, *Emotional Reason: Deliberation, Motivation, and the Nature of Value*, Cambridge: Cambridge University Press, 2007.）

170 柏格森：《时间与自由意志》，冯怀信译，北京时代华文书局2018年版，第109页。

171 参见赖尔：《心的概念》，徐大建译，商务印书馆2009年版，第163页。

的情绪。[172]"窗外在下雨"是一个单纯的描述，但若此时天气瞬间转晴，说话者就会产生别样的情绪，即使这个命题在上一刻仍是真理。[173]同样的情况在那些并非如此直白的言说中更加明显，以"我信"开头的宗教话语和伦理话语尤其如此。"（我相信）A 是个好人"，一旦此命题被证实是错误的——A 抢了小朋友一块糖果，那么此命题蕴含的情绪假设就会显露出来，它甚至会转化为一种羞耻和愤怒。因而，没有什么生活中的话语是脱离情景因而完全与情绪、情感无关的，[174]信念本身也会被视作有所选择的情绪，它不过经常处于隐而未发的状态罢了。

但是，若仅凭此便将作为情感或情绪的信心与作为情感或情绪的信念混为一谈也不可接受，毕竟二者的差异更胜过其相似。从行为的发生角度看，信念的颤动与信心的颤动有根本上的差别：信心的颤动来自对他者的直接回应，信念的颤动则源自自身意向的累积。相应地，信念的情绪是意向不断自我重复和自我确证的结果，它演化成了一种回归自身的意向的自我延续行动，缺乏主体性的规范。即信心仍是属人的，信念却以意向为主体。所以，前者的情绪或情感可能引起其他类似情绪的共鸣，但后者只有一种情绪，即信念持存的倾向。如此一来，信念作为情绪实际上是意向本身的情绪，人在情绪或情感方面对信念的感知正是纯粹意向对其他意向性情绪的渗透，信念的情绪或情感由此被称为意志。

事实上，诸宗教对信念意志的强调并不罕见。比如在印度教中，jijñāsā（对梵智的渴望）这一名词性实词表示愿望的动词形式不是意志、愿望、冲动等，作为独立能力，它是一种认识意向、一种认识欲求。而对于这种关系，没有比jijñāsā 一词更好的表达了：我们必须反问我们自己，它是一种去认识的渴望还是一种产生于认识的渴望。它是认知之外的迫使我们去认识的渴望，还是一种使我们有这种渴望的认识？是一种去认识的渴望，还是这种认知的进一步冲动？显然，二者都是。[175]意志之渴望将意向、态度、情绪整合在认知的活动中，

172 类似的说法可参见 Walter A. Kaufmann, *Critique of Religion and Philosophy*, Princeton: Princeton University Press, 1978, p. 113.

173 即使在诸如"三角形的内角和是 180 度"这类命题中也是如此，我们要做的仅是在后面添加"此论断当且仅当在二维平面中为真"这一限定补充。

174 信念是否包含情感的问题，亦可参见 Rodney Needham, *Belief, Language and Experience*, Oxford: Blackwell, 1972.

175 参见雷蒙·潘尼卡：《印度教中未知的基督》，王志成、思竹译，四川人民出版社 2003 年版，第 132 页。杜威也认为："对于唤起思想、引起反思、激活信仰来说，

信念由此可以理解为对神圣知识的坚定不移，它在情感的冲动中展示了某些人格化[176]的特质。

然而，心与念的结合毕竟不代表二者完全一致。所以尽管心的易感直接导致自其而来的信念具有非此即彼的稳定特征——初始的参杂感受的信念因切身而不被质疑，接着它在记忆的帮助下直接跃升为获得先验确证的事物，那种成熟的信念仍被理性根本支持，它可以被不断修正。[177]因而，那交织信心与信念者需要在不断审视中成长，直至成为那最平和的理性中介物。"任何一种人类感情都可以把我们引向不可见的理智性力量的概念，希望[178]和恐惧、感激和磨难都是如此；但是如果我们考察我们自己的心或观察我们周围发生的事，我们将发现人们更经常地是由于抑郁的激情、而非由于愉快的激情而屈膝。繁荣很容易被作为我们的应得而接受，很少追问它的原因或创作者。繁荣引起欢喜、活力、爽快以及对一切社交快乐和感官快乐的生动享受；处于这样一种心灵状态中，人们很少有闲暇或倾向来考虑那些未知的不可见的领域。另一方面，每个灾难性的偶因警示我们，让我们探究它由以产生的原则；领悟力迅速跳向未来；心灵沉沦于胆怯、恐怖和抑郁，诉诸每种方法安抚那些被认为是我们的命运所完全依赖的隐秘的理智性力量。"[179]由此，心在情感的抑制中被迫走向念的通达，信念成为情感的意志变体。

四、生理性的信念

在有关信念的诸多"科学"论述中，最广为人知的观点基本都属于行为主

冲动是必须的。"（杜威：《人性与行为：社会心理学导论》，罗跃军译，华东师范大学出版社 2019 年版，第 148 页。）

176 与信念相关的人格是无道德品质的，它仅表达了一种特殊的人格特征。一个人因经常变换自己的信念被视为没有原则、不值得信任，反倒不如直接认为此人缺乏信念；同理，一个人因从不更换自己的信念被视为固执，反倒不如直接认为此人缺乏理性精神。

177 就此，C. S. 路易斯将"信"视为一种艺术：它让人在变化的情绪下仍然坚持理性曾经接受的东西，因为不论理性采取何种立场，情绪都会产生变化。（参见 C. S. 路易斯：《返璞归真》，汪咏梅译，华东师范大学出版社 2013 年版，第 161 页。）

178 "在希望中行动也意味着一种信念：这个世界在结构上有某种开放性，有某种自由和创造性的空间，因此即使只是在很小的程度上，我们每一个人都有份于形成和改变这个世界。"（麦奎利：《探索人性》，何光沪、高师宁译，东方出版社 2019 年版，第 384 页。）

179 休谟：《宗教的自然史》，曾晓平译，商务印书馆 2014 年版，第 17-18 页。

义。行为主义试图以观察实验还原信念的发生过程，它极为崇信那些被称为行为规则的事物。根据行为主义的看法，一旦事物的发生过程被澄清，那么此事物的内容及其运作方式就是可预测甚至可决定的，这无疑极大增加了科学的权威。而对行为本身的规范若借此完成，一切整体性的假设和目的都可以被放弃。所以，行为主义对信念的研究是肉眼可见的。"一个无生命的事物，只要它的物理构造没有改变，总是会对同一种刺激作出同一种反应；相反，当动物重复面对它从第一次就对之作出某种反应的刺激时，就会逐渐改变反应的特征，直至它达到——至少暂时地达到——一个稳定点为止。当达到这个稳定点时，该动物就获得了一种'习惯'。每一种习惯都包含这样的东西，即从行为主义的观点来看可以算作对于一般法则的信念的东西，或者，假如这种信念碰巧是真的，甚至（在某种意义上）可以算作知道了这种法则。"[180]由此，信念被行为的发生次序取代了，行为本身成为解释世界的原子事件。

然而，行为主义的研究毕竟属于心理学范畴。在更加客观化的学科看来，刺激—反应甚至无需被称作行为。例如利普顿（Bruce Harold Lipton）基于拟人论宣称人天生就和自身的细胞有共同的基本行为模式。其中，人体把环境信号转译为行为，这与单个细胞的生理状态并无差异。在他那本畅销的小册子里，利普顿以单细胞黏菌阿巴米虫为例说明了这一点：当一个阿米巴虫分泌的环单磷酸腺苷（cAMP）信号分子[181]在其他黏菌阿米巴虫的细胞膜上与环单磷酸腺苷受体结合时，这个阿米巴虫便向其他阿米巴虫发出信号，激活群体行为。通过这一行为，阿米巴虫聚合起来形成一个大的多细胞"鼻涕虫"，此即黏菌的生长生殖期；而当"饥荒"到来时，老化细胞的群落会共享 DNA，通过死灭的方式创造下一代。即使人们不赞同这种显得鲁莽的类比，信号与"认知"之间的关系也得到了一定程度的揭示：调控人自身细胞群落的人类基础信号分子（例如激素、神经肽、细胞因子、生长因子等）被认为是个体生命（包括单细胞生物）的必需物和伴生物，虽然它们不是严格意义上的信念，但在生物层面，这种生物电信号确实是主体与环境交互产生的具有特定内容的认知形式。换言之，信念可以在最低层面被理解为认知的载体。[182]

---

180 罗素：《意义与真理的探究》，贾可春译，商务印书馆 2012 年版，第 6 页。

181 环单磷酸腺苷（cAMP）是进化过程中为控制细胞行为而分泌的调控信号的一种最早形式。

182 参见利普顿：《信念的力量》，喻华译，中国城市出版社 2011 年版，第 21、62、118 页。

事实上，与此类似的生理心理学和神经生理学的观点并不罕见。例如霍维兹（Adolf Horwicz）的大胆假设是，感觉神经构成认识基体而动力神经构成欲求基体[183]；而哈特莱（David Hartley）认为，脑内有比一般神经更微弱的颤动，可称微震（vibratiuncles），这些微震就是观念之生理的对应部分。[184]生理心理学和神经生理学都对信念活动的内容及其意涵不感兴趣，它们只希望得到信念存在的物理答案。因而，这两种学说的研究可以被如此概括："神经支配活动并不能被感觉到，但它的结果却引起一些新的、在周围可以感觉到的刺激，它们与运动的完成相联系。"[185]信念即神经运动及生物电信号的产物。

正因为如此，生理学的研究总意味着偏离。信念作为心理事件及心理对象的重要之处就在它凭其内容和意涵影响人的行动，而这被无情地忽视掉了。玻尔对此的说法是，"感到决心时的经验和有意识地考虑行为动机时的经验，二者之间的关系是特别有教育意义的。这些表面上相反的表达手段在描述意识生活的丰富性方面的不可缺少性，突出地使我们想起原子物理学中应用基本物理概念的那种方式。然而，在这样一种对比中我们必须意识到，心理经验并不能加以物理测量，而且，决心这一概念并不表示一种决定论描述的推广，而是从一开始就指示着人类生活的特征"[186]。换言之，信念是生命整体的上手物，它绝不拒绝与意义紧靠的关系；而生理学对信念的物理还原不仅不可能，而且毫无必要。

所以，一种综合而均衡的生理心理学解释[187]是可以接受的，但这种解释以承认信念的效用为前提。"任何一种精神事件——感觉、意象、信念或情绪——都可以引起一连串的行为；除非被打断，这串行为会继续下去，直到某种或多或少具有确定性的事态得以实现。我们称这样的一串行为为一个'行为链'。确定性的程度可以有很大的不同：饥饿只要求得到一般的食物，而看到一块特殊的食物会唤起一种要吃那块食物的欲望。产生这样的一个事件链条的属性被称为'不适'；这个链条末端的精神事件的属性被称为'愉悦'。构成

183 参见布伦塔诺：《从经验立场出发的心理学》，郝忆春译，商务印书馆 2020 年版，第 63 页。

184 参见波林：《实验心理学史》，高觉敷译，商务印书馆 2009 年版，第 237 页。

185 马赫：《感觉的分析》，洪谦、唐钺、梁志学译，商务印书馆 2009 年版，第 145 页。

186 N. 玻尔：《尼尔斯·玻尔哲学文选》，戈革译，商务印书馆 1999 年版，第 210 页。

187 心理学研究尚不支持那种被称为心灵学的学问，但仅从信心或信念的角度考量，心理学并未完全拒绝这种理念。（参见墨菲、柯瓦奇：《近代心理学历史引论》，林方、王景和译，商务印书馆 1980 年版，第 695-697 页。）

这个链条的行为一定不是纯粹机械的；也就是说，它们必须是身体的运动，并且它们的原因包含神经组织的特殊属性。这个链条终止于一种静止的状况，或终止于一种只倾向于维持现状的行为的状况。静止的状况得以在其中实现的事态被称作这个链条的'意图'，并且最初的包含不适的精神事件被称作一种'欲望'，即对带来静止的事态的欲望。"[188]这样，承载信念的精神就是活动的整体，它与身体行为协调一致。

相当有趣的是，即使人们早已发现信念与身体之间存在有效交互，[189]那些态度坚定的生理心理学者仍不愿将这些现象纳入研究之中。其理由也很简单：一方面，这些现象并不总是如此，这不符合实验观察的原则；另一方面，这些现象经常被别有用心之人夸大或曲解，而这有悖于就事论事的科学精神。所以，即使可用于信念治疗[190]的麦斯美疗法[191]曾风靡一时，它最终还是被科学界抛弃了。那位观看过这种表演的医学刊物（即 The Lancet）主编做了与富兰克林（Benjamin Franklin）类似的实验，其实验结果表明：唯一必需的条件是患者要相信硬币是磁化过的，而埃利奥特森（John Elliotson）[192]的"磁化"有没有结果都一样。[193]所谓磁力治疗的流行神话由此被终结，但安慰剂效应在某种程度上得到了确认：是信念（或信心）使生命由内而外地强力，而意志确实可以医治[194]肉身的伤痛。

毋庸置疑，因信仰、信心和兴奋而产生的强烈的冲动和强健的体能，会使某些严重的病痛有所好转。每个观察力锐敏的学者都知道精神对身体的神奇

---

188 罗素：《罗素文集第 4 卷：心的分析》，贾可春译，商务印书馆 2012 年版，第 67-68 页。

189 比如古代的巫医之术、道教的祝由术都是以符咒为器、以信心为体进行治疗。有关道教信心治疗，参见盖建民：《道教医学》，宗教文化出版社 2001 年版，第 320-334 页。

190 因意志因素的主导，信念治疗也称信心治疗。

191 也译为"麦斯麦术"。

192 埃利奥特森医生是在英国的麦斯美追随者中的领头人物，他热衷于通过"磁化"硬币的方式让患者觉得自身好起来。

193 参见墨菲、柯瓦奇：《近代心理学历史引论》，林方、王景和译，商务印书馆 1980 年版，第 221 页。

194 精神分析中的"意理治疗法"（Logotherapie）对神经官能症的治疗也是有效的，其效果具有与病症对应的生理表达。（参见弗兰克：《无意义生活之痛苦：当今心理治疗法》，朱晓权译，生活·读书·新知三联书店 1991 年版，第 45-53 页。）中医里的"意疗"同样如此，案例参见阿桂：《钦定盛京通志》，台湾商务印书馆影印文渊阁《四库全书》本，第 0502 册，第 792-793 页。

影响力。斯宾塞（Herbert Spencer）详细地论述了强烈的感情或激情会导致强大的膂力这一事实。伯德奥博士（Dr. Berdoe）提醒我们，一个患痛风的长期用拐杖蹒跚而行的人，如果被一头野牛追逐，会发现他的腿忽然康复并且有力气奔跑了；而且一个极为虚弱的病人在精神极度兴奋或受到其他强烈刺激的影响下，会因其体力突然增加而使他的护士惊讶不已。[195]与之相反，赫尔巴特宣称："身体的状况也可使一个观念易于引起（例如酒醉或狂热时）：这就叫做强化作用（Resonanz）。"[196]在更一般的状态下，人们可以在身体仪式（固化则为习惯）对信念的影响中看到这一点：被训诫的身体、生物钟、信者的功课[197]都使得信念成为身体的符号功能，而信念治疗这一名称完全可以被心理暗示的医学应用取代。"在贝恩海姆（Hippolyte Bernheim）看来，'暗示'是这样的一种作用：'它使患者能在一种直接导致新的信念、态度和行动的方式中接受某些思想。不仅可以在患者身上引起暂时的变化，而且，由于相信催眠者关于健康的暗示，患者似乎在许多方面得到了治疗。'贝恩海姆特别强调癔病的症状（机能性失明，机能性瘫痪一类）可以这样理解，即患者对暗示的敏感涉及的是他没有能力运用实际上并没有什么器官障碍的机能；既然暗示可以引起病态，那么它一定也能产生疗效。"[198]于是，信念的效用就是最确凿无疑的功能，这种朴素的观察——不一定被实验精神——为科学精神所支持。

五、信念作为主体

列维纳斯对主体性与分离的关系的讨论为我们揭示了作为综合体的信念的内在一致性。根据他的说法，"主体性的实存从分离中获得它的轮廓。一个其本质被同一性穷尽了的存在者的内在的同一化，同一（le Même）的同一化，亦即个体化，不会损害某种被称为分离的关系的关系项。分离是个体化的行为本身；对于一个置身于存在中的实体来说，分离是它按照下述方式置身于存在中的一般可能性：即它不是通过那种凭借其与大全的关系和其在系统中的位

---

195 参见怀特：《科学—神学论战史》，鲁旭东译，商务印书馆 2012 年版，第 711-712 页。

196 波林：《实验心理学史》，高觉敷译，商务印书馆 2009 年版，第 312 页。

197 在布洛赫看来，军事的、斯巴达式的训练，宗教狂喜和瑜伽都是意志技术，它们可以将人内心的力量释放出来。（参见布洛赫：《希望的原理》（第二卷），梦海译，上海译文出版社 2020 年版，第 345-349 页。）

198 墨菲、柯瓦奇：《近代心理学历史引论》，林方、王景和译，商务印书馆 1980 年版，第 223 页。

置以定义自身的方式置身于存在中，而是从自身出发置身于存在中。从自身出发这个事实就等于分离。然而，从自身出发这个事实和分离本身，只有通过打开内在性的维度才能在存在内发生"[199]。所以，信念本身构成了一个主体域，它与自身的关联构建为一种享受或幸福，[200]而这主体域意味着绝对之内在。

当然，在表现层面，信念的主体性综合同样具有多种样式。根据不同的分类标准，信念可被分为不同的结构和要素。按照普通心理学的看法，意识可以被分为认识、情感、意志三部分，三者由内而外有层次地呈现在人的心理和行为之中。按照波兰尼（Michael Polanyi）的总结，即人的感觉、认知活动始终被一股充满热情的理解渴望所推动，这股渴望展开了存在的种种形式，凭此愈加满足变化了的自我。[201]所以，若将人持有或宣称某一信念看作一个心理事件，那么此事件就可以分解为三个部分被理解。P 宣称自己"绝不向异教徒妥协"，首先就是一个认识事件，即 P 认为自己向任何一个异教徒妥协都是错误的，此命题的真值为假；其次，P 在宣称或反思自己的信念时，感受到了真理的缺席（命题之否定）带来的愤懑、不满和失落，这使得 P 越发感到自己的孤独和正义，也就越发坚定了自己的决心；最后，出于对此信念的认同和坚守，P 感受到的诸多情绪内在驱使着 P 践行这一信念，并不断坚持下去，这就是实践的意志。这样一来，信念作为心理状态就是认识、情感、意志的综合。

除此之外，信念又可以根据事件的发生顺序分为信念的开端、信念的过程和信念的终结，它们在关系范畴对应主体的敞开和对象的出现、主体和对象在认识中的对象化、对象的更替或意向的转移。当然，在现象学的意义上，信念还可以分为原信念和原信念的意向性变体，二者构成了意向信念的层级，它们被归在信念确定性的名下。概言之，自身意识与主体的符合在信念层面表达为信念对其相关未确定之物的包容而非拒斥。

---

199 列维纳斯：《总体与无限：论外在性》，朱刚译，北京大学出版社 2016 年版，第 291-292 页。

200 "主体域产生道德关系。我们认为：'无限之观念在我（idee-de-infini-en-moi）'，或曰我和上帝的关系，是在我和他人的关系这一具体的情境中来临于我的，是在社会性中，也就是说，在我对邻人的责任中，来临于我的：这一责任并非我在任何'经验'中通过契约承诺下的，但他人的脸却通过其他异性、其外陌性本身向我言说着不知自何处的诫命。"（列维纳斯：《论来到观念的上帝》，王恒、王士盛译，商务印书馆 2019 年版，第 8 页。）

201 参见迈克尔·波兰尼：《科学、信仰与社会》，王靖华译，南京大学出版社 2004 年版，第 165 页。

总体上，如施米特（Roger Schmidt）所言，信仰涉及理智、情感和意志的相互作用，因此它具有认知的、情感的和意志的方面（volitional）。而在具体层面，信仰的认知方面包含相信、解释和理解，信仰的意志方面包含选择、允诺、信任和意愿，信仰的情感方面则包含全部范围内的人类情感。[202]所以事实上，整全的信仰回应着人对超越之神圣的领会，且这种整全将外在信仰的基本要素——信心、信念、信从——主体化为意识的综合，其中主体作为身体和灵魂植入自身之内。[203]迈蒙尼德宣称，信仰"并不仅仅是一个口号，而是心灵的真正感悟，是对（信仰对象）所持的坚定不移的信念"[204]，它在信众的宗教实践中主体化为一种生命事件。

第四节　信念的宗教内容

一、信念与宗教

特定信念的诞生于个人而言是极其微妙的：一种情感与另一种情感冲突，一种理念与另一种理念差别，重复的身体和思想的行动发生了一种令人惊异的扭转，由之而来的陌生感使信念作为他者戏剧化地登上舞台。如施奈德（Rebecca Schneider）所言，在历史的剧场中，与多数的宗教仪式不同，人获得的是"不信的悬置"（suspension of disbelif）而非信念。即人们并非获得了信

---

202 参见 Roger Schmidt, *Exploring Religion*, Boston: Cengage Learning, 1988, p. 339.

203 "这样，最精深的宗教就能够建立在神人一体的基础之上，而宗教的真意即在于获得此神人合一的意义。也就是我们要在意识的根基处体验到摆脱自我意识而进行活动的崇高的宇宙精神。所谓信念是不能够通过传说或者理论从外部获得的，而是从人自身之内历练而成的。正如伯姆所说的，我们通过最深厚的'内在重生'而达到神的境界。我们在这个内在重生上直接目睹神与对神的信仰，同时，也在这里发现自我的真命并感到无限的力量。所谓信念并非单纯的知识，而是在上述意义上的直观体验，一种活力。在我们全部精神活动的根基处有一个统一力在活动着，也就是我们的自我，又叫作'人格'。不仅仅欲望，就连知识这种最富于客观色彩的东西也无不含有此种统一力，即无不带有个人的人格色彩。无论知识，还是欲望，都是通过这个力量成立的。所谓信念就是此种超越知识的统一力。因此，与其说信念是由知识和意志所支撑的，不如说后二者是由前者所支撑的。信念在此种意义上是神秘未知的，但并非与知识相冲突；如果信念与知识相冲突，也就不能以其作为生命的根本了。当我们竭尽知识、意念之后，便会从内心生发欲不信而不得不信的信念。"（西田几多郎：《善的研究》，代丽译，金城出版社有限公司 2020 年版，第 123-124 页。）

204 迈蒙尼德：《迷途指津》，傅有德等译，山东大学出版社 1998 年版，第 106 页。

念的本有物，而是获得了一种复写，一种几乎一致但并不完全等同的东西。这东西不是信念，而是非非信念；不是怀疑，而是非非怀疑。这种奇妙的否定及其双重产生是重复作为双重否定的魔法，而双重否定是否定性的肯定，即隐秘的（信念）。[205]所以，这奇特的否定活动——裂隙——在根本上是关系性的，它将那不可复写的东西模仿到身体与灵魂中。在本体层面，它带有未知的沉重。

因此，宗教信念确实与一般信念（或非宗教信念[206]）相区别，它在神圣的面向中将自身推至边界处。克里斯蒂安（William A. Christian Sr.）认为，宗教信念是有关"一些在宇宙中比其他事物更重要的事物"的信念。[207]这意味着，不仅某些事物在价值层面更重要，而且一些比其他事情更重要的事情确实存在，它们构成了深刻信念的存在基础。罗斯对知识之善的主张正是如此："知识——在一个更狭窄的意义上说，真的信仰——是内在地善的。"[208]这种信念对边界的趋向来自命题对真理的永恒追求。因而，"使得一种意见状态成为善的有两种因素：（1）它被奠基于知识的程度，以及（2）相应于被奠基程度的确信程度。可能要补充说，知识只能以它配当的确信程度（亦即彻底的信念）来拥有。而另一方面，一种意见很少（如果有的话）能以恰好合适的确信程度来被主张；为了确保那一点，我们就必须知道在那种情况下据推测我们并不知道的一些因素。因此，考虑到（1）和（2），意见在原则上是低于知识的，并且只在偶然的情况下才不如此"[209]。如此一来，意见、信念、知识的秩序化就暗示了某种自然而神圣的倾向，这倾向即超越之目的。

---

205 参见 Rebecca Schneide, " 'Judith Bulter' in My Hand", in *Bodily Ciatation: Religion and Judith Butler*, Ellen T. Armour & Susan M. St. Ville (eds.), New York: Columbia University Press, 2006, pp. 225-251.

206 有关非宗教的信念的论述，参见 Paul Helm, *Belief Policies*, Cambridge & New York: Cambridge University Press, 2007.

207 参见 William A. Christian, *Meaning and Truth in Religion*, Princeton, NJ: Princeton University Press, 1964, pp. 60-86.

208 罗斯：《正当与善》，斯特拉顿-莱克编，林南译，上海人民出版社 2016 年版，第40 页。"知识（或放低一些，我们可暂且称作'正当的意见'者）是本身就善的心智状态。"（罗斯：《正当与善》，斯特拉顿-莱克编，林南译，上海人民出版社 2016 年版，第 205 页。）

209 罗斯：《正当与善》，斯特拉顿-莱克编，林南译，上海人民出版社 2016 年版，第214-215 页。"一种知识或意见之状态的内在价值似乎就取决于三种因素，（1）它被奠基于事实之上的程度，（2）信念被主张的强度与它奠基于事实的程度相符的程度，（3）被了解（或被相信实存着）的事实的普遍性。"（罗斯：《正当与善》，斯特拉顿-莱克编，林南译，上海人民出版社 2016 年版，第216 页。）

　　所以，超越的实在在现象的还原中胜过一般的实在，且即使有关超越实在的证明难以达成，它也促使与之相关的信念获得深刻且明晰的解释。超越的实在的存在性或在世性乃是其基本，它在真正使神圣的深刻和奥秘性具化为信念的持存。在这个意义上，"真正的宗教信念是那永在、遍在、为所有人相信的共融之理念"[210]，它的远在成了那最切近之物。而宗教本身正是此信念的承载者，它使相关物群集。

　　按照斯马特的说法，在宗教实践中，宗教信念的首要含义是相信宗教性实体（religious entities）而非教条，这意味着对宗教性命题的接受要在对宗教性实体的接受之后。对宗教性实体的相信要求信众首先崇敬神圣者，对其谦卑、服从，这种信任的态度是区别一般相信和宗教相信的重要特征，它包含了一种关系性的真诚和道德性的亲和。除此之外，宗教信念不仅内含了一般信念中的相信，它在同意之外还能生产出一种宗教性的确信——信念造就实践，而实践造就确信。质言之，对宗教性命题的接受暗含了一种同意可能的增长，在证据较弱的时候，这种可能性在存在性（而非概率）的引领下寻求神圣的见证。所以，这种只在或主要在同意之后生产确信的信念又被称为远在的信念（ulterior beliefs），它向未来的盼望而非现在的证据开放。在这个意义上，概率与信心的关系呈现双极的特征，在非常值得相信和非常不值得相信之地，都有信仰诞生。[211]

　　当然，宗教性命题也绝不能被忽略，这种具体而有意味的判断确定并辨别着主体的状态。[212]如克尔凯郭尔所说，"爱上帝而不执著于信念者映照出的是自己，爱上帝而执著于信念者映照出的是上帝"[213]，远在的信念让爱的行动有所指向。更进一步，信念在诸宗教的作用之一是规定、辨明信徒的身份，一个信徒是否真正地皈依了某个宗教，主要由其信念决定。早期的伊斯兰教通过信徒对基本信义的理解来判断其是否为真正的穆斯林，行动此时主要起证明、修正的作用，宗教领袖和学者根据内容划定信徒的类型。与此同时，宗教信念因其确定性与责任相关，区别真正的宗教信念和迷信的关键在于，前者有自己的

---

210 Vicent of Lérins, *Adversus Profanas Ominium Novitates Haereticorum Commonitorium Cum Nostic*, II. http://www.thelatinlibrary.com/vicentius.html, 2021.10.9. 10:30.

211 参见 Ninian Smart, *Reasons and Faiths*, London: Routledge, 1958, pp. 165-170.

212 "宗教不仅只是历史性的或者理性化的知识，而乃是一种令我们的心灵感兴趣，并深深地影响我们的情感，和决定我们意志的东西。"（黑格尔：《黑格尔早期神学著作》，贺麟译，商务印书馆 2016 年版，第 3 页。）

213 克尔凯郭尔：《恐惧与颤栗》，刘继译，贵州人民出版社 1994 年版，第 13 页。

生命和意义，后者独断且在逻辑层面难以自洽[214]。按照菲利普斯的说法，信念的力量部分地由人为承担其风险所作的准备所衡量，它通过这种方式主导人的生活；而对维特根斯坦来说，这些考量影响人对信念的特征的谈论，它意味着逻辑图示或性格。[215]所以，区分信仰和迷信的标准必须来自宗教信念的道德引申，因为宗教信念并不保存视像，它的复写是为了留存那真理性的东西——即使是并不那么永恒的真理。而若按本维尼斯特（Émile Benveniste）的定义，迷信是一切"幸存"（survives）的东西，那么它就不能真正与信仰、甚至不能与信念相区分，因为在想象中——如在民间宗教中——"没有东西能够幸存；要么一切都会继续存在，否则就都会消失"[216]。与迷信类似，异教主义（Paganism）并不关乎信念，它注重的是存在。所以，对于新异教（neo-pagan）诸宗教来说，实践、灵知、神秘经验都可以作为其核心，唯独信念被排除在外。异教主义是正实践（orthopractic）、正灵知（orthognostic）的[217]，它对理性的追求仅是一种临时的需求。在根本上，新异教无意建立一种经得住检验的信念体系，因而它只是一种不成熟的有关神圣现象的解释。

当然，宗教信念及其解释的系统化可以构成人类文化的基础。比如在对神话的定义中，奥斯汀（López Austin）强调神话信念的主导作用，他认为神话信念是一种集体记忆，由既不同质也非静态的个体理解不稳定地结合[218]而成。按照奥斯汀的说法，"神话信念是一种社会知识，是在不同实践背景下，不同信念之间的相互关系……游移不定的一致和对立的整体构成了神话信念的全部"[219]。在人类的日常行为中，神话信念形成了以文本（语境）为中心，以信

---

214 狄德罗的名言"迷信比无神论更有害"正在这个层面被理解。迷信者靠的是想象，而不是出于理性的怀疑精神。（参见狄德罗：《哲学思想录》，书琴译，江西美术出版社 2019 年版，第 6 页。）

215 Roger Trigg, *Rationality and Religious Belief*, Oxford Blackwell, 1998, pp. 249-250.

216 参见 Jean-Claude Schmitt, " 'Religion Populaire' et Culture Folklorique", in *Annales E.S.C.* vol. 5, 1976, pp. 941-953.

217 参见 Sabina Magliocco, *Witching and Culture: Folklore and Neo-Paganism in America*, Philadelphia: University of Pennsylvania Press, 2004, p. 69, 92, 97.

218 "神话激发解释，但却不接受任何解释。解释将不可说之物吸收进可说之物，神话则再度引入沉默，这使原创的话语成为可能。"（詹姆斯·卡斯：《有限和无限的游戏：一个哲学家眼中的竞技世界》，马小悟、余倩译，电子工业出版社 2019 年译，第 173 页。）

219 López Austin, *The Myths of the Opossum: Pathways of Mesoamerican Mythology*, Bernard R. Ortiz de Montellano & Thelma Ortiz de Montellano (trans.), Albuquerque: University of New Mexico Press, 1993, p. 86.

念、叙事、图像和仪式行为为支撑点的五角形结构，神话—信仰在解释（理解）中成为神圣的某种符号性再现。在广义上，神话指的是这样一种话语，它传递着一些不具有可证伪性的信息，并且在传递的过程中，不诉诸于确定性，而诉诸于信念，但它的说服效果却很强。因此人们应当理解，神话之中那些未经澄清的，甚至无法证明的说法，完全是为了说服而提出的；也就是说，神话并不执着于真相。[220]因而，这种符号再现可在文艺中表达为美感的德性。《艺文类聚》有言，"后世之为诗者多矣。其功德者谓之颂，其馀则总谓之诗，颂，诗之美者也"[221]。功德与终极美善相关，颂不仅作为人间辞话，亦表见于天地神圣之中。"古者圣帝明王，功成治定而颂声兴，于是奏于宗庙，告于鬼神，故颂之所美者，圣王之德也。"[222]得之于地、告之于天，与大德相关的文艺成为信念的审美变体。因此，挚虞说："古之作诗者，发乎情，止乎礼义。情之发，因辞以形之，礼义之指，须事以明之，故有赋焉。"[223]其中，情、礼义、告天地，分别对应于广义上的信心、信念和信从，它们是诗化了的外在信仰。较之近现代哲学、美学中的知、情、意的区分，[224]古人以诗言信更注重事件本身而非结构，诗意于形的殊胜将信念呈现在美德的叙事中。是故，神与圣定于信。

二、信念的历史学

有关宗教信念的历史研究不仅呈现了研究对象的具体内容，它同时构成了宗教信念的叙述史，即宗教信念以不那么"宗教"的方式进入到了学术研究的范畴。例如，沙甘在《现代信念的诞生：从中世纪到启蒙运动的信心与判断》（*The Birth of Modern Belief: Faith and Judgment From the Middle Ages to the Enlightenment*）一书中展示了启蒙运动是如何通过限制宗教的主张来为自身辩护的。其中，"现代信仰作为一种对宗派排他性的批判在十七世纪出现，它是一种解放，而非一种限制。而几个世纪以来，现代信仰所产生的宽容并不是它

---

220 参见吕克·布里松：《柏拉图：词语与神话》，陈宁馨译，华东大学出版社 2020 年版，导言第 5-6 页。

221 欧阳询：《艺文类聚》，汪绍楹校，上海古籍出版社 1965 年版，第 1018 页。

222 欧阳询：《艺文类聚》，汪绍楹校，上海古籍出版社 1965 年版，第 1018 页。

223 欧阳询：《艺文类聚》，汪绍楹校，上海古籍出版社 1965 年版，第 1018 页。

224 参见席勒：《审美教育书简》，冯至、范大灿译，北京大学出版社 1985 年版，第 95-102 页；维科：《论意大利最古老的智慧：从拉丁语源发掘而来》，张小勇译，上海人民出版社 2019 年版，第 65-66 页；康德：《判断力批判》，宗白华译，商务印书馆 1964 年版，第 12-14 页。

最讽刺的地方，这只是它文化工作的一小部分"[225]。具体而言，沙甘认为，新教的解释学说并没有将信念开放给个人判断；相反，它引入了一种替代性的威权主义，这种威权主义建立在（与缺乏信仰的世界相对的）有信仰的少数至高无上的基础上。因此，宗教改革和反改革运动实际上参与了宗教训导的平行项目：天主教徒训导民众相信，新教徒则训导不信的人群。但现代信仰并不从这两种模式中产生，它反对二者共同创造的严酷政权。在认识论的层面，信念范畴本身已经演变成一种新的认识论空间，这种空间适当地承认多元性和竞争性。因此多样性在旧的制度中代表着信念的危机或缺失，在新的分配中，它意味着信仰本身。结果是，在现代性中，信念是对立的主张作为相应替代品存在的空间，而不是一种主张战胜另一种主张的空间。[226]它造就了一个开放的、可被书写的历史。

当然，也有学者反对这样一种做法。例如阿萨德为了建立一个宗教的系谱学，否认信念是一种历史，他认为信念在更广泛的趋势的参与中本质化了这一范畴。与他所批判的学者不同，阿萨德将信念视为一种连贯而稳定的认识论客体——人们在一种文化中可能找到也可能找不到它——而非一种不断变化的文化空间，在这种空间中，认识论是协商的。质言之，阿萨德认为历史只是恒常信念的底座，它只显示它，却无法使其改变。[227]与之相对，鲁埃尔对基督教信念历史发展的六个阶段是实在论的。从一种信任的形式，到一种事实的信念，到一种启蒙的教义，到一种共同宣布的正统，到一种内在组织的经验，再到共同的价值观，[228]信念的历史此时不仅可被视作宗教的发生史，它更是人类史或文化史。这种观点肯定被会阿萨德反对，但它确实实现了某种可以接受的妥协：最可见的历史和最不可见的历史在信念共同体的建立中被不断中和为信众的观念集。

事实上，宗教信念的研究史本就由各种各样的观点构成，在后现代的解释中，这种历史更应该表现为观念的综合而非事实的线性串接，毕竟一切历史都

---

225 Ethan H. Shagan, *The Birth of Modern Belief: Faith and Judgment From the Middle Ages to the Enlightenment*, Princeton: Princeton University Press, 2018, p. 7.

226 参见 Ethan H. Shagan, *The Birth of Modern Belief: Faith and Judgment From the Middle Ages to the Enlightenment*, Princeton: Princeton University Press, 2018, pp. 9-10.

227 参见 Talal, Asad, *Genealogies of Religion: Discipline and Reasons of Power in Christianity and Islam*, Baltimore: The Johns Hopkins University Press, 1993.

228 参见 Malcolm Ruel, *Belief, Ritual and the Securing of Life*, Leiden: E. J. Brill, 1997, pp. 50-51.

是思想史。其中，利科（Paul Ricoeur）确定了哲学史上的三种信念模式：柏拉图式的信念观念是意见，笛卡尔式的信念观念是判断或同意，基督教的信念观念是信仰[229]；沃思（Jean Wirth）探索了他所谓的"信念概念的诞生"，特别是认知同意与信仰的区别[230]；史瑞纳（Susan Schreiner）查明了与现代早期坚持认为的"真正的信念从定义上是肯定的"相关的许多病理学[231]；莫斯特（Glenn Most）探索了宗教信仰不应依赖于感官证据的难题[232]；贾斯蒂斯（Steven Justice）和霍夫曼（George Hoffman）则以不同的方式探讨了非信仰有时是如何构成或暗示着信仰建构的。[233]这些观念共同将信念的历史学扩展为信念的文化学、诠释学、宗教哲学，但就信念本身而言，它是在历史之内的。如波兰尼所言，"默会[234]同意与求知热情、群体语言与文化遗产的共享、融入志趣相投的共同体，这些都是造就了我们赖以掌握事物的、对事物本质的幻想的冲动。没有任何智力，无论它多么具有批判性或创造力，能够在这样的一个信托[235]框架之外运作"[236]。信念研究的历史即信念的历史本身。

三、"对……的信念"和"是……的信念"

根据侧重点的不同，宗教信念在类型上可分为"对……的信念"（belief-in）和"是……的信念"（belief-that），[237]前者结合了与判断相关的意志和态度，后者强调知识性判断的内容，分析哲学家将之称为信念的内涵。在功能上，belief-in 为人们拥抱信仰做出基本的理智的预备，因而宗教生活在理性的基本

---

229 参见 Paul Ricoeur, "La Problématique de la Croyance: Opinion, Assentiment, Foi", in *De la Croyance: Approches Epistemologiques et Semiotiques*, Herman Parret, (ed.), Berlin: Walter de Gruyter, 1983.

230 Jean Wirth, "La Naissance du Concept de Croyance XIIe-XVIIe Siecles)", *Bibliotheque d'Humanisme et Renaissance*, vol. 45,1983, pp. 7-58.

231 参见 Susan Schreiner, *Are You Alone Wise? The Search for Certainty in the Early Modern Era*, New York: Oxford University Press, 2011.

232 参见 Glenn W. Most, *Doubting Thomas*, Cambridge, MA: Harvard University Press, 2007.

233 参见 Steven Justice, "Did the Middle Ages Believe in Their Miracles?", *Representations*, vol. 103, 2008, pp. 1-29.; George Hoffmann, "Atheism as a Devotional Category", *Republic of Letters*, vol. 1, 2010, pp. 44-55.

234 Tacit，也译为"意会的"。

235 Commitment，也译为"寄托"。

236 波兰尼：《个人知识：迈向后批判哲学》，许泽民译，贵州人民出版社2000年版，第408页。

237 参见 Henry H. Price, *Belief*, London: Geogre Allen & Unwin, 1969, pp. 447-454.

同意中成为一种合理的生活形式。[238]与之相对，belief-that 提供确切的有神论（或无神论）的逻辑支撑和证据支持[239]，它更多体现可描述的内容，且这内容需符合事实性真理。

　　所以，有关信念的两种类型的区分是关系性的，即信念总在判断之外意涵某些超越描述的事物。其表现为，沉思性的、被孤立在理智游戏中的第三人称的宗教信念、宗教知识，若不在第一人称的信仰生活中完成语法转换，就会失去关系性的可靠品质。如菲利普斯所言："若一个人不参杂任何情感状态地宣称其信仰上帝，这该如何理解？即使这些信仰的观念可以与积极的回应区别开来，那么宗教信念的独特性何在？"[240]宗教信念正是因着不可分的信仰内涵完成了与神圣智慧交融，智慧胜过知识，就在于它是活生生的、事件性的。在价值层面，兰德尔（John Herman Randall, Jr.）宣称，信仰包含了一种理智的交托，在信仰中存在价值的确证，因为在信仰中我们声明"这是我们所寻到的最好的"。因此，信仰至少包含了这样一种信念：生活是值得过的，世界的"关键现实"让生活变得有意义、有价值。此时，信仰是一种生活方式，是感受和行动，而非一种解释的方式；换言之，是 belief in 而非 belief that。[241]此外，信念对信心的解释同样与命题相关。比如巴罗（Isaac Barrow）认为，对某人的信心或信任（fiducia）可以被有效还原成对有关此人的命题的确信，即相信某人或某事物仅是一种被某些相关命题的真理说服的简短表达，它在某一方面或其他方面与这人相联系。[242]不难发现，在一些分析哲学家使用的术语中，对……的信念（belief in）和是……的信念（belief that）是等同的。但这种等同毕竟是一种调和，它忽视了字面含义之外的所指。

　　而在更广的层面，belief-in 和 belief-that 的区分被 believe in 和 believe that（或 believing in 和 believing that，动名词短语形式）的区分包含，后者统括信

---

238 换言之，若无情感的浸润，知识和沉思诚难从事于宗教事业。（参见 Jonathan Edwards, *Select Works, Volume III: Treatise Concerning the Religious Affections*, London: Banner of Truth, 1961, pp. 27-30.亦参见 Malcolm Norman, "The Groundlessness of Belief", in *Reason and Religion*, Stuart C. Brown (ed.), Ithaca, NY: Cornell University Press, 1977, pp. 143-57.）

239 宗教哲学将为神学基本观点作辩护当作自身目的正基于此。

240 D. Z. Phillips, *Wittgenstein and Religion*, Basingstoke: Macmillan, 1993, p. 112.

241 参见 John H. Randall, *The Meaning of Religion for Man*, New York: Harper Torch Books, 1968, p.72, pp. 92-93.

242 参见 Isaac Barrow, *The Works of Isaac Barrow*, vol. 2, New York: John Riker, 1845, p. 207.

仰，不只强调其信念层面。[243] 例如乔达诺-撒迦利亚（Manuela Giordano-Zecharya）区分了 believe that 和 believe in 的用法：（1）断言某事物或某个人的真值或存在用 believe that；（2）表主观意见的持有用 believe that；（3）表示对某人有信心、信任某人，用 believe in，[244] 这种日常用法的差别与 belief-in 和 belief-that 一致。有关二者的差别和联系，克龙比（I. M. Crombie）认为，believing in 和 believing that 之间的差别是实在的，但它对我们并没有什么帮助，因为 believing in 在逻辑上跟随 believing that 之后，[245] 后者是前者的事实基础。在关系性与事件性层面，普里斯宣称，信仰根本不是命题性的态度，它更像一种依附于人或至少依附在某存在之上的爱的态度，（信仰者）可能与之有个人性的关联。……如果我们使用"信念"一词，那么我们必须用之指称拥有信仰之人（一个信仰者）——就像某人信仰上帝一样，并且区分 believing in 和 believing that。[246] 前者真正体现出意识的主体性，它将信仰者与信仰对象的生命关联起来。因此，有关神圣的知识和爱与宗教信念类似，它们都具有一种去知识化、去规定的现实特征——单纯有关上帝的知识（knowledge about god）应该与属于上帝的知识（knowledge of god）区别开来[247]，"有关爱的语言并不是在爱之中"[248]。

除了 belief in 和 belief that 的区分，"对……的信仰"（faith in）和"是……的信仰"（faith that）[249] 之间的区别同样存在，它仍旧强调心对信仰事件的参与。在总体上，后者（faith）比前者（belief）多了信任（trust）的要素，in 与 that 的区别则主要表现在对象内涵的不同。具言之，布伯将信仰分为两种：一

---

243 有关 believing in 和 believing that 的区别的争论亦可参见 Malcolm Norman, "Is It a Religious Belief That 'God Exists'?", in *Faith and the Philosophers*, Hick (ed.), 1964, London: Macmillan, pp. 103-109.; William P. Alston, *Philosophy of Language*, Englewood Cliffs: Prentice-Hall, 1964.等。

244 参见 M. Giordano-Zecharya, "As Socrates Shows, the Athenians Did Not Believe in Gods", *Numen*, vol. 52, 2005, pp. 325-355.

245 参见 Crombie, I. M. , "The Possibility of Theological Statements", in *Faith and Logic: Oxford Essays in Philosophical Theology*, B. Mitchel, (ed.), London: George Allen & Unwin, 1957, pp. 31-83.

246 参见 H. H. Price, "Faith and Belief", in *Faith and the Philosophers*, Hick (ed.), 1964, London: Macmillan, pp. 3-25.

247 参见 J. Kellenberger, *The Cognitivity of Religion: Three Perspectives*, London: Macmillan, 1985, p. 179.

248 Rush Rhees, *Without Answers*, London: Routledge & Kegan Paul, 1969, p. 179.

249 也可译为"对……的信心"和"是……的信心"。

种是"对……的信仰"（faith in, emuhah），另一种是"是……的信仰"（faith that, pistis），[250]两者分别将与人相遇的在场者以及特定教义的真理视作神圣的呈现。显然，"对……的信仰"更强调关系层面的相遇与面对，它直接产生一种超越的在世感受和经验，而"是……的信仰"侧重理智的探求，它将确定无疑的概念实相当作神圣者的永恒化身。如此一来，对象化的神圣既是认知的又是感受的。

而在 in 和 that 的区分之外，还需注意的是宗教或信仰中 about 和 with 的区别，其中 about 与 that 的用法相似，with 则暗含了靠近、理解、共置的含义。按照哈贝马斯（Jürgen Habermas）和施米特（Josef Schmidt）的说法，对话的参与者（此处指信仰和理性）应当慎重对待彼此，尤其在与对方核心信念相关的时候。[251]因为唯有至少将自身的核心信念引入对话之中，这一交谈或交往行为才是理性的，宗教或信仰之间的对话更是如此。若不同宗教或信仰体系之间的交往不能在理性与理解的前提下开展，那么能指之间的交互仅仅是声音、形象的，缺少能指的意味。诠释学在此处的作用是，最大程度地将宗教或信仰系统之间共用的符号由外在内化到自身（并由内在外在到交往者）之中。每种价值系统都具有内生意义之功能（meaning-endowing function），[252]它们构成了交往的基础，但这种功能必须在理性的、平等的参与中实现。

概言之，如阿奎那所说，信念与命题性的真理相关且这真理是至关重要的，但在根本上，信仰的合适对象是第一真理[253]。人同意这些命题的真理性的基础是对上帝的信赖，否则一切都是不合适的。故而亚里士多德宣称对命题的同意没有独立的形式因，它的最终根据是作为最终动力和目的终极存在。因此，与奥古斯丁类似，阿奎那认为对上帝的信念（belief in God）超过有关上帝信仰的信念（believe about God），前者不能等同于后者，毕竟后者在内容和形式上都是不完全的。在信仰之道中，这意味着，信念需要信心和信从的补全。

---

250 参见 Martin Buber, *Two Types of Faith*, Norman P. Goldhawk (trans.), New York: Harper & Row, 1961, p. 7.

251 参见 Michael Reder & Josef Schmidt, S. J., "Habermas and Religion", in *An Awareness of What is Missing: Faith and Reason in a Post-secular Age*, Jürgen Habermas et al. (eds.), Ciaran Cronin (trans.), Malden, MA: Polity Press, 2010, pp. 1-14.

252 参见 Jürgen Habermas, "Faith and Knowledge", in *The Future of Human Nature*, William Rehg, Max Pensky & Hella Beister (trans.), Cambridge: Polity, 2003, pp. 101-15.

253 此处指上帝。

四、信仰与信念

在本章开头部分，我们诠释了信念的概念及其基本内涵，并基于信念概念的模糊性和复杂性，说明了后现代宗教哲学研究中有关"信念"解释的开放。按照金（Charles King）的说法，相信（believe）的定义中内含了一种尚待的特性，即认为某事是真的，但尚未能证明它。他强调："核心的要素不是对信念的意识的确证，而是对证明的需求的缺乏的确信。"[254]正是这种缺乏让信念与信仰根本相关，二者的关系得到澄清：总体上，宗教中的信念可被视为信仰的一个方面，即使信念本身具有与信仰类似的多层次结构，它始终侧重理性、认知一方。

具体而言，信念一方面需与神圣相关，即只有在特定的语境中，具化的信念才是拥有对象的切实的信仰。关于这一点，史密斯宣称，信念内涵的不确定性使其无法承担表达信仰的功能，因为信仰是上帝给予的，而信念是时代给予的。[255]作为概念化的信仰（belief 而非 believing）的指称，信念由其不确定性，被排斥出宗教的中心范畴；因此对信仰者来说，无所指或遍在的信念都是无用且多余的。事实上，这种信念的特定化不仅确定了其内容的类型，而且同时规定了信念与对象的关系。纽曼的说法是，"信念不一定是信仰，因为信仰在其神学方面包含的那一种信念，不仅在所信事物之上，而且在相信的根基之中；换言之，不仅是对特定教义的信念，而且特别是因为上帝已启示了它们才去相信"[256]。

另一方面，信念与信仰在词源上的一致生产出含义的差别，这种差别没有被吸收，它反而成为信仰扩展自身的基础。根据沃德的分析，"信仰"（belief）[257]源于古英语中的信念或信仰一词，即 geleafa，而 geleafa 又源于古撒克逊语中的 ga-lauben。Ga 是一个前缀，加强了动词 lauben 渴望或爱的意涵；所以，ga-lauben 意味着极其渴望[258]或敬爱，它不一定与上帝或基督教信仰有关。

---

254 Ch. King, "The Organization of Roman Religious Beliefs", in *ClAnt*, vol. 22, 2003, pp. 275-312.

255 参见 W. C. Smith, *Belief and History*, Charlottesville: University of Virginia Press, 1977, pp. 95-96.

256 John Henry Newman, *An Essay in Aid of a Grammar of Assent*, I. T. Ker (ed.), Oxford: Clarendon Press, 1985, p. 70.

257 此处译为信仰更加合适，在 Graham Ward 的概念体系中，belief 基本替代了 faith。

258 在这点上，波兰尼"把基督教信仰描述为充满热情的没有完美前景的启发性冲动"。（波兰尼：《个人知识：迈向后批判哲学》，贵州人民出版社版 2000 年版，第 430 页。）

Geleafa 是一个方言术语；而只有说拉丁语的人才使用 fides。由此，（信仰）产生了三种语义上的可能性：（1）信仰作为一种知识模型，可能与某些基督教教义的命题的接受有关，也可能与之无关；（2）信仰是一种与某些基督教教义的命题的接受有关的知识模型；（3）信仰是基督教信仰的内容。[259]在世俗化的语境中，显然第一种语义——作为信念的信仰——被人们（尤其是支持去宗教化的人）普遍接受，而传统的信仰（第三种语义）被视作一种宗教范畴独有的概念。在这二者之间，一些学者坚持信仰作为一种知识模型并为之进行辩护（如斯温伯恩和普兰丁格），由此，具有三种不同内涵的信仰仍然并行。

此外，信念与信仰的差别暗示了信心的参与，它是补充性的。比如芬威克（William Guthrie of Fenwick）认为，"真正得到辩护的信仰主要且在原则上是一种心和意志的行动和作为，它在理解中预设了各种各样的有关真理的事物"[260]。在语言层面，信念是可变的，它们是不完美且持续改变真理——那永远躲避我们理解之事物——的符号，但信心是内在的力量，通过它我们永恒追随更确切的信念。"信念是理智的躯体，但信心是其灵魂。"[261]基于此，安萨里（al-Ghazali）宣称，理性唯有在为心服务时，才能发挥功能，且这种将信念置于信心之下的做法是信从发生和信仰内化的方式之一。在根本上，理智是心回应神圣者邀约的手段，沉思的理性促进实践的理性的运转：知识在信仰的旅程中提供方向和路线的辨识，但唯独信心、意志和履足使这一旅程不至被放弃。[262]

事实上，信仰本身就是一种认知和领会的综合[263]。按照英奇（William Ralph Inge）的说法，"信仰超越经验，它作为结构性的活动出现，用想象填充那在经验中欲求的东西。信仰努力在明显的不一致中寻求协调，并且参与到出于神圣目的的作品之中"[264]。换言之，在信念和想象之间存在一个中间地带，经验在那里与半信念、半想象结合，它由潜意识的生活激起，并参与到之后的

---

259 Graham Ward, *How the Light Gets in: Ethical Life I*, Oxford: Oxford University Press, 2016, p. 248.

260 W. Guthrie, *The Christian's Great Interest*, Publications Committee of the Free Presbyterian Church of Scotland, 1951, p. 55.

261 John Herman Randall & John Herman Randall, Jr., *Religion and the Modern World*, New York: Frederick A. Stokes Company, 1929, p. 232.

262 参见 Richard McCarthy, *Freedom and Fulfillment*, Boston: Twayne, 1980, pp. 365-378.

263 最一般的信仰来自身心综合的切身实践，即所谓"亲证"。（参见泰戈尔：《人生的亲证》，宫静译，商务印书馆 2009 年版，第 2 页。）这种综合有时可以被理解为统摄（Umgreifende）。

264 W. R. Inge, *Faith and Its Psychology*, Sydney: Wentworth Press, 2019, p. 53.

发展中。[265]作为一种内在直觉的结果，信仰在信心和信念——或说情感、意志、态度等要素——的流变中，将神圣的相异性纳入可感、可知的范畴。在语义上，这种流变表现为信仰概念称呼的相异。因而，在有关"对……的信仰"和"是……的信仰"的问题上，鲁埃尔认为当我们想要表达信任的含义时，最好用 faith 取代 belief[266]；而肯尼（Anthony Kenny）等学者认为 belief 的使用范畴要比 faith 更广，因为后者通常指对神的独特的信仰，而前者更具有普遍的尤其是哲学上的意味。[267]因此，在比较宗教学或宗教哲学中，belief 与 faith 的区别更在其强调的维度而非使用的范畴上，即信仰总是侧重信心或信念层面的信仰，暗含其中的综合意味必须被察觉到。

　　当然，信仰的综合要求信念的行动化，即信念必须在心的冲动中自然生成对应的作为。对此，埃尔维厄-莱热（Danièle Hervieu-Léger）对（去）信仰（to believe）和信念（belief）做出了区分，按照他的理解，如果某人说起信仰（believing）的行动而不是信念的行动，这是因为那些认信的整体性在理念的对象之外，还包含实践、语言、姿态和自发的自主行为，在其中，信念铭刻自身。[268]换言之，信仰是在情感中的信念，此时信念是有生命的。当人们做出与信仰有关的判断时，这些判断的确与行动、目的、情绪、意志相关，它们被内化在行动的背景中。就这一点，布雷斯韦特宣称，"伴随着宗教行动意向的信念允许我们将'信行'（或实践，praxis）的问题放在一旁，因为宗教性的断言内在包含这种意向，即按照某一种宗教的策略（或建议）去生活"[269]。所以，即使信念本身不是信从，它也为后者做了预备。如菲利普斯所说，"只有在关注宗教信念在人们生活中的角色时，一种让人满意的解释才能被给出，人才能由此得出宗教信念的语法。这语法显然不只是一致的同意，还有生活情境的文本解释和爱的意愿"[270]。

265 参见 W. R. Inge, *Faith and Its Psychology*, Sydney: Wentworth Press, 2019, pp. 227-237.

266 参见 M. Ruel, "Christians as Believers", in *Religious Organization and Religious Experience*, J. Davis (ed.), London & New York: Academic Press, 1982, pp. 9-32.

267 参见 Anthony Kenny, *What is Faith: Essays in the Philosophy of Religion*, New York: Oxford University Press, 1992, pp. 46-47.

268 参见 Danièle Hervieu-Léger, "Religion as Memory: Reference to Tradition and the Constitution of a Heritage of Belief in Modern Societies", in *Religion: Beyond a Concept*, Hent de Vries (ed.), New York: Fordham University Press, 2008, pp. 245-258.

269 R. B. Braithwaite, "An Empiricist's View of the Nature of Religious Belief", *in The Existence of God*, John Hick (ed.), New York: Macmillan, 1964, pp. 229-52.

270 D. Z. Phillips, *Faith and Philosophical Enquiry*, New York: Routledge, 2016, p. 67.

这样，外在信仰于信念而言就是母体性的，信念呈现出一种整体的继承。[271]在有关宗教信仰的认知和学习中，信心、信念和信从的交织更为明显。[272]宗教信仰要求教导这种模仿性行为得到整全实现，因此宗教语言被融入到态度、情感、激情以及随之而来的宗教实践和宗教生活中。如马丁（Dean Monroe Martin）所言，"概念和情感共同出现。简单来说，学生并不能仅凭'上帝'一词便知晓真正的上帝何所是，抑或真正地理解上帝。只有当上帝的身份在人的有激情的行动中被建立时，上帝才能被真实地了解"[273]。有关神圣的教导是外在信仰最直白的呈现方式之一，人通过身体和灵魂的整全类比，进入信仰的路途。

总而言之，当妇人回应耶稣其心信实时，信念就成了与神圣相通的语言符号。这种语言符号与神圣的本性相关，信念内容的直白与词（信仰话语）的隐喻由此形成一种张力关系——理解的模糊在字义的明晰和意味的隐匿中被造就。在这个意义上，《塔木德》的辩论性[274]与《奥义书》的各种诠释开启的释经学传统成为信念难定、开放的明证，而圣经批评的当代发展推动了这一进程。所以，曼诺尼（Octave Mannoni）在符号学层面明确了信仰（faith, foi）和信念（belief, croyance）的区别：当我说"我信仰你"时，我坚持我们之间的

---

271 有关个体的信念与信心、信从的关系也可参见 Raymond Firth, *Religion : A Humanist Interpretation*, London & New York: Routledge, 1995, pp. 14-47.

272 更详尽的论述参见 Jeff Astley, *Ordinary Theology: Looking, Listening and Learning in Theology (Explorations in Practical, Pastoral and Empirical Theology)*, Burlington: Routledge, 2002, pp. 17-42.

273 Dean M. Martin, "Learning to Become a Christian", in *Critical Perspectives on Christian Education: A Reader on the Aims, Principles and Philosophy of Christian Education*, Jeff Astley & Leslie J. Francis (eds.), Leominster: Gracewing, 1994, pp. 184-201.概念根本不是现成的表象，在概念中有一种引起常见的感觉活动的简单冲动力。这种感觉活动的结果会产生一种感性要素（概念的标志）。（参见马赫：《感觉的分析》，洪谦、唐钺、梁志学译，商务印书馆 2009 年版，第 261 页。）其他相关的论述可参见 David H. Kelsey, *To Understand God Truly: What's Theological About a Theological School*, Louisville, Ky.: Westminster/John Knox, 1992, pp. 168-169.; Paul L. Holmer, *The Grammar of Faith*, San Francisco: Harper&row, 1978, p. 66.

274 "《塔木德》乃是一部每一代人都可以使之有所增益的著作。它是开放的，它邀请你参加到它的讨论之中去。《塔木德》的主要特色就是它的论辩性，它的反反复复的争辩。当你且有了一个命题，而且还具备了某种理由的时候，你就可以对这一理由予以估价、评判，或者依据一个更为充分的理由和更为合理的论证，提出另一个相反的命题。因为《塔木德》涉及的范围面面俱到，这表示着它的构建者们乃是希望我们参与进去。"（亚伯拉罕·柯恩：《大众塔木德》，盖逊译，山东大学出版社 2004 年版，前言第 2 页。）

符号性协定——一种有约束力的契约，在简单的"我相信……"（诸魂灵等）中，这一维度是缺失的。对于古犹太人而言，他们相信许多神明和魂灵，但耶和华要求他们只能信仰祂，因为这是对犹太民众和拣选他们的上帝之间的符号性协定的尊重。一个人可以在相信鬼的同时不信仰它们，即不信任它们（考虑到它们是狡猾且邪恶的，不想与之有任何协定或承诺）；与此同时，在更加诡难但十分重要的相反案例中，一个人可以信任（信仰）但不相信 X。后者于拉康而言，是典型的大写的他者（the big Other）的案例——符号的秩序："不存在大写的他者"，这仅是虚拟的秩序，一种被分享的幻想，我们没必要为了信仰它（IT）、为了某些符号性承诺的约束而相信它（IT）。就是由于这个原因，一旦设想的"对……的信念"发生，信念总会被取代（第一人称单数的宾我，从未准备预设信念，总有一种"主体应该去信"的幻想的需要存在）；然而，一旦符号性信仰发生，第一人称单数的允诺就被述语性地预设了。[275]由此，关系性信仰在主体的信念被生成。

五、信念的侧重

在伊巴德派（إباضية）[276]看来，有关真主的宗教知识和行为共同构成了宗教实践。其中，宗教实践的基础是知识而非行动，即信念优先于信从。根据伊巴德派的神学教导，人类有关真主的知识来自理性的直觉，而非通过学习。因此，对于似乎与人类理性相矛盾的古兰经经文，人们必须依照理性来隐喻地重新解释，而不是将其作为事实；而对于真主的拟人化（有感觉、思维以及手脸等）指称，同样应加以象征性地解释。[277]于是，对于真主的（直觉的）理性认识，成为外在信仰的基础，"切勿辜负知识，否则惩罚必加倍而来"[278]。所以，尽管伊巴德派强调信仰的要素包括口头表白、内心坚信和行为实践等，但信仰的口头表白作为一种身体的、社会性的任信契约，仅能使个人生命财产在穆斯林社会中得到保护；唯有依照宗教信念履行宗教功课才能以示信仰的虔诚。通

---

275 参见 Slavoj Žižek, *On Belief*, London & New York: Routledge, 2001, pp. 109-110.

276 伊巴德派是伊斯兰教仅次于逊尼派和什叶派的第三大教派，接近于逊尼派，现主要分布于以阿曼为代表的多个国家。该派尤其强调人的理性，注重宗教间的宽容和对话。

277 参见 Valerie Jon Hoffman, *The Essentials of Ibadi Islam*, Syracuse: Syracuse University Press, 2012, pp. 36-37.

278 Valerie Jon Hoffman, *The Essentials of Ibadi Islam*. Syracuse: Syracuse University Press, 2012, p. 236.

过信念而达到的信仰是真诚的信仰，这种信仰只可增不能减。这样，由信念奠基的外在信仰行动更强调信心、信念、信从的一致性——合理的知识（信念）坚强信众的心，合理的知识（信念）造就信众的行。信众在祈祷时所遭遇的未知信念，最终得以转化为正确的信心与信从。

此处需注意的是，虽然伊巴德派着重区分了知识与行动（在信仰中便是信念与信从），且认为知识与行动并不等同，合理的知识是与现实的行动分离的，但他们仍然强调知识与行动在信仰中的一致性。即伊巴德派遵循易卜拉欣（Shaykh Ibrahim b. Ibrahim）的教导，认为在审判到来之前，关涉宗教义务而不是信仰的知识并未产生行动的知识，是合理的。[279]知识的合理在于其有益，有益则蕴含在知识实现的潜能之中。然而，这种局限在自身之中的知识的合理性，并不能承载信仰。信仰的知识并不先于行动存在，如果人已知晓它且未加否认，它便已在人心中完成了行动。[280]于是，在信仰中，知识与行动密切关联在一起，即真信者始终持有一致的信念与信从。所以，未得真知者，是不信；得真知而不行者，亦是不信矣。由此，在理性的支撑下，不同的知识与行动、信念与信从，在一致性的维度中（将反理性视为非神圣的评判标准之一），共同铸造多元且宽容的宗教间关系。

---

279 参见 Valerie Jon Hoffman, *The Essentials of Ibadi Islam*. Syracuse: Syracuse University Press, 2012, p. 236.
280 参见 Valerie Jon Hoffman, *The Essentials of Ibadi Islam*. Syracuse: Syracuse University Press, 2012, p. 236.